高职教育供给侧改革探索

——融合培养学生职业核心能力案例集

张阿芬　杜朝运　主编

厦门大学出版社　国家一级出版社
XIAMEN UNIVERSITY PRESS　全国百佳图书出版单位

图书在版编目(CIP)数据

高职教育供给侧改革探索:融合培养学生职业核心能力案例集/张阿芬,杜朝运主编.—厦门:厦门大学出版社,2017.3
ISBN 978-7-5615-6418-9

Ⅰ.①高… Ⅱ.①张…②杜… Ⅲ.①高等职业教育-教育改革-案例-中国 Ⅳ.①G719.21

中国版本图书馆 CIP 数据核字(2017)第 025201 号

出 版 人 蒋东明
责任编辑 许红兵
封面设计 蒋卓群
责任印制 许克华

出版发行 厦门大学出版社

社　　址 厦门市软件园二期望海路 39 路
邮政编码 361008
总 编 办 0592-2182177　0592-2181406(传真)
营销中心 0592-2184458　0592-2181365
网　　址 http://www.xmupress.com
邮　　箱 xmupress@126.com
印　　刷 厦门集大印刷厂

开本 720mm×1000mm　1/16
印张 17.25
插页 8
字数 310 千字
版次 2017 年 3 月第 1 版
印次 2017 年 3 月第 1 次印刷
定价 48.00 元

厦门大学出版社
微信二维码

厦门大学出版社
微博二维码

互联网时代需要一个
能跨界的职业核心能力
（序一）

李怀康

　　人类社会进化到今天，从生存能力来说，每一个人都会觉得自己比原始人类强多了。苏格拉底曾说过一句话："在世界上，除了阳光、空气、水和微笑，我们还需要什么呢？"要我说，恐怕最需要的就是职业。试想一下，无论你天生多么强大，后天多么努力，归根结底还是需要求得一个职业。如果没有职业，或者说离开职业的世界，就像鲁滨逊单枪匹马在孤岛上那样，什么都要靠自己从头再来，恐怕很少有人能成功地生存下来。

　　但是即便给了你一个职业，你就能很好地生存下来吗？也未必。这个社会上很多人的职业是要靠自己去谋的，谋职业不易，比谋职业更难的是适应职业的变化。从来都是人去适应职业，而不会是职业来适应人。所以无论你正在做什么职业，或者说你还想要做其他什么职业，你必须具备一个能适应各种职业及其发展变化的能力。

　　如何适应职业的发展变化？除了靠特定的职业能力支持我们去适应特定的工作岗位，还要靠行业通用能力支持我们去适应在行业内的发展及变化。如果这种变化超出了行业的边界，最后支持我们的就只有职业核心能力了。人类的进化就是一个不断适应这个千变万化的环境和世界的过程，靠的就是一个适应力。所以我认为：职业核心能力的核心就应该是这种适应力。在互联网技术引发职业形态急剧变化的时代，更显出这种适应力存在的意义。

　　人的这种核心能力其实是与生俱来的，人皆有之，与人的成长同在。只是因为它太普通了，像空气和水一样，我们会忽略它的存在，因而学校的教育也常常会忽略对它的培养，职业核心能力的形成也总是处于天生天养自生自灭的状态。然而不知从何年何月开始，整个世界都开始关注职业核心能力的开发及意义了，这不仅是个人或企业的需要和意识，也是整个社会的觉悟，甚至世界上许多国家（包括我国）都已经将职业核心能力开发列入教育制度和人才开发政策的重要内容。这种转变恐怕要归因于全球化发展进入到互联网时代。

有人说:进入互联网时代,大到世界格局,小到人们的生活,都将被彻底颠覆。和第一次工业革命一样,所有的技术性产业革命都会引发社会结构性的变革。互联网技术正是通过网络平台穿越了行业的边界,通过网络链接打破了职业对人的束缚,继而引发行业或职业形态的变化,新业态因此而登台亮相。这种新业态开辟了一个无边界的职业世界,行业无边界,公司无边界,职业无边界,甚至人的工作也变得无边界了。这种从业方式的变革使人的择业获得了极大的自由。而与自主择业相对应的是你要有一个跨界的能力。所谓跨界能力就是要适应新业态变化的能力,也是我们所说的职业核心能力。全球化进入到互联网时代的竞争,最终比的就是个人的能力,而个人的能力比的就是职业核心能力,这应该就是为什么这个核心能力会重新得到推崇的原因吧。

新业态的出现值得我们关注。2015年在国务院颁发的《中国制造2025》战略规划,以及《关于加快构建大众创业万众创新支撑平台的指导意见》中都提出要加快新业态的发展。2016年李克强总理在人社部也专门提出要通过催生新业态的成长创造更多就业岗位。可见新业态是一个非常重要的概念。然而当下人们对新业态的认识还远远落后于它已经对我们生活形成的影响,包括对我们的教育,特别是职业教育的影响。

所谓新业态就是就业或工作方式中的"劳动关系"发生根本变革的从业状态。新业态的出现是个人参与社会分工自主程度发展到一定阶段的必然结果,是个人自由谋生权主导了个人职业活动的一种表现。所以我说:新技术本身还不是新业态,新职业也不一定是新业态,而行业跨界是新业态,职业共享是新业态,自主创业是新业态!

这种新业态对职业教育所产生的影响主要表现在职业教育的定向性与新业态下的跨界性产生的冲突上。也就是说,产业需求是有专业定向的,职业教育也是有专业定向的,因此,学生从入校到就业的整个过程都是在这个定向下完成的。通过职业教育,学生能够掌握一门专业或职业技能,这本来很正常,但是在新业态下好像不够用了,因为许多行业不是去"+互联网",就是被"互联网+",其业务及技术内涵变了,其从业人员也就需要具备一个跨界的能力。按常规思维,职业的稳定就是人人都有稳定的职业,这本来很正常,但是在新业态下又有些不对劲了,职场上的人频繁地在各种职业之间流动,许多人甚至同时拥有多重职业身份,这种状况将会成为常态,因此,职业人掌握一定的跨界能力将成为必须。即便是一些终身专职于一个工作岗位的人,在其职业生涯中要不断适应岗位技术变革转型及提升的要求,也需要具备一定的跨界能力。

从上述分析我们似乎感觉到新业态下职业教育面临的冲突与新经济模式下供给侧结构性改革面临的问题非常相似。当前的职业教育原本供需结构性错位的老矛盾依然存在,教育的供给方还是在按习惯思维"以产定需",行业需要什么,我教什么,学生就学什么。殊不知新业态下教育的需求方将从生存型消费转向发展型消费,个性化定制"以需定产"也将成为大趋势。尽管我们有理由相信,工业4.0革命也颠覆不了教育的本质,职业教育就是要培养产业发展需要的专业或技能人才,但是这并不排除这些专业或技能人才同时也可以具备跨界的能力及优势。而我们职业教育院校在课程和教学中渗透或融入职业核心能力开发的内容就是为了实现这个目的。

职业核心能力开发原本是1998年原劳动与社会保障部在一个《国家技能振兴战略》的课题中提出的任务,这个在当时看来还有些超前的项目,恰恰适应了当前互联网时代对新型人才的需要。目前,人力资源和社会保障部职业技能鉴定中心已经完成了职业核心能力标准制定及发布、相关培训教材的编写以及教学方法的开发,并已经向全国中高等职业技术院校和企业培训机构普遍推广。这个项目的实施得到了社会各界积极的响应,推动了新型专业或技能人才职业综合能力和素质的提升,也促进了广大职业院校教学的改革。

把职业核心能力开发与职业教育的供给侧结构型改革联系起来思考,起初是我在主持推广国家职业核心能力开发项目过程中从理念上推导出来的一个认识。2016年11月份在北京大学召开的一个关于《新业态下新生代职业成长新路径》的研讨会上,我提出这个观点时,参会的泉州经贸职业技术学院张阿芬教授和我交流说:"我们学院通过师资培训、课程开发和教学改革,已经全面推广国家职业核心能力开发项目。正是通过这个教学改革与实践活动,我们认为职业核心能力的开发是推动职业教育供给侧结构性改革的一个重要举措。"这让我很兴奋,因为理论推导和实践验证两方面都证明这个说法是有道理的。

当张阿芬教授拿出该院教师联合编写的《高职教育供给侧改革探索——融合培养学生职业核心能力案例集》文集时,我更信服了这一点。泉州经贸职业技术学院为了落实国家职业核心能力开发项目的各项要求,在组织教师开展课题研究、举办专题讲座和培训师资力量的基础上,成立由骨干教师组成的职业核心能力教研室;通过独立开设专门的职业核心能力课程,教学中渗透职业核心能力培养及组织行为活动导向的训练,并开发了O2O学生自主学习的网络平台,采用线上线下结合的混合学习和行动导向教学模式,把职业核心能力培养渗透到教书育人、管理育人、服务育人的全过程；在学术研究、内涵建设、硬件支撑等方面全面推进了教育教学改革和教学相长，促进了师生职业综合能力的提高。学院领导和教师在这方面做了很多理论探讨和教学实验，他们的努力和执着让我感动，也很希望能和学院的领导和教师们一起继续为推动职业核心能力开发这一事业做出我们的贡献。

李怀康

2016 年 12 月于北京

　　（李怀康，研究员，原人社部职业技能鉴定中心国家职业标准总监，国家职业核心能力专家委员会副主任兼秘书长）

重视职业核心能力培养
促进学生成长成才
（序二）

童山东

2015年，我们在教育部2011年度人文社会科学课题《职业核心能力培养研究》的成果集中，对"职业核心能力"写过如下一段话：

职业核心能力，这是在本世纪我国人力资源开发和职业教育领域专家首次提出，正被广泛认同的一个名词，是一个承载着诸多社会价值诉求的能力范畴。

1998年，原劳动和社会保障部在《国家技能振兴战略》中提出8项在所有行业都需要的关键能力：与人交流、与人合作、解决问题、自我学习、数字应用、信息处理、创新革新及外语应用，称为"8项核心技能"。这是在借鉴英国政府核心技能(key skills)范畴(与人交流、数字应用、信息技术、与人合作、学习和自我提高、解决问题)基础上，确定的我国职业核心能力的基本范畴。2003年以后，这类能力被劳动和社会保障部职业技能鉴定中心职业技能鉴定专家委员会核心技能专业委员会定名为"职业核心能力"，并可概括为"职业社会能力"和"职业方法能力"两大类。

2016年9月，教育部公布了"中国学生发展核心素养"体系，分为"人文底蕴、科学精神、学会学习、健康生活、责任担当、实践创新"6大核心素养，这是我国学生"应具备的适应终身发展和社会发展需要的必备品格和关键能力"。从人才培养的供给侧来说，这也是未来我国学校人才培养的规格和标准。

那么，核心素养与职业核心能力是什么关系？对职业院校来说，实施职业核心能力培养与落实教育部提出的核心素养的发展意义何在？我们认为：

一、职业核心能力培养是核心素养发展的重要抓手

从教育角度来说，素质与素养基本同义。这里需要辨析的是，"能力"与"素质"或"素养"的关系，一般认为，知识是能力和素质发展的基础，能力是素质的外显。从这个意义上讲，核心能力是核心素养的外显。在我们看来，"三核"——

核心价值观、专业核心技能、职业核心能力,是我们职业院校人才核心素养发展的基本内涵。因此,加强职业核心能力,包括与人交流、与人合作、解决问题、自我学习、数字应用、信息处理、创新革新及外语应用等能力的培养,是落实教育部学生核心素养培养发展的重要抓手。

二、强化职业核心能力培养是隐性教育课程的显性化

我国历来重视立德树人的培养,重视素质教育,但除了专业的课程教学外,人的可持续发展的素质,外显为沟通合作、解决问题与创新、自我管理与学习等可持续发展的关键能力,在我国高等、中等教育的课程体系中,很少有系统的课程培养提升,培养途径更多依靠潜移默化,依靠隐性课程。

进入新世纪以来,随着社会的发展,特别是新技术革命带来的巨大变革,这类能力素质被承载着越来越多的社会价值期待。职场合格人才的迫切需求、院校人才培养规格定位与质量提升的探索求解、互联网时代竞争成功的实力比拼、个人职业期待的成长诉求等等,在能力选项中,无不以"职业核心能力"为旨归。虽然,该类能力内涵项数多少有异,名称叫法不一,如关键能力、核心技能、基本能力、软技能等等,但都是指相对于专业岗位技能而言的跨专业、跨行业的可持续发展的通用能力,是一个人获得成功的关键能力,是核心素养的主要部分。今天,我们强调加强职业核心能力培养,把职业核心能力列为专门的课程进入课程体系,同时渗透在专业教学和第二课堂中,让其培养目标显性化、评价标准明晰化、培养方式规范化,实际上是使我们的隐性教育课程显性化。近年来,不少职业院校提出专业核心技能和职业核心能力的"双核"培养,关注人才全面发展,应该说,正是为了突破人才单纯技能培养的缺陷,将原来重视不够,或者实施不规范的隐性课程显性化、明晰化、规范化。

可喜的是,泉州经贸职业技术学院在人才培养供给侧的改革实践中,在课题研究、师资培训、试点改革、总结凝练研究与实践成果的基础上,自2013年起,将培养"三素质双核心"技术技能人才确定为学院的人才培养目标,并以培养学生职业核心能力为抓手,改革人才供给侧培养规格的内涵结构和供给方式,致力于培养"思政、科学人文、身心"三素质协调发展,"专业核心技能"与"职业核心能力"双核心能力兼备的技术技能人才。通过第一课堂的专题教学,与渗透在专业教学、第二课堂的养成教育结合,不仅促使学生掌握扎实的专业知识和专业核心技能,具备就业竞争力,有业可就,而且有效提升了学生可持续发展的职业核心能力,促进岗位转换能力的发展,能够就好业。

同时，学校适应信息化教育变革的发展，配套构建了"互联网＋"线上线下结合自主学习平台，积极采用翻转课堂、混合式学习，改革了教学方式。

三年的实践取得了明显的收获，改革成果惠及学生、老师和学校，更惠及需求者——社会和企业。这种实践探索的成效，应该得益于以下四个方面：一是学院领导认识到位，高度重视，主导并亲自参与职业核心能力的课题研究、师资队伍建设、培养方案与课程设计等全过程；二是培养内容把握准确，以学生职业核心能力培养作为抓手，把人才培养供给侧改革与职业核心能力培养紧密结合起来，顺应了职业院校人才培养的发展趋势；三是对教学信息化的建设与应用具有前瞻性和战略眼光，通过"互联网＋"，改变了教育生态；四是以行动为导向，学院领导对人才培养供给侧改革与职业核心能力培养工作，不只是停留在口头上，而是落实在行动上，以身作则带动全校快速行动；全校教师自觉行动，把职业核心能力培养融入课堂，极大地调动了学生学习的积极性，真正做到学中做、做中学，做到既掌握硬技术，也提升软实力，呈现出人才培养质量提升的可喜局面。

这本成果集正是他们近年实践探索的足音，足迹虽有深浅，但步履稳健，其方向无疑值得点赞。故此，愿为序。

童山东
2016 年岁末于深圳

［童山东，教授（二级），人力资源和社会保障部职业技能鉴定中心职业技能鉴定专家委员会核心能力专业委员会副主任，深圳信息职业技术学院教授，全国五一劳动奖章获得者］

推进供给侧改革
培养"三素质双核心"人才

（自序）

　　泉州经贸职业技术学院坚持以"服务社会发展,促进学生成长成才"作为学院的职责和使命,自 2013 年开始,以"三全"培养学生职业核心能力和构建"互联网＋"线上线下结合自主学习平台两个特色项目为抓手,从供给结构、供给方式两个维度,深入开展供给侧结构性改革实践,取得了良好效果。通过两个特色项目的实施,激发了教师的改革热情,调动了学生的学习积极性,培育了团队合作文化,训练了职业可迁移能力,促进了职业可持续发展。

一、以培养学生职业核心能力为抓手推进供给结构改革

　　致力于培养"全面发展的人",树立"三素质双核心"人才培养目标,通过"三全"培育方式,将八项职业核心能力融入人才培养全过程。

　　"三素质双核心"人才,指"思政、科学人文、身心"三素质协调发展,"专业核心技能与职业核心能力"双核心能力兼备人才。

　　"三全"培育方式,指采取"全员参与、全过程渗透、全领域覆盖"方式,通过独立开设职业核心能力模块课程、课程教学渗透职业核心能力培养及组织行为活动导向的训练,培养学生职业核心能力。

　　职业核心能力,指人们职业生涯中除岗位专业能力之外的基本能力,是适合各种岗位需要的职业可迁移能力,是成功就业和伴随人终身可持续发展的能力。德国、澳大利亚、新加坡称"关键能力",美国称"基本能力"。我国劳动和社会保障部在《国家技能振兴战略》中把职业核心能力分为八项,称为"八项核心能力"。

　　八项职业核心能力是指与人交流、与人合作、解决问题、自我学习、数字应用、信息处理、创新革新及外语应用等基本能力。

　　改革目标:通过将职业核心能力培养融入专业人才培养全过程,优化学生的知识和能力结构,使学生不仅素质高,具有扎实的专业知识和技能,具备"就业竞

争力"，而且拥有"职业核心能力"，具备职业"可持续发展能力"。通过提供有效供给，实现"促进就业，服务发展"的职业教育办学宗旨。

二、以构建"互联网＋"线上线下结合自主学习平台为抓手，配套实施供给方式改革

完善设施，营造环境，推进改革。构建理念领先、技术先进、特色突出的"互联网＋"线上线下结合自主学习平台（即 O2O：Online To Offline）。建设 CRP 智慧校园（Campus Resource Planning）和"教、学、做"一体化的智慧教室，校园 WIFI 全覆盖，营造"人人皆学、时时能学、处处可学"的良好学习环境。推行"互联网＋"线上线下结合混合学习模式，践行以学生为主体、教师为主导的行动导向教学模式。学生依托"线上"学习平台，通过与人交流、与人合作、自我学习及数字应用、信息处理、外语应用（必要的话）等了解、熟悉相关知识和理论，结合教师主导的"线下"行动开展革新创新，解决问题，实现"能力附体"的效果。

线下行动既有在第一课堂上采用翻转课堂、体验式教学模式，教师在做中教、教中做，学生在做中学、学中做，学生当演员、运动员，教师当导演、教练；也包括学生利用第二课堂独立或与人合作（以与人合作为主）完成教师布置的工作（学习）任务。

三、多管齐下，推进供给侧改革，取得明显成效

学院通过课题研究、举办讲座、外出参加培训、与兄弟院校企业交流研讨、举行"特色项目成果汇报与经验交流会"、改造完善教育教学设施等方式扎实推进供给侧改革，改革成效明显。

1.课题研究先行。融合职业核心能力培养的课程教学改革研究与实践获得 2014 年福建省教学成果二等奖。

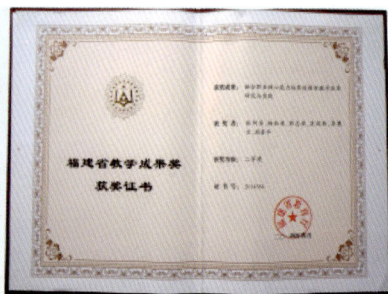

　　2.邀请专家送教入校。2015 年至 2016 年承办三期中级、一期高级国家职业核心能力指导师和考评员认证培训班,全校约 80％的教师和管理干部参加国家职业核心能力培训。

　　3.成为培训和教育示范基地。2015 年被人力资源和社会保障部技能鉴定中心定为"国家职业核心能力培训认证项目示范培训基地"和"职业核心能力水平认证考评点",2016 年被定为"国家职业核心能力教育示范基地"。

4.培养优秀师资团队。2015 年至 2016 年期间有 1 位教师被授予国家职业核心能力培训与认证专家团专家称号,28 位教师获得国家职业核心能力高级指导师与考评员资格,211 位教师获得国家职业核心能力中级指导师与考评员资格。

5.整体规划,稳步改革。已实施 42 项融合职业核心能力培养方案,新立项 45 项融合职业核心能力培养方案,自 2015 级起,将职业核心能力全面渗透进入人才培养过程,计划用 3 年时间完成第一轮改革。

6.配套改革,同步推进。已建设上线 100 门经贸特色 SPOC(Small Private Online Course,小规模限制性在线课程),实施线上线下结合混合学习模式;新立项 47 门经贸特色 SPOC,计划用 3 年时间建成 200 门左右经贸特色 SPOC,用 5 年时间所有课程都上线,推进混合学习模式和行动导向教学模式。

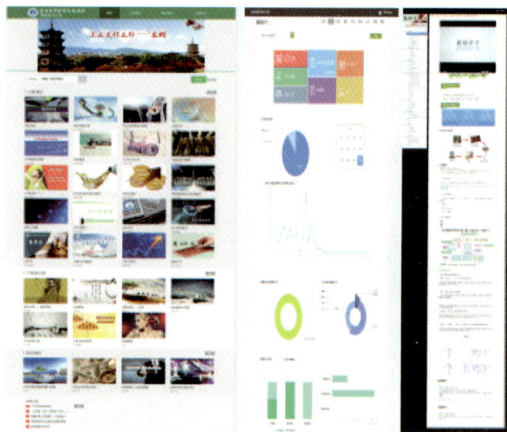

7.交流经验,分享成果。院领导应邀分别在全国第7期职业核心能力教练精英研修班(广州)、全国第142期职业核心能力指导师和考评员认证培训班(泉州)、福建省高职院校长培训班(上海)及中国职教学会教学工作委员会职业素养和创新创业教育研究中心成立大会(珠海)上介绍学院在供给侧改革和学生职业核心能力培养方面的经验并分享取得的成果。学院还举办了"三全"培养职业核心能力和基于"互联网+"线上线下自主学习平台的经贸SPOC建设与实践成果汇报和经验交流会。

8.2016年学生参加各类技能竞赛成绩显著提高。获得全国大学生创业综合模拟大赛一等奖,全国商业会计教职委技能大赛一等奖,全国ERP技能大赛一等奖,全国服装设计与工艺技能大赛二等奖等好成绩。

1.2016全国ERP技能大赛一等奖　　2.2016全国大学生创业模拟大赛一等奖

3.全国大学生创业模拟大赛一等奖　4.2016全国商业会计教指委技能竞赛一等奖　5.2016全国服装设计与工艺技能大赛二等奖

9.改革经验和成果受到社会各界认可。中国新闻网、凤凰网、光明网、中国高职高专教育网、中国职业核心能力培训论证网、福建省教育厅官网、台海网等十余家媒体报道学院改革经验和办学特色。

张阿芬　杜朝运

2016 年 12 月于泉州

目　录

第一篇　综合篇

第二篇　课程渗透篇

第三篇　活动篇

第四篇　其他篇

第 一 篇

综 合 篇

以培养学生职业核心能力
为抓手推进高校供给侧改革

张阿芬

摘　要：文章在分析研究社会对人的核心素养（包括核心品质、核心知识和核心能力）要求的基础上，围绕提供有效供给，将调整供给内容、优化供给结构和创新供给方式作为提高人才培养质量的改革基础和改革重点。以培养学生职业核心能力为抓手推进供给内容和供给结构改革，以构建"互联网＋"线上线下结合自主学平台为抓手同步推进供给方式改革，通过调整供给内容、优化供给结构、改革供给方式实现有效供给，促进社会需求和人才供给的良性互动。

关键词：专业核心技能　　职业核心能力　　SPOC　　线上线下结合

我们所处的时代是一个快速多变的时代，信息、网络、大数据深刻影响着人们的工作、学习和生活。在这个时代，"变是唯一的不变"。"变化、危机、创新"是这个时代的显著特征。信息多变、环境多变、技术多变、人所从事的职业也多变，现在一周报纸提供的信息量相当于18世纪人的一生的信息量，新科技资讯每两年增加一倍，大学生在一年级学的知识到大三时一半已经过时了，当前最热门的十个职业在十年前几乎都不存在……"变"意味着不确定性，不确定性意味着"危机"，危机的本质是"危险中蕴含着新机（会）"，只有掌握新技术，迅速捕捉新信息，主动适应环境的新变化，才能在不确定性（危险）中发现新的生机（机会），才能获得更好的生存和发展。快速多变时代，倒逼国家、单位、个人进行创新和改革。

创新和改革既可以从需求端进行，也可以从供给侧入手。高校是人们通往职场的主要路径，其主要职能是为社会培养人才，应以市场需求为导向，着力从供给侧进行创新和改革,即在深入分析研究社会对人才的品质、知识和能力需求的基础上,把调整供给内容、优化供给结构和改革供给方式作为提高人才培养质量的改革基础和改革重点,促进社会需求和人才供给的良性互动。通过供给侧改革,培养社会所需要的、受欢迎的、能够适应岗位变化和个人职业可持续发展需要的人才,使高校教育真正成为为广大青年打开通往成功成才大门的重要途径。

一、以培养学生职业核心能力为抓手推进供给内容和供给结构改革,提供有效供给,优化供给结构

一方面,职场需求变化呼唤高校必须进行供给内容和供给结构改革,使培养的学生不仅品质好,具有扎实的专业知识和专业技能,有业可就,而且应具备适合各个岗位需要、可迁移的关键能力——职业核心能力,具有职业可持续发展能力,能就好业。

首先,当今社会岗位结构不断变化,职业变换、人员流动加快,大学毕业生的就业压力大。大学生毕业就业后,经历多个工作岗位锻炼后相对稳定在某个岗位上发展已成为大学毕业生就业的新常态。2016 年 6 月,麦可思研究院和社科文献出版社发布的《就业蓝皮书》显示,超四成中国大学生在毕业 3 年内转行,2015 届大学毕业生毕业半年内的离职率为 34%(2014 届为 33%),2012 届大学毕业生毕业 3 年内平均为 2.2 个雇主工作过,其中本科毕业生的平均雇主数为 1.9 个,为 4 个雇主工作过的毕业生占 8%,高职高专毕业生的平均雇主数为 2.5 个。

其次,社会就业岗位呈现出结构性变化,进一步加大大学毕业生的就业压力。2015 年 11 月 5 日,应届毕业生网发布了《2016 年就业形势分析》报告,报告对未来 5 年中国就业大趋势的判断是:"经营、营销、技术、投资、医疗、设计等方面高端人才需求旺盛提升,薪酬持续、快速上涨;服务业分层和个性化将更加明显,服务业就业容量将加大,整体收入水平将提升;无专业技能、年龄优势的低端人力群体就业更加困难,实际可支配收入下降,或增长十分有限;应届毕业生就业压力加大,隐性失业和隐性就业特征都将更加明显;2015 年至 2019 年可能新增 6 000 万失业人口,结构性失业更加突出……"

其三,社会对岗位技能的要求发生变化,对高校知识和技能的供给内容、供给结构提出新的要求。根据凤凰城大学研究中心未来学会的研究结论,到 2020 年的时候,社会最需要、最重要的 10 项工作技能是:意义建构——确定所表达意思的更深含义的表达能力;社会智力——与人交流的能力;新思维与适应性思维

能力——解决问题的能力;跨文化竞争力——外语运用能力;计算思维能力——数字运用与信息处理能力;新媒体的读写能力——利用这些媒体进行说服性沟通的能力;跨学科能力——要求每个人都具备一定的跨专业能力,即一专多能;设计理念——信息处理与决策及解决问题能力;认知负荷管理——信息处理,聚焦于重要的数据并利用不同工具技术最大限度发挥认知功能的能力;虚拟协作能力——与人合作能力。

综上所述,大学生入校时所选择的专业、在大学时所学习的知识及掌握的技能,在毕业或者就业一段时间之后可能不适合或者不完全适合社会的需求,用人单位在选人时除了关注其专业知识和技能外,更加注重学生综合素质和"与人交流、与人合作、自我学习、信息处理、解决问题"等适合各职业岗位技能要求的职业核心能力。因此,为了能够在岗位上获取更快的晋升,或者在社会岗位结构发生变化需要转换工作岗位时,能够更快地获取新的工作,不仅要有扎实的专业知识和技能,还必须具备适合各个岗位需要、可迁移的职业核心能力。高校必须提供有效的供给并优化供给结构,不仅教给学生专业核心知识和核心技能,使其顺利就业,还必须培养学生"与人合作、与人交流、数字运用、信息处理、自我学习、解决问题、革新创新和外语运用"等适合各个职业需要的关键能力,使其能够就好业,事业能够得到可持续的发展。

另一方面,为了避免与机器人争夺工作岗位,高校也必须进行供给内容和供给结构改革,既要优化专业课程结构和知识体系,也要重视学生职业核心能力的训练。

未来社会是互联网社会,基于大数据、互联网的智能机器的发展,会对大多数依靠简单智商和经验去完成的行业带来巨大挑战,教育必须面向未来,既要授人以鱼更要授人以渔,要培养学生会做人、会学习、会做事、会生活,要培养具有互联网思维、能够使用互联网技术、不与机器人抢饭碗、适合未来岗位需要的人才。

人类和机器人在职场上各有优势。美国哈佛大学教授 Frank Levy 和 Richard Murnane 于 2015 年发表了《与机器人共舞》(*Dancing with Robots*)的研究报告,其中对近半个世纪美国社会的工作机会变化的研究结果发现,"非弹性"的工作消失最快。这份报告把工作分成了五大类型,包括:

(1)信息处理。获取或解读信息,用以解决问题、做出决策。

(2)解决弹性问题。依靠人的知识、技能和经验解决非程序化问题,比如医生诊断病情、厨师开发菜谱。

(3)弹性手工。不容易被规范化的劳动工作,如卡车司机。

（4）非弹性手工。有一定规律可循的劳动工作，如生产在线的包装、销售等。

（5）非弹性认知。有一定规律可循的认知工作，如计算税收、保险费等。

研究发现，1960—2009 年，前三类工作的需求不断上升，后两类工作则在快速消失。

报告认为，人类心智的优势在于"弹性"——能处理、整合不同的信息并做出判断，选择合适的工作方法和策略，从分析财务报表、做决策，到品尝味道、研究选择烹饪方法，莫不如是。而计算机的优势在于"非弹性"，在于速度和正确性。

从项目管理的角度看，可对以上五类工作做进一步的归纳。项目管理理论认为，人类有组织的活动可以分为两大类：第一类是连续不断、周而复始的活动，被称之为"运作或作业"，如企业日常生产产品的活动；第二类是临时的、一次性的活动，被称之为"项目"，如企业的研发活动、贸易洽谈会、工程建设等等。按此分类，第一类工作多数属于"非弹性"的工作，第二类属于"弹性"的工作，即人类适合做"项目"，机器人适合做"运作或作业"。"项目"的显著特征是独一无二。因此，完成"项目"不仅需要有专业的知识和技能，通常还需要具备"与人合作、与人交流、数字运用、信息处理、自我学习、解决问题"的能力，更需要有"创新革新"等能力，有时还需要有"外语应用"的能力。

可见，未来社会，决策重于执行。随着电脑的不断升级，特别是机器人的使用，在所有可标准化、流程化、逻辑化、规律化的工作领域，人力都会被逐渐淘汰。要想获得发展，一定要避免与机器人争夺工作岗位。为了避免人类与机器人抢饭碗，高校应顺应时代发展需要，调整优化专业课程和知识体系，改变知识的供给内容和供给结构，要重视培养学生的互联网思维，提高其使用互联网技术的能力，加大课程知识和技能获取与互联网技术的结合力度，并更加重视培养学生的"人类"优势，即，要着重培养学生的"人类"能力，包括"与人合作、与人交流、数字运用、信息处理、自我学习、解决问题"的能力，要重视培养学生的"创新革新"能力，注重"外语应用能力"培养，提升其跨文化竞争力。

基于以上的分析与思考，我院在"融合职业核心能力培养的高职教育教学改革与实践"获得省级教学成果二等奖的基础上，从 2014 年起，按照"统一规划、配套推进、分步实施、项目导向、团队运作、持续提升"的思路，以培养学生"职业核心能力"为抓手，通过完善人才培养方案，确定"三素质双核心"人才培养目标；实施全人员参与、全过程渗透、全领域覆盖"三全"培养学生职业核心能力；依托独立开设职业核心能力课程模块、在课程教学中渗透培养职业核心能力、通过活动训练学生职业核心能力等手段实施课程和教学模式改革，全面推进行动导向教学模式等举措,大力推进供给内容和供给结构改革,计划用 3 年时间(2015—2017)完成第一轮改革实践,总结完善后进一步推进。致力于培养"三素质双核心"人才,即培养思政、科学人文、身心"三素质"协调发展,专业核心技能与职业核心能力"双核心能力兼备"的人才,使学生不仅具有优良的品质和扎实的专业知识与技能,具备"就业竞争力",而且拥有"职业核心能力"(职业可迁移能力),具备职业"可持续发展能力",将职业核心能力培养融合渗透到人才培养全过程,提供有效的供给,努力实现"促进就业,服务发展"的目标。

二、以构建"互联网＋"线上线下结合自主学习平台为抓手同步推进供给方式改革,提供有效供给,优化供给结构

一方面,教育离不开互联网技术。互联网、信息技术深刻影响着社会,深刻影响着人类活动,未来世界是没有边界的,无处不互联、无事不互联,过去的 PC 互联,解决了信息对称问题,现在的移动互联,解决了效率对接问题,未来的物联网将解决物与物互联问题。教育必须面向未来,培养具有互联网思维、能够使用互联网技术、不与机器人抢饭碗、适合未来岗位需要的人才。

据国际电信联盟发布的报告称,截至 2016 年年底,全球互联网用户人数达 35 亿,相当于全球人口的 47%。中国互联网用户人数达 7.21 亿,位居全球第一。2015 年 3 月 5 日第十二届全国人大常委会第三次会议上,李克强总理在政府工作报告中首次提出"互联网＋"行动计划,提出:"制定'互联网＋'行动计划,推动移动互联网、云计算、大数据、物联网等与现代制造业结合,促进电子商务、工业互联网和互联网金融健康发展,引导互联网企业拓展国际市场。"《国家中长期教育改革和发展规划纲要(2010—2020 年)》也将"信息技术对教育发展具有革命性影响,必须予以高度重视"写进其中。

另一方面,互联网是现代大学生获取信息的最主要渠道。大学生信息获取方式变化,倒逼大学改变知识的供给方式,必须从一个提供文凭背书的认证机构,变成一个让学生"能力附体"的训练营。

随着互联网的普及,人们获取知识和信息的渠道也发生了变化,互联网因为它的快捷、方便、信息量大等特点,迅速成为人们获取知识和信息的最主要的渠道,特别是移动互联网深受大学生的青睐,新华网北京 2015 年 3 月 23 日电(吴

丽娜),《零点调查》当日下午发布的一项调查报告显示,97.9％的大学生最主要的信息渠道为互联网,他们日均上网时长超过 6 小时,七成左右的大学生通过移动互联网"学习和获取信息",移动互联网使人们可以随时随处随性学习,互联网带来知识爆炸,倒逼大学进行变革。基于互联网技术的 MOOC(massive open on line course,大规模在线开放课程,又称慕课)2012 年在全世界开始流行(2012 年被称为"慕课元年"),对世界各国的高等教育产生了重要影响,为"人人皆学、时时能学、处处可学"提供了平台,学校的课程组织、教学、考核等模式都产生了巨大变化。许多国家和地区的顶级大学纷纷宣布加入 MOOC 行列。慕课的出现,使人们可以快速、低价、订制化地学到基础知识,知识将前所未有地越来越唾手可得。但是,到目前为止,还没有看到全球各顶尖大学对于 MOOC 的发展有明确的战略目标和计划。大多数大学对于 MOOC 是边走边看,在摸索中前进,因此必须冷静地分析 MOOC 对高校教育教学质量的影响。加州大学伯克利分校的阿曼德•福克斯教授认为,当前 MOOC 对大学实体课程的影响很小。事实上,基于互联网的 MOOC 难以完成传统课堂教学中小组讨论、与教师面对面交流互动等功能。显然,现代教育离不开互联网,但是 MOOC 也取代不了传统的课堂教学。也许正因如此,哈佛大学、加州大学伯克利分校等全球顶尖名校开始跨越 MOOC,尝试一种小而精的课程类型——SPOC。SPOC 是英文 small private online course 的简称,按照字面意义理解为"小规模限制性在线课程"。其中,small 和 private 是相对于 MOOC 中的 massive 和 open 而言的。"small"是指学生规模一般在几十人到几百人;"private"是指对学生设置限制性准入条件,达到要求的申请者才能被纳入 SPOC 课程。当前的 SPOC 主要针对围墙内的大学生和围墙外的社会在线学生两类学习者进行设置。前者是一种结合了课堂教学与在线教学的混合学习模式,是在大学校园课堂,采用 MOOC 的讲座视频、在线评价等功能实施翻转课堂教学、体验式教学等行动导向教学模式。后者是根据设定的申请条件,从全球的申请者中选取一定规模(通常是 500 人以下)的学习者纳入 SPOC 课程。

我院从 2014 年起,借助互联网技术,应用互联网思维和 MOOC 模式,以构建"互联网＋"线上线下结合(O2O:Online To Offline)自主学习平台为抓手,与供给内容和供给结构改革,配套同步推进供给方式改革。自主学习平台按照"整体规划、分步实施、项目负责制、动态完善"的建设思路和"理念领先、技术先进、特色突出"的原则进行建设。即,计划用 3 年时间(2015—2017),建设基于学院"三素质双核心"人才培养目标要求,适合采用混合学习方式的 100 门左右的校园本土化 SPOC 课程(经贸 SPOC),SPOC 课程网络平台主要包括文档、PPT、案例、视频、音频、活动任务、作业等等资源。并通过 WIFI 全覆盖智慧校园(CRP 系统,campus resource planning)和一体化智慧教室改造,配合实施基于 SPOC 的线上学习结合线下行动的混合学习方式改革。运用 MOOC 思维,将 MOOC 的潜能更好地发挥出来,让 MOOC 资源具有学院的特色,应用于本校甚至是班级这样的小规模用户群,尝试将 MOOC 资源用于小规模、特定人群的教学解决方案,使其适合学院"本土"需求。

基于 SPOC 的课程教学采用教师布置课前作业给学生,学生利用 SPOC 课程网络资源独立或合作自主学习(线上),并完成必要的工作任务或为课堂行动做必要的准备;教师在实体课堂教学中(线下)总结梳理关键知识点和技能点,回答学生的疑难问题,在课上采用行动导向教学模式,引导学生行动,与学生一起处理作业或通过指导学生参与课堂活动完成其他任务,在行动中将知识内化为能力。基于 SPOC 混合教学模式下,其课堂教学是以学生为核心、主体,学生是演员、运动员,教师为主导,是学生学习的设计者、指导者、帮助者和学习伙伴,是教练员、导演。该教学模式下,MOOC 与校园课堂教学有机融合。教师可以根据学生的需求和自己的偏好,自由设置和调控课程的进度、节奏和评分系统;学生必须保证学习时间和学习强度,参与在线讨论和线下互动及行动,完成规定的作业、任务和必要的考试等,通过者将获得课程合格证书。

通过构建"互联网+"线上线下结合(O2O:Online To Offline)自主学习平台,与供给内容和供给结构改革配套,同步推进基于 SPOC 的供给方式改革,使学生通过线上自主学习获取相关专业知识和理论,并养成自主学习及信息处理、数字应用、与人合作、解决问题等职业核心能力;通过线下教师答疑和行动,引导学生将知识内化为能力,学生在学后做、悟中做,老师在做中教,学校不再是文凭的认证机构,校园成为让学生"专业核心技能"和"职业核心能力"附体的训练营,学生在行动中掌握知识,获取技能,在学后做中获得能力,教学相长,快乐工作,开心学习,助力实现"促进就业,服务发展"的目标。

参考文献:

[1]康叶钦.在线教育的后 MOOC 时代——SPOC 解析[J].清华大学教育研究,2014(1).

基于职业核心能力的物流管理专业人才培养方案设计与实施

张庆武

摘　要:本文在对泉州区域经济发展对物流人才的需求状况的调研分析基础上,分析了我院物流管理专业在人才培养方案设计上存在的问题,同时结合学院提出的"三素质双核心"人才培养模式改革要求,介绍了构建基于职业核心能力的物流管理专业人才培养方案的设计与实施过程,并总结了方案实施的效果。

关键词:职业核心能力　物流管理专业　人才培养方案设计与实施

引　言

2011年8月31日,教育部下发了《教育部关于推进高等职业教育改革创新,引领职业教育科学发展的若干意见》(教职成[2011]12号),明确指出了高职院校要深化校企合作、工学结合,办出特色,以培养生产、建设、服务、管理第一线的高端技能型专门人才为主要任务。在培养模式上,推行"双证书"制度和专业课程内容与职业标准对接,实现任务驱动、项目导向等学做一体的教学模式,增强学生可持续发展的职业能力,满足区域产业发展对人才的需求。

构建基于职业核心能力的物流管理专业人才培养方案,通过合理的人才培养方案设计,以培养学生职业能力为主线,通过"基本素质与通用能力"和"职业素质与专业能力"等课程模块,努力把职业核心能力训练渗透、融入专业课程教学过程,让学生在掌握专业技能的同时不断提高与人交流、信息处理、数字应用、与人合作、解决问题、自我学习、创新革新等重要的职业核心能力;通过全面推行"教、学、做"一体化课程教学模式改革和理论与技能考核相结合、过程考核与终结考核相结合的考试模式改革,调整理论课程和实践教学课程课时的比例,以提高学生的综合素质和实际操作技能,对提高物流管理专业人才培养水平,促进专业技能教学和职业核心能力培养融合,具有重要的理论研究和实践指导意义。

一、泉州物流行业对高职物流管理人才的需求状况

通过对泉州物流企业的走访,以及与物流企业的合作洽谈,我们物流管理专业团队针对泉州物流行业对高职物流人才的需求进行了初步的调研,主要内容包括:物流人才的需求层次以及不同层次岗位对物流人才的基本素质、知识和技能的基本要求,企业解决物流人才需求的首选因素、路径及方法,企业对物流专业毕业生学历、工作经验、职业资格证书的看法,企业物流岗位设置、紧缺岗位需求、学历结构情况等。

(一)高职物流管理人才的基本素质和能力

通过调研,我们对成为被泉州物流行业认同的高职物流人才的基本素质和能力做了大致概括,除了必须具备物流设施设备的操作能力之外,还应具备以下五个方面的基本素质和能力。

1.良好的敬业精神和道德品质

道德品质是人最基本的品质,而敬业精神则是一个人从事任何工作都应具备的。物流属于服务性的行业,要干好这行,要求从业人员具备良好的道德品质,关键是要热爱本行,有干好本行、愿意为本行奉献的精神。

2.严谨周密的逻辑思维

物流服务是动态的、连续的,持续提高服务质量,是企业生存发展的基础。物流方案的设计,涉及服务质量的高低与客户的保持,所以要求从业人员具备严谨、科学、周密的逻辑思维能力,否则,服务质量上不去,影响企业效益,严重时可影响企业的生存。

3.团队合作精神

物流作业大多是一环套一环,而且多数工作需要大家一起合作完成,特别是在网状的供应链结构中,作业点多,任何一个作业点出问题,都会对整个供应链

造成影响。这就要求物流从业人员必须具备团队合作精神。

4.组织管理和协调能力

现代物流管理的核心在于系统化物流方案的设计、系统化物流资源的整合和系统化组织管理,包括信息资源、客户资源和能力资源的整合和管理,在物流行业统一标准没有完善的情况下,物流从业人员是否具备较强的组织管理能力,对于企业的发展尤显重要。另外,由于整个物流活动是在生产商、供应商和消费者二者之间进行的,从业人员要经常与客户沟通协商,与上下游环节协调合作,因此,物流从业人员应具有相当强的沟通、协调能力和技巧。

5.信息技术学习和应用能力

现代物流企业之间的竞争,很大程度上表现为信息技术开发和应用的竞争。物流伴随信息流产生和消失,在这个过程中,供需双方要随时掌握货物的相关信息,以进一步提高效率和服务质量。随着科学技术的进步,信息技术也在不断发生变化,因此,物流人才要具备信息技术的应用和学习能力。

(二)高职物流管理人才的知识结构

物流是一个具有系统性和一体化特点的,跨行业、跨部门、跨地域运作的行业,岗位设置种类多。通过调研我们发现,为了满足现代物流业的需求,合格的高职物流人才应具备较为完善的知识结构,具体体现在以下几个方面。

1.国际贸易和通关知识

国际贸易包括国际采购、国际结算等。物流是商流的载体,物流活动是贸易活动的货物交付过程。现今泉州外贸形势发展势头良好,全球物流的发展趋势越来越突出,外资物流企业"请进来"和我们国内物流企业"走出去"是大势所趋。这类企业大都是跨国的大企业,其业务分布于不同国家的不同地区,为了降低生产成本,削减经营风险,获取更大的利润,其采购和营销方式逐步走向全球化。要适应现代物流企业需求,高职物流人才必须具备国际采购、国际计算等与国际贸易和通关相关的知识。

2.运输、仓储及库存控制知识

泉州物流业起步晚,大多是由以前的运输公司和仓储公司演变而来的,加之在物流活动中,运输和仓储所付出的成本最大,因此,对于具备运输、仓储及库存控制知识的物流人才需求量日益突出,现代高职物流人才要适应泉州企业的特殊需求,就须具备运输、仓储及库存控制知识。

3.财务成本管理知识

在物流服务营销的过程中,应收账款、代收代付等与财务有关的业务能力属于基层物流从业人员应具备的能力,业务人员不仅要了解这些费用如何产生、有哪些种类、如何计算,还应对这些费用进行分析,从而减少物流成本。只有通过细致的成本核算和分析,才能有效利用物流资源,降低物流运作的成本,提高物流效益。作为现代高职物流人才,必须具备相应的财务成本管理知识。

4.法律、金融、保险等知识

物流行业作为服务行业,其运作不仅限于企业内部,更多的是涉及多个企业之间的经济行为。任何物流服务都签订需要受法律保护和约束的合同,而这种合同通常以法律文书的形式书面表现出来,以明确承托双方的权利和义务。物流行业的从业人员,尤其是拓展物流市场的从业人员,必须具备一定的法律知识,了解与物流行业有关的法律法规,并能灵活准确地加以应用。因此,要成为合格的现代高职物流人才,必须掌握法律、金融、保险等知识。

5.持续改进物流质量应具备的知识

物流企业是否具有生命力、竞争力,主要取决于其业务的不断创新和服务质量的不断提高,物流从业人员是否能够确保物流业务能力不断提高、物流服务水平连续稳定增长,主要体现在其对作业质量和效率持续改进能力的高低方面。物流服务质量和效率持续改进能力的提高离不开相应知识的学习。因此,作为一名合格的高职物流人才,还应具备与持续改进物流质量相关的其他知识。

二、我院当前高职物流管理人才培养方案存在的问题

通过调研,我们发现,现代物流管理行业不仅需要掌握单一技能的人才,更需要具有较为宽阔的专业知识面,具备创造能力、学习能力等多种能力相结合的高职物流人才。通过对我院当前高职物流管理专业人才培养方案的解读,我们发现存在一些问题与不足:

1.专业定位宽泛,人才培养的知识和技能与现实脱节

我院物流人才的培养目标人才定位笼统、宽泛,与泉州区域经济发展不相适应。对学生需要掌握什么样的知识、什么样的技能,掌握到什么程度,将来需要从事、能够从事何种物流岗位缺乏认真、深入的调研、分析和论证,导致人才培养的知识、技能与现实需求脱节。学生错误地认为只要取得物流职业资格证书就可以上岗而不重视在校期间的学习,学校忽视了对学生的职业素质教育和职业

生涯规划教育,导致学生就业前期望值过高而就业后心里落差很大的现象出现。

2.课程体系设计无特色,不科学

从基础课程到专业基础课、专业课程,我院的课程设置与其他院校几乎大同小异,没有特点。课程开发抓不住由"工"到"学"的要点,流于形式。在人才培养方案开发上,没有充分考虑自身的办学特色、办学条件和培养人才的区域性,很少考虑对区域经济发展的贡献。多数教学内容与企业实际脱离,学习内容大而全,仍然停留在学科体系设计以及理论教学的基础上。

3.忽视实践教学,实践教学组织不系统

物流专业实务性非常强,不仅要有技术含量高的实验室等硬件设施,对实践教学环节要求也很多,需要建立较多的实训教学基地。目前我院在物流实训方面投入的财力、物力偏少,从而导致教学中忽视实践教学环节,学生的动手操作技能得不到有效的锻炼和提高,要么实践教学流于形式,要么实践教学组织不系统,只有认识、参观、实习等形式。

4.师资力量比较薄弱,团队建设不合理

我院从事物流管理教学的老师多是从管理、经济等专业转行而来,缺乏物流实践经验,没有到企业中实践和锻炼,对企业的实际操作凭空而谈,导致在教学上出现一些漏洞。师资结构的不不合理,严重影响了人才培养质量。

三、方案构建整体思路

基于职业核心能力的物流管理专业培养方案的设计,意义在于进一步促进学院教育教学改革。当然,这一设计必须结合本地区物流产业发展对人才的需求,结合当下物流企业对岗位人才的需求,结合本院校的教学资源环境来实现课程设计模式的创新,实现专业人才"双核心"能力的培养渗透。

(一)方案整体构建指导思想

随着泉州经济的快速发展及产业结构的调整,对技能型人才的需求更加迫切,对人才提出了多元化的需求,不仅需要大量学术型、工程型人才,更需要大量技术应用型人才。据国内学者统计,学术型(科学型、理论型)人才学历层次主要为研究生,需求量占5%左右;工程型(设计型、规划型)人才学历层次主要为本科以上,需求量占15%左右;技术型(基层管理型、技能型)人才学历层次主要为高职学生,其需求量占到80%左右。物流业作为一个劳动密集型、技术密集型产业,对于技术型人才的需求就更为突出。从泉州物流行业发展、其他行业发展对物流业的冲击需求和市场角度看,泉州对物流人才的需求与新兴市场对物流人才的需求基本相同。

因此,本着依托地区产业发展、服务区域经济发展的专业办学思路,同时依据学院两大特色项目建设的总体指导思想,基于职业核心能力的物流管理专业培养方案整体构建思路是以培养学生职业能力为主线,围绕"三素质双核心"培养目标,培养学生具有良好的思想政治素质、人文素质与道德修养、身心素质,培养学生成为掌握本专业必备的基础理论、专业理论、专门知识等专业核心技能和具有完成职业任务的职业核心能力的"双核并重"的高职人才。

据此,基于职业核心能力的物流管理专业培养方案整体构建思路,可以分为三个层次进行:一是以"三素质双核心"来构建专业人才培养方案,形成嵌入职业核心能力的专业建设的总体框架,本部分的重点是对各模块课程的设计;二是以人才培养方案的各模块进行课程建设,形成"专业能力+职业核心能力"专业人才培养的实质内容,本部分的重点是课程渗入职业核心能力的设计;三是以结合专业的活动项目或职业核心能力训练模块,锻炼、培养学生职业核心能力,本部分的重点是活动或模块的设计及开设时间的安排。

(二)方案设计初步设想

基于职业核心能力的物流管理专业人才培养方案设计的原则,旨在通过第一阶段的教学改革探索后,通过经验交流与总结,尽可能形成核心职业能力的专业教学模式,使专业建设遵循"系统规划、全程融入、循序渐进、实践养成"的课程设计原则。

一是充分考虑现有教学体制,课程体系的设计规划应在保证专业通用能力与岗位技能学习的前提下做融入式设计,把核心职业能力培养科学地融于专业教学过程中,充分考虑学院条件与专业特性,以保证实施的可行性。

二是系统考虑教学资源条件,如师资条件和实践情景环境的综合利用。职业核心能力培养需要大量的实践情景与训练时间,考虑节省资源,可以在专业实训课程中设置核心职业能力融入点与专业实训课并行推进,保证课时与实践资源的综合利用。

三是职业核心能力的培养是个长期的过程,因此要在专业人才培养的全程设计中融入职业核心能力培养,按照循序渐进的原则,由浅到深、由点到面地把各项核心职业能力科学地设计分布在本专业课程体系中,并随着课程推进循环提升,使前期培养成效在后期学习中交替巩固与利用,通过"能力累积"形成"能力意识与习惯"。

四是,基于我系教师的企业经历与教学培养实践,以及校内实训软环境严重落后的现状,如何在现有条件下开展职业核心能力的训练,是课程设计与实施的关键。职业核心能力的培养必须要有大量的实践或实践情景模拟互动。为此,教研室经过研讨后,形成了从学生熟悉的实景入手引导的思路,如从生活、身边、专业物流事件中进行引导,从生活物流——身边物流——行业物流——专业方向物流+虚拟物流综合实践逐步深化专业与职业核心能力,通过多门专业核心课程进行职业核心能力全程融入培养。

(三)方案实施具体思路

通过对物流管理专业岗位工作过程的调研,综合考虑企业物流实际工作内容,以及企业物流人才持证上岗的要求,方案在具体实施中强化以核心能力培养为导向,依托校内外实训基地,设计符合岗位能力培养的课程体系,构建以职业能力培养为根本、实施工学结合的人才培养模式。

一是专业课程中渗透职业核心能力的培养,选择物流管理专业的三门专业核心课程:"国际货运代理"、"仓储实务与管理"、"运输实务与管理",在课程内容、教学方法等方面进行改革,以行为导向法教学为主,以项目为依托,以学生参与为主体,培养锻炼学生的职业核心能力。

二是开设职业核心能力模块课程来培养和训练学生的职业核心能力,选择两个与物流管理专业建设相关的训练模块:"物流管理专业(自我学习)能力方案设计"、"物流管理专业(解决问题)能力方案设计",以职业活动为导向,以职业能力为本位,通过职业活动或者模拟职业活动过程的教学,通过以任务驱动型的学习为主的实践过程,在一定的知识和理论指导下,获得实现职业工作所需要的实践能力。

三是通过专业、职业活动形式注重核心能力培养,选择两个作为物流管理专业建设与发展的特色活动课题:"职业核心能力培养贯穿大学生创新创业实践"、"渗透职业核心能力的物流知识及技能大赛方案设计",每一个活动都是一个项目,以学生组成的团队进行活动,在整个活动进行的每一个阶段,对团队进行评价,从而锻炼和提升学生的核心能力。

四、方案实施过程

基于职业核心能力的物流管理专业的课程体系设计,是依据学生专业核心技能和职业核心能力的递进规律来开设课程,按照阶段性来培养学生的各种能力,每个阶段的课程设计必须匹配阶段规律和"双核心"能力要求。为此,在方案具体实施过程中主要从两个方面进行改革提升和完善。

(一)强化基于职业核心能力的专业课程设计理念

1.加强企业交流合作,开展实训教学活动

根据市场对物流管理专业的人才需求,灵活设置专业课程,邀请行业、企业专家参与课程建设与设计,加强和企业的合作,根据企业需求设置课程内容,使学生在学习理论的同时增强实践能力。如与顺丰公司开展合作交流,由公司开设顺丰班并进行实训教学活动;与天地华宇公司合作,开展物流企业管理知识讲座;与百世汇通公司合作,开展现场教学参访等。

2.加强专业老师的融合培养职业核心能力的教学理念

根据学院所处的泉州区域经济发展需求及目前学院专业教学资源来进行课程设计,组织专业老师主动积极去当地物流行业、企业参观学习,定期开展访谈活动,及时了解最新的行业发展信息和企业的物流人才需求变化情况,并在教学中体现融合渗透培养学生职业核心能力的教学理念,即在教学中除了让学生掌握物流管理的基本理论和物流技能相关实务之外,还包括与人交流、与人合作、信息处理应用、解决问题、自我学习等职业核心能力的培养和训练。

3.强调专业老师因材施教,根据不同教学对象进行课程教学设计

物流管理专业的生源有两类:一种生源是参加普通高考的学生,高中毕业,他们从高中进入高职类院校之后基本是从"零"开始,在此之前没有关于职业课程学习的系统认识;另一种是中专毕业生,他们已经有两年多的中职课程学习基础,相对来说更容易进入高职课程的学习。根据这两种生源的不同,要求专业老师在进行物流管理专业课程设计的时候要针对不同生源的学习特点,分别从专业核心技能学习和职业核心能力培养两个方面制定学习要求和考核,并且应该有所区别。

4.强调以学生为中心的教学实践项目设计

在设计教学实践项目时,要求专业教师要考虑把课堂还给学生,让学生做课

堂的主人。教师的主要任务是积极引导,主动示范,努力为学生完成项目(任务)、自主学习创造环境条件,激发学生的学习和训练的兴趣,在引导学生主动参与、师生双向互动中不断提高职业核心能力,让学生从被动听讲变为主动参与项目操作和问题思考,在完成任务、解决实际问题的过程中,实现教学目的。

(二)完善基于职业核心能力的专业人才培养方案实施的条件

要构建融合渗透职业核心能力培养为目标的课程设计模式和教学模式,将学生的专业技能学习和职业核心能力的培养渗透转换到课程学习任务中去,必须对方案的实施条件进行建设和完善。

1.强化"双师型"教师团队的培养,提高教学水平

教师的教学水平直接影响到教学质量,培养具有"双核心"能力的教学团队,是建设基于职业核心能力物流管理专业人才培养方案的基础。"双师型"教师可通过聘请社会中经验丰富的从业人员来校执教,也可以通过学校老师到企业顶岗实习锻炼来培养获得。为此,鼓励在校的教师利用校企合作项目等机会去企业实践学习,在企业的岗位上发现需要的教学资源,并将企业的管理方法和流程架设应用到课程改革中,为下一步校企合作开发一些实训指导书和自编教材做准备。

2.强化教学环境建设,鼓励采用多种有利"双核心"能力培养的教学方式

目前学院的教学环境仍然是以传统的课堂教学为主,一般是使用室内的多媒体教学,以班级为单位的课堂"一对多"的教学方式,学生人数一般在 30 人以上。这种教学环境不利于培养和渗透职业核心能力课程或教学项目的实施。为此,一方面建议老师多利用现有的适合进行培和养渗透职业核心能力课程或教学项目实施的教学环境;另一方面鼓励老师改变传统的授课方式,采用互动教学、项目式教学、模拟教学法、案例教学法和角色扮演等多种有利于培养"双核心"能力的教学方式。

3.加强校企合作,多渠道促进"双核心"能力的培养

学校的知识理论和教学方法更新的速度要比行业的变化慢,要达到契合物流企业的岗位需求来设计符合社会需求的职业能力课程之目标,捷径之一就是加强校企合作的力度。为此,方案在实施过程中进一步加强校企合作力度,通过现场教学、参观实训、订单培养模式、假期企业实践等方式,多渠道并举,使学生既可以在学校学到专业理论知识,又可以通过企业实习学到相关的实际技能,促进"双核心"能力的培养。

4.推进校内实训室建设,增加校内实践教学或模拟教学课时

构建与理论教学体系密切联系又相对独立的校内实践教学体系,建立一个相对稳定的校内实践教学基地,是专业课程进行融合渗透培养"双核心"能力的基础条件。为此,方案实施中通过加强校内已有的物流实训室的使用、完善校内教学实训环境等,让学生进行模拟练习,学习第三方物流的一些业务、仓储配送作业模拟实训等,促进实训、实践教学环节的改革,提高物流管理专业学生的职业能力和竞争力。同时,积极进行物流仓储仿真综合实训室的论证申报建设工作,为专业课程能更好地进行融合渗透职业核心能力教学创造环境条件。

五、方案实施效果

严格来说,学生能力进步的科学测定需要纵横向的参照,培养学生职业核心能力效果的衡量,应该在学生参与企业职场后和经历过生活事件后,才能得到较真实的检验。但显然,现有的关于职业核心能力培养的测评手段只能在学生的专业学习中应用。虽然尚缺少历史数据进行对比,然而经过一年的专业建设与课程实践,我们仍可以直观地体会到,在经过专业课程中融入培养、渗透培养、嵌入培养职业核心能力的教学改革中,在横向打造学生的专业能力、纵向打造学生的社会能力与方法能力、矢量推进学生的综合职业能力,以及专业基于职业核心能力的人才培养方案设计与实践后,学生和教师都获得了巨大的进步。

(一)转变了对物流管理专业人才培养的理念

物流管理专业的特点是综合性和跨学科性,这些特点要求物流管理专业学生的职业能力应该包括:物流管理专业能力、物流岗位能力、物流职业拓展能力。因此,物流管理专业人才培养理念,不再仅限于专业的理论和方法的培养,而是必须形成以"学生发展为本"的理念,形成有利于学生个性发展和创造力培养的新型专业课程体系、教学体系和管理体系,以有利于学生个体终身可持续发展能力的形成为目标,将学生的学习生活和未来职业有机融合,使学生不仅成为现有职业和岗位的追求者,而且成为未来职业和岗位的创造者。

(二)构建了符合物流企业人才需求的课程体系

在课程体系建设方面,根据学院统一制定的"三素质双核心"专业人才培养目标,同时参照物流企业对物流人才工作岗位职业能力和通用职业能力的需求,

在物流管理专业人才培养方案中,构建了职业核心能力和专业核心能力,形成"双核并重"的人才培养课程体系,并将职业核心能力课程体系分解为思政素质、人文素质、身心素质三个模块,将专业核心能力课程体系分解为公共必修课程模块、专业必修课程模块、专业拓展(选修)课程模块三个序列,以能力培养主线贯穿始终,使能力培养的主题得以凸显,使新课程体系能够为物流企业输送更"高性价比"的人才。

(三)实践了多种培养职业核心能力的教学方式方法

一是发现教学法。在专业课程或项目教学中,教师向学生提供几种问题情境或者几个问题,让学生积极思考,独立探究,自行发现,总结知识。教师扮演学习促进者的角色,学生为主体,独立思考,形成认知,让学生从中有所发现,既锻炼了学生的信息搜集处理能力,也培养了学生解决问题的能力。

二是项目教学法。在教学实践过程中,以小组为学习单位,强调学生在学习过程中的主体地位,通过咨询、计划、决策、实施、检查、评估等步骤,提倡"个性化"的学习,以学生学习为主,教师指导为辅。学生通过完成教学项目,既掌握实践技能,又掌握相关理论知识;既学习了课程,又学习了工作方法,也能够充分发掘学生的创造潜能;既锻炼了学生的自我学习能力与创新革新能力,也培养了学生与人合作的能力。

三是讨论法。学生以小组为单位,根据老师先前给出的教学项目问题,各抒己见,形成小组意见后,通过在班级上同其他小组交流、讨论或辩论活动,获得知识或巩固知识。由于讨论先在小组内进行,要形成小组一致的意见,然后再参与全体学生的讨论,激发学生的学习兴趣,既培养学生与人交流能力、与人合作能力,也培养了学生信息搜集处理能力。

四是情景模拟法。在项目要求及老师现场指导下,创设一种和谐的、身临其境的教学环境,学生模拟扮演某一角色,进行技能训练,加强师生之间、学生之间的相互合作与交流,使学生主动地参与教学过程,增强教学的互动性,构架起理论与实际相结合的桥梁,促进教学相长,同样既可以培养学生与人交流能力、与人合作能力,也培养了信息搜集与解决问题能力。

五是游戏法。在学生综合能力专题训练中,选择学生喜欢且较为流行的游戏,通过组队开展游戏、完成任务的方式锻炼学生的职业核心能力,教师在整个游戏过程中扮演裁判的角色,对团队开展的游戏过程及完成情况进行判决和点评,既可以培养学生与人合作能力,也培养了学生的解决问题能力。

(四)改"一张卷"评价为"多元评价"考核

职业核心能力的培养注重过程性,相应的项目考核方式也必须改变以往用闭卷、开卷考试评定成绩的片面做法,实行笔试加实践相结合的"多元评价"考核方法,加强对学生能力与素质培养的过程性评价,形成以期末考试、实践操作、课堂发言、小组讨论、小组实训或调研作业、出勤等多元并重的考核形式。同时,准备引入物流公司各工作岗位的评价标准,将物流行业从业资格证书与成绩考核相结合,任选课中职业资格证书和专项技能证书占一定学分。考核方式多元化,使得学生在专业实践与社会活动中有了主人感,进而提高了学习主动性。

(五)职业核心能力培养理念推广效果显著

在专业人才培养方案设计中融入培养、渗透培养、嵌入培养职业核心能力的教学改革,推动了教学模式的创新与实践,对更新教师的教育理念、改善教育教学方法有着不可估量的积极意义,极大地调动了老师进行教学改革的热情,教学科研水平得到不同程度的提升,学生的职业素养得到提高,在专业课程和项目中开展职业核心能力培养的理念深入人心,教师的职业核心能力教学意识和能力普遍提高,职业核心能力项目已成为共识与普遍应用的教学内容和手段,教师自身的能力也在增强,师生间的交流沟通更加充分。

六、小结

随着信息化步伐的不断加快,社会产业结构和人力资源市场需求也在发生深刻的变化,用人单位对人才的要求也不断提高,不仅要求员工要具有相应的专业技能,同时要具备团队合作精神、自我学习能力、创新能力等职业核心能力。具备职业核心能力的学生,即便从事与其专业不同的岗位工作,也能依靠这些素质迅速适应岗位的需要,最大限度地发挥出自己的才干。因此,如何把职业核心能力的培养落实在物流管理专业的整个职业教育过程中,是进行专业人才培养方案设计与执行的关键。

基于职业核心能力的物流管理专业人才培养方案,通过合理的人才培养方案设计,以培养学生职业能力为主线,通过"基本素质与通用能力"和"职业素质与专业能力"等课程模块,努力把职业核心能力训练渗透、融入专业课程教学过程,尽可能形成职业核心能力的专业教学模式,使专业建设遵循"系统规划、全程融入、循序渐进、实践养成"的课程设计原则,对提高学生入职后的职业岗位工作能力有重大意义。虽然,方案在执行过程中存在一系列的问题与困难,但是相信在大家的共同努力下,通过基于职业核心能力设计的一系列课程、活动、模块的展开,物流管理专业人才培养的质量将获得长足提高。

参考文献:

[1]赵文化.用"OTPAE五步训练法"提高学生解决问题能力的实践研究[D].上海师范大学硕士学位论文,2012-03.

[2]张丽华.商务谈判课程职业核心能力培养实证研究[J].广东农工商职业技术学院学报,2014(11).

[3]廖祥新.职业教育核心技能课程的开发研究——以就业为导向、能力为本位、终身发展为目的[D].南京师范大学硕士学位论文,2007-03.

[4]靖德云.高职学生职业核心能力培养研究[D].山东大学硕士学位论文,2012-10.

[5]曹洋,冯琦琳.基于高职学生职业核心能力培养的项目化课程设计及实施研究[J].职业技术教育,2014(7).

服装设计专业开设"与人交流能力"模块课程培养学生职业核心能力经验总结

蔡炳水

摘　要:独立开设"与人交流能力"模块课程培养学生职业核心能力,必须根据本校、本专业的实际情况,构建强力团队,精选培训内容,重构知识体系,创新培训方法,才能达到较为理想的培训效果。

关键词:与人交流能力　构建团队　精选内容　重构体系　创新方法

早在 2007 年,中国职业技术教育学会常务副会长刘来泉就明确指出:"加强职业核心能力培养,提高职业人才的综合素质,是职业教育的重要内容和组成部分,也是当今世界职业教育发展的一个重要趋势。"为适应当今世界职业教育发展的这一重要趋势,泉州经贸职业技术学院自 2013 年开始积极推进特色项目建设,实施"三全"(全员参与、全过程渗透、全领域覆盖)培养学生职业核心能力。并于 2015 年 5 月,正式发出《关于开展"三全"培养职业核心能力课题研究的通知》,决定在全院开展"三全"职业核心能力培养的特色化教改建设项目,明确要求学生职业核心能力的培养必须做到"三全"。服装设计专业独立开设"与人交流能力"模块课程培养学生职业核心能力即为此建设项目的一个重要组成部分。

所谓"与人交流能力",是指在与人交往活动中,通过交谈讨论、当众演讲、阅读以及书面表达等方式,来表达观点、沟通情感、获取和分享信息的能力,是日常生活以及从事各种职业必备的社会能力。轻工系在服装设计专业尝试独立开设"与人交流能力"模块课程培养学生职业核心能力,除了落实学院的统一部署和要求之外,其直接目的和意义有三:一是通过本模块课程的研究与方案的设计及实施,培养、训练和提高学生的职业核心能力,特别是专门训练学生与人交流的能力,以提高学生的综合素质,增强学生的竞争力;二是通过对职业核心能力专门模块——"与人交流能力"训练方案的实践,改变之前传统枯燥的教学方式,师生角色互换,目的更加明确,教学更加多样灵活,变学生被动为主动,效果更加明显,为其他课程的教学提供方法论的参考;三是通过本模块课程的研究与方案的设计,对服装设计专业其他课程、活动融合渗透职业核心能力的训练提供坚实的知识基础,带动整个服装设计专业进行融合渗透职业核心能力的训练和培养。

回顾活动开展以来的实证研究进程,轻工系服装设计专业独立开设"与人交流能力"模块课程培养学生职业核心能力的举措取得了较为理想的实际效果,我们经过认真思考,觉得有以下几个方面的做法或经验,值得总结。

一、明确目标,追求教学实效

在课题研究阶段,确定了"与人交流能力"模块课程的学习、训练目标,使参加学习和训练的同学,在"听、说"方面由一个未受训的普通人逐步变成一个具备初级水平的"愿听、敢说"——中级水平的"会听、会说"——高级水平的"巧听、巧说"的人。

通过学习和训练,同学们不同程度地认识到了沟通的力量,了解了沟通的知识,掌握了沟通的技巧。在与人交往的过程中,我们通过对受训班级同学的课前摸底——训练过程评估——平时行动观察,发现同学们的行为出现以下几个方面的可喜变化:与人交流沟通的意识,由自发——自觉;与人交流沟通的态度,由顺其自然——积极主动;与人交流沟通的方式,由单一——多种多样;与人交流沟通的效果,由听天由命——有效提高;对专业核心能力的学习也有较大的帮助。如同学们在课余时间碰到老师基本上能主动与老师打招呼,有时甚至四五位同学异口同声或争先恐后地向老师打招呼,自觉性提高了;方式方法多样了(有声语言得体地与老师打招呼、无声语言有效地与老师打招呼:招手、微笑、点头、鞠躬等);同学们在课堂上能自觉地进行适当的目光交流和专注倾听,使专业核心技能的学习得到了促进。轻工系服装设计与工艺师生在"2016全国职业院校技能大赛高职组"比赛中,获得了一个二等奖、两个三等奖的佳绩;在学院首届大学生创新创意作品大赛中,轻工系取得了一个特等奖、一个二等奖、三个三等奖的佳绩。

二、重视师资，组建强力团队

师资队伍建设是独立开设"与人交流能力"模块课程培养学生职业核心能力的基础性工程，在本次特色化教改建设项目中，学院、轻工系均高度重视培训教师的工作。

在学院的层面，首先是从 300 多名教职工队伍中分两批遴选出 100 多名综合素质较高的教师参加国家人力资源和社会保障部职业技能鉴定中心主办的国家职业核心能力指导师和考评员（中级）认证骨干教师培训班，作为职业核心能力认证培训的基本力量，又从这 100 多名已获得中级考评员资质的人员中选拔出 11 名表现优异的教师参加国家人力资源和社会保障部职业技能鉴定中心主办的"国家职业核心能力教练精英高级研修暨高级考评员认证培训（第七期）"的培训活动，作为职业核心能力认证培训的骨干力量。2016 年 7 月，学院决定于同年 9 月对全校 2015 级学生全面开展认证培训。为此，学院成立专门的机构——继续教育部职业核心能力认证培训办公室，精选近 30 名已获得中、高级考评员资质的人员担任培训师，确保首轮认证培训的质量。接下来，学院还将进一步挑选出 3~5 名综合素质高、培训效果好的考评员作为培训师，对其他老师进行认证培训和对其他兄弟院校、企事业单位和社会组织相关人员进行认证培训。

在轻工系的层面，我们更是把师资队伍建设作为本项特色化教改项目建设的重要抓手，全系共派出 15 名教师参加第一、二两批由国家人力资源和社会保障部职业技能鉴定中心主办的考评员（中级）资格培训，其中有两名老师参加高级考评员的认证培训。从特色化教改项目论证研究阶段，就组建强力团队，集体攻关，以服装设计与工艺专业为试点，按学院要求展开方案论证及试点工作，成效显著，在学院特色化教改项目经验分享与成果汇报的竞赛活动中，取得了一个一等奖、一个二等奖的优异成绩。轻工系两名高级考评员不仅作为学院近 30 名首轮认证培训人员的培训师和考评员，还分别成为其中"与人交流能力"、"解决问题能力"模块的教研组负责人，带领其他成员对学院 2015 级学生展开全面的认证培训。

三、增删内容，重构知识体系

人力资源和社会保障部职业技能鉴定中心学术委员会主任陈宇明确指出："在核心能力培养中，每一个培训机构，每一个接受培训的人，都完全可以根据各自不同的条件和不同的需要，灵活地选择不同的方向和内容作为自己的重点。"我们在认真研究教材和客观、全面分析学院、专业、班级实际情况的基础之上，对内容进行必要的增删，同时，对已确定的培训内容进行了体系上的重构。

人力资源和社会保障部职业技能鉴定中心组编的《与人交流能力训练手册》（人民出版社出版）内容为"听、说、读、写"四大方面，共十一单元、四十二节，分为"初、中、高级"三个等级。据了解，其中的初级水平的教学训练内容对应教学对象为中职学生；中级对应教学对象为高职学生；高级对应对象为企事业单位人员在职进修或高校本科学生。

经过教研室全体成员认真学习、研究，根据我院的实际情况，我们仅选择"听"、"说"两个部分，"读"、"写"不选。仅选择第一、第四、第八单元，即仅选择"交谈讨论"，而"阅读"、"书面表达"、"当众演讲"不选。增加"了解沟通的过程，感受沟通的力量"。对于我们课题组的这一举措，国家职业核心能力项目组的专家给予了高度的肯定。王士恒教授认为：选点准，职业核心能力内容很多，能精选、重组模块，选取与人交流模块切合互联网时代实际；与人交流中将初、中、高级内容进行融合、增删，同时将信息传播点有机融合进去，体现教研团队强大的实力。职业核心能力因专业不同而重点不同，能根据专业特点、人才需求特点进行重组模块；具体落实上面，将与人交流模块和专业具体情境融合，不仅是教学需要，还便于考核。童山东教授认为：对课程内容调整，突出重点，满足需求，针对服装类专业进行调整，将核心能力五大模块有机融合进去，并进行核心能力意义阐释，让学生感受核心能力价值所在，发挥核心能力功能，这是一种有益的尝试。

四、创新方法，服务培训目标

职业核心能力的训练需要有科学的方法，要通过有效的程序达到既定的目标。根据行动导向教学法的理念，实施"目标——任务——准备——行动——评估五步训练法"，即"OTPAE科学训练程序"。我们团队经过充分的讨论和评估，决定以五步教学法为总方法，活动导向则主要以体验式教学法为主，其他教学法灵活运用,以最大限度地增强教学实效。

五步教学法,第一步——目标建立:树立能力训练应达到的行为目标(Object),即,以职业核心能力标准为依据,明确接受能力训练的最基本能力点;第二步——任务分析:提供典型任务(Task)或职业活动案例,分析其中能力行为目标的具体表现,在头脑中树立可模仿的映像;第三步——训练准备:做好能力训练前应知方面的准备(Prepare),熟悉基本的要领或程序,掌握必要的知识和方法。第四步——活动导向:组织实施训练活动(Action),用任务驱动和工作实例的方式,在大量的行为活动训练中养成规范的习惯。第五步——效果评估:在学习和训练过程中,对照第一步行为目标的能力点,评估(Evaluation)是否达到规范要求,强化训练效果。

体验式教学法,源于大卫·库伯的体验式学习圈理论,发明者大卫·库伯是美国凯斯西楚大学知名教授,社会心理学家、教育家,著名的体验式学习大师,他把体验学习阐释为一个体验循环过程:具体的体验——对体验的反思——形成抽象的概念——行动实验——具体的体验,学习者经历一个学习过程,在体验中认知和提高。国际室内体验式教学(学习)法不是军训、不是游戏、不是竞技、不是旅游,它是传统的讲授式培训和户外拓展训练的变革创新,它是个人培训"做中学"的典范,它是团队共同学习的良机,是企事业单位组织有效培训的最佳途径,是完整意义上企事业单位培训的一场革命。"learning by doing"是体验式学习法的精髓,它的哲学依据是"从实践中来,到实践中去。"它是高职教育新理念"做中学、学中做、边学边想、边做边想"的有效载体。

五、发现不足,补齐木桶短板

从学院特色化教改建设项目启动至今,特别是在试点工作过程中,我们也陆陆续续发现了一些必须想办法解决的困难和问题,比如课时的确定,师资队伍的规模特别是质量问题,教学硬件设施的建设,校本教材、教参的短缺、服务对象和范围的拓展等。在发现不足的同时,我们开展集体攻关,研究和探讨解决办法,如关于课时问题,我们建议学院在适当增加课时的同时把现在的周学时为1改为周学时为2,以便增加训练时间,提高训练效果,尽量加快网络学习平台建设的步伐,真正做到线上线下两条腿走路;再如在师资队伍的内涵建设问题上,我们建议学院整合全校资源优化各模块团队组合,提高团队效率,同时对参加认证培训的老师则利用每年必须参加继续教育的要求,开展速成式的培训,实现教师层面的全员参与；又如教学场所、训练场所的问题，鉴于现有的普通多媒体教室无法满足训练需要的情况，建议学院充分利用会议室、多功能厅、打板室、ERP沙盘实训室等现有资源，解决燃眉之急，待条件成熟时，建设专用训练场所。为解决教材、教参问题，组织编写职业核心能力之《与人交流能力》的校本教材、教参或训练手册、案例集等。扩大服务范围，在满足学院需要的前提下，走出校门，服务社会，扩大影响。

多媒体专业"与人交流"训练实施方案设计及实践效果总结

陈晓燕

摘　要：与人交流能力是从所有职业活动的工作能力中抽象出来的,具有普遍适应性和可迁移性的一种职业核心能力,是大学生日常生活以及今后从事各种职业必须具备的职业社会能力。良好的与人交流能力是多媒体从业人员的重要素质。本文对多媒体专业"与人交流"课程设计教学实施方案并进行效果评价,为在课堂教学中提升该专业学生其他职业核心能力的方案设计提供参考。

关键词：职业核心能力　与人交流　设计　效果

我国劳动与社会保障部《国家技能振兴战略》将与人交流能力描述为在与人交往活动中,通过交谈讨论、当众演讲、阅读并获取信息,以及书面表达等方式,来表达观点、获取和分享信息资源的能力。多媒体专业学生就职岗位多为设计类的岗位,岗位要求他们具备在产品设计过程中与客户的沟通交流能力以及产品完成时向客户现场展示和讲解产品的能力。从服务客户角度而言,多媒体从业者也需具备良好的与人交流能力。本文根据多媒体专业人才培养特点制定该专业"与人交流"课程教学实施方案,并对其进行实践效果分析,以期为在课堂教学中开展其他职业核心能力专项培训提供参考。

一、多媒体专业"与人交流"课程教学实施方案设计

纵观大多高职院校,"与人交流"类课程的授课对象一般为全院学生,不分专业,且多为校选课,少数将其列为专业课的高校也只是将其定位于专业选修课,

真正从专业必修课的角度来开设这门课程的几乎没有。此外,在所有开设该课程的高校中,因为是将其作为一门职业核心能力培养课程来开设的,各高校的授课内容对与人交流中的四个基本能力(听、说、读、写)均有涉及,没有根据各个专业的特点对其中的特定能力进行有选择的授课,且对课程的评价多受制于职业能力测评包的要求,大同小异。将当学期开展的与交流能力相关的青年志愿者活动和校园文化活动引入课程评价,是本课程的一项大胆尝试,更有助于学生课堂学习成果在实践活动中的应用。

(一)课程教学内容和环节设置

根据多媒体专业特点,可以将与人交流能力的培养分为 4 个专题,每个专题用 3～7 学时完成教学。

1.自我展示能力培养

与人进行交流的第一步是使学生克服畏惧和羞涩心理,提升其在人前展示自我的信心,从而达到进行正常交流的目的。本专题主要通过模拟应聘环节和即兴演说环节来进行教学。模拟应聘环节要求学生结合具体企业招聘要求,根据自身优劣势向企业 HR 做自我介绍,让学生掌握如何在与 HR 的短暂交流中在其面前展示自我,从而获得 HR 对自己的认同;即兴演说环节主要是在特定的情境下,选手自发或被要求立即进行当众说话,通过绘声绘色的语言感染听众,达到交流情感的目的。

2.演讲能力培养

演讲,是在特定时间和环境中,凭借有声语言和肢体语言进行交流的艺术活动。它是现代社会人际交流的一种重要手段,培养演讲能力是提升交流效果的有效途径。培养和提高学生的演讲水平,可以为学生的人际交流与求职就业增加成功的砝码。本专题主要通过即兴演说环节来进行课堂实训教学。

3.交谈讨论能力培养

交谈讨论能力培养主要是使学生能够把握交谈主题,把握交谈时机,能够倾听他人谈话并表达自己的观点。本专题主要通过专题辩论、模拟商务谈判和聚会交谈等 3 个活动来进行训练。专题辩论主要是选取一定的主题,将选手分为 2 组,每组 4 人,两组针对同一问题的正反两面进行辩论;模拟商务谈判主要考量学生在谈判中使用语言的流畅性、立场的准确性、进行要价与砍价的说服力;聚会交谈主要是考查学生在短时间内如何寻找主题与陌生人进行交谈的能力。通过一对一、一对多或多对多的沟通交流,进一步培养学生与人交流的能力。

4.情景沟通交流能力培养

通过与父母和朋友交谈情景训练,让学生掌握这类情景与人交流的方法和技巧。本模块主要通过播放突出表现沟通技巧的影视片段,让学生针对故事情节、人物矛盾、沟通障碍表现、障碍产生的原因等方面进行小组讨论,在讨论的过程中老师引导学生将学过的与人交流相关理论与影片相结合,帮助学生对剧中人物透彻分析,同时反思自身的一些不良沟通交流习惯,然后通过角色扮演环节让学生通过扮演不同的角色来感受沟通的重要性,了解不同角色需掌握的沟通技巧和方法,使其能够在各种交流情景中轻松应对。

(二)课程考核和成绩认定

"与人交流"是一门实践性很强的课程,课程考核主要采用考察的方式进行。以课堂提问、小组讨论、课堂实训、课后作业及课外实践为主形成过程性评价,主要考核学生应用所学知识解决实际问题的能力。综合评定成绩一般为:该课程成绩=平时考核(占30%)+实践环节表现(占40%)+课程总结(占20%)+课外实践(占10%)。其中,平时考核主要是从课堂是否积极回答老师问题、课后是否按时按量完成老师布置的作业等两个方面进行考核;实践环节表现主要包括学生参与小组讨论和参加课内实训活动的次数及具体表现;课程总结要求每位学生在课程结束时提交一篇不少于1000字的心得体会;课外实践指的是学生参加当学期开展的与交流能力相关的青年志愿者活动和校园文化活动,教师根据学生参与活动的次数以及在活动中获得的名次综合给分。

二、多媒体专业"与人交流"课程实施方案实践效果分析

通过与人交流能力培养的教学实践,笔者发现以下几个问题值得进一步探讨:

(一)生源素质下降限制课堂实训环节的开展

由于生源素质下降,原定计划中的各个实训环节在实际开展过程中均遇到问题。比如模拟应聘自我介绍环节,要求学生结合招聘需求,分析自身优劣势后再做自我介绍,90%的学生都无法脱稿,有一些学生只是简单将其作为普通的自我介绍来进行。在即兴演说环节,要求学生到讲台前做2～3分钟的演讲,但在

实际教学中,几乎所有的学生都无法即时组织语言上台演讲,要给出充分的准备时间,而且 80％的同学不能做到脱稿,必须带着讲稿上来,有小部分学生在台上直接拿着稿念,从头到尾均是一样的语速和语调,让即兴演说环节失去了原本的意义。

(二)交谈讨论能力培养实训环节更受学生青睐

在各项课堂实训环节中,学生比较青睐交谈讨论能力培养实训环节,大部分学生在这些环节表现得比其他环节更积极主动。交谈讨论能力培养一共设计了 3 个实训环节:专题辩论、模拟商务谈判和聚会交谈。在确保三个项目均有学生参加的前提下,要求学生在三项活动中至少选择一项参加。按照原定的设想,学生应该会只选择其中一个实训环节来参加,模拟商务谈判涉及较多的专业知识,授课对象是新生,还没开始学习专业课的内容,对于设计作品的方案陈述会有困难,可能较少人参加。但在实际运作时,3 个实训环节的报名人数大体上都很均衡:专题辩论 20 人,模拟商务谈判 15 人,聚会交谈 18 人。而且有 12 个学生同时参加 2 个项目,有一个学生 3 个项目都参加,大大出乎预料。这些实训环节因其训练方式较为直观,内容针对性强,在短期内训练效果最为显著。

(三)学院开展与交流能力相关的校园文化活动促进学生学习

学生参加校园文化活动能检测课程学习的成果,总结在实际比赛中暴露出来的交流弱项,再在接下来的课堂教学中进一步有针对性地完善和提升自己的交流能力。以当学期信息系举办的主持人比赛、大学生职业生涯规划比赛和模拟应聘比赛为例。主持人比赛是在学期初进行的,在这项比赛中,多媒体班有 3 名同学参赛,分别获得第 6 名、第 8 名和第 17 名;职业生涯规划比赛全班有 30 名同学参赛,全系进入决赛的 15 名选手中,多媒体班的同学占到 10 位,初赛第 1～9 名以及第 12 名均为多媒体班的学生,而在决赛 PPT 演示环节中,第 1、3、6 名均为多媒体班学生,其中 1 人还获得最佳规划奖;模拟应聘主要面向的是毕业班学生,在进入模拟应聘决赛的 16 名选手中,有 4 名选手来自多媒体班,其他入围选手均为毕业班,多媒体班成为非毕业班尤其是新生班中唯一进入模拟应聘决赛的班级,4 位选手的成绩分别为第 3、6、7、9 名,丝毫不逊于毕业班。有一个选手在 3 个比赛中均进入了决赛,从最初的三等奖、二等奖到最后的一等奖,进步非常明显。

(四)交流能力差的学生进步明显

在实际授课时,2名交流能力较差的同学在课程开展中均有不同程度的进步。这两名同学均是女生。其中1名同学从入学开始从不主动与人进行交流,面对同学的主动交流也几乎没有进行回应,因为沟通障碍曾经有过退学的想法,在参与模拟应聘环节时几乎没讲两句话就下台。这个学生在进行即兴演讲的时候虽然没有脱稿,但已经可以初步表达自己的观点,演讲的时间也在1~2分钟内;而之后在进行宴会交谈实训中,可以做到回应对方的观点,虽然在主动沟通方面仍与正常学生有一定的距离,但已经有很大的进步。另一名同学入学时讲话声音就很小,在参与模拟应聘自我介绍时,即便是摆了话筒在其面前也没有多大效果,我们发现在做即兴演讲时这名学生不用借助话筒就可以简单将自己的观点表述给其他同学,而更让我们觉得欣慰的是在信息系三大会副职换届选举中,这名同学作为宣传部的干事参与竞选,虽然最后没有竞选上,但她的这种勇气还是值得肯定的。

学生反馈,该课程实施方案的教学实践提高了他们的交谈讨论能力和当众演讲能力,增强了自己当众讲话的自信心。通过掌握各种情景下与人交流的方法和技巧,学生能够根据学习、生活和工作的实际需要,与人进行沟通交流,学生的职业核心能力得到进一步的提升,有利于其今后求职就业和职业发展。

"与人交流"课程实施方案设计就是要让学生从"不敢说"到"敢说",从"不会说"到"能说",从"言之无序"到"言之有序",使学生树立积极与人交流的意识。通过对多媒体专业"与人交流"课程实施方案设计及效果评价,可以看出职业核心能力可以通过课堂专题理论教学、课内实训与课外实践教学相结合的方式有目的地进行培训。多媒体专业"与人交流"课程的成功实施将为多媒体专业进行其他职业核心能力课程方案设计提供参考,有助于多媒体专业学生各项职业核心能力的培养和提高。

参考文献:

[1]闫灵芝.提高高职生交流与表达能力的探索[J].黄河水利职业技术学院学报,2014,26(3):79-82.

[2]隋树杰,郭晓霞,王美寒.改革人际沟通实践教学提高学生实际应用能力[J].中国高等医学教育,2007,(8):14-15.

[3]徐红.大学生与人交流能力培养的教学实践[J]湖北师范学院学报(哲学社会科学版),2009,29(6):131-134.

职业核心能力单项模块课程
教学实践与探索
——以"解决问题能力"模块教学实践为例

王贵虎

摘　要：职业核心能力课程教学训练是一项没有先例可循的开创性工作，本文在"解决问题能力"模块教学和训练实践的基础上，提出职业核心能力单项模块教学训练应整体规划和阶段性实施的原则，让学生对课堂充满期待；应突出能力目标，创新拓展教学训练内容；应把课堂还给学生，让校园成为课堂，用项目教学法等翻转课堂，并且能力与德育并重，综合评价考核学生，培养综合素质职业人。在展示和探讨教学成果的同时，本文还进一步探索如何更好地开设此门课程。

关键词：职业核心能力　教学实践　探讨

作为一种以培养"高素质技能型专门人才"为目标的高职教育，其教改核心理应是"以服务就业为导向，以能力为本位，以满足社会需求为目标"，然而许多高职院校教育一直秉承"重专业技能，轻职业核心能力"的培养模式，成为高素质人才培养质量进一步提升的瓶颈。

高职院校要培养出具有较高综合素质的技术技能劳动者，既要重视学生技能培养，又应将职业核心能力培养融入日常教学和活动中。2015年秋季开始，泉州经贸职业技术学院以"全人员参与、全过程渗透、全领域覆盖"（简称"三全"）之势，以课程融合渗透、活动融合渗透和单项或组合模块教学训练之式，对高职学生职业核心能力的培养进行课题研究、实践、总结和推广，取得了一定的实践性成果。笔者参照人力资源和社会保障部职业技能鉴定中心职业核心能力培训和测评教材,以开设选修课的形式对学院两个班级进行"解决问题能力"模块试点教学和训练,在"学中做、做中学"模式中,学生反应热烈,效果明显。本文拟以此为例,对高职院校如何开展职业核心能力单项模块课程教学作一些实践性的探索。

一、职业核心能力单项模块课程教学实践

(一)整体规划和阶段性实施,让学生对课堂充满期待

1.整体性规划

根据课程教学实践经验,在职业核心能力课程教学和训练中,每一堂课设计安排和讲授训练非常好,但从整体上看,教学效果却不见得最好。也就是每一堂课都体现出精彩,并不一定能得到整体的教学目标。所以从教学目标、内容、模式、方法及学生考核等,应探索更适应当前高职生学习方式的训练方案和整体性规划,再优化教学内容,追求教学效果。

2.过程性设计

让学生对这门课程感兴趣,对每一单元都充满期待,就必须注重过程性的设计。以引人入胜的方式让学生带着求知欲和兴趣去参与每堂课每小组的学习、训练与总结,在循序渐进的案例教学和项目训练中提高职业核心能力。比如"解决问题能力"课程教学总体编排设计:发现问题(引入)→分析问题→提出对策→实施对策→验证结果。从引入过程、分析过程、实施过程、结果验证过程,环环相扣,学生听完一堂课,还不过瘾,急切想知道答案和结果,对下一节课充满期待。

3.阶段性实施

对于职业核心能力课程教学与培训不能简单地按照教程进行教与练,要在结合学校实际和当前高职学生个性特征调查研究的基础上针对性地统筹开发后,阶段性实施教与练。比如"解决问题能力"模块,系统地分成四个阶段研究与实施:(1)调查研究。通过调查了解当前高职(我院)学生解决问题能力水平、方法、存在问题,解决问题的组织程序、资源利用、协作能力和思维模式等理论问题;(2)试点训练。参照教材,有针对性地提出改进和提高大学生问题解决能力的教学和训练方案设计,课堂和课外"双线并行"教学与训练实施;(3)评估总结。经过一学年的试点教学和训练,了解学习训练成果、检验训练效果,总结问题,完善实施方案;(4)普及推广。将研究和实践成果推广,组成教师团队,"全人员参

与",提升学生的职业能力。

(二)突出培养学生能力为课程教学主体目标

传统的课程教学目标都集中在理论知识的掌握,而忽视能力目标的设计,或时间、场地和主观原因忽视能力的训练,或能力目标设计抽象、无法量化。职业核心能力模块课程教学目标设计要求相反,一切课堂组织教学目标都要围绕培养学生的职业核心能力为主要目标。所以,每个能力点都要用可量化和检验性的语言,具体、准确描述每个项目训练要达到的能力目标。如"解决问题能力"课程教学的总体能力目标:"使学生掌握解决一般性问题的基本要求、过程、方法和技巧,获得解决问题的实际能力,并能够结合专业知识和专业技能解决较为复杂的职业问题。"[1] 通过学习训练"解决一般性问题"的能力,再把这种解决一般性问题的能力"迁移到"各种各样的专业领域与职业活动中去。而总体能力目标的实现是通过单项目标和方法能力目标的不断训练。"解决问题能力"课程单项能力目标和方法能力目标的具体内容见表1、表2。

表1　"解决问题能力"课程单项能力目标(示例)

序	单项能力目标	备注
1	能准确定义问题、描述问题	中级
2	能明确解决目标	中级
3	能形成和比较思路	中级
4	能分析问题、分解问题,制定解决问题的方案	中级
5	能比较方案和选择最佳方案	中级
6	能实施方案与修正、调整方案	中级
7	能有效检查问题的解决状况	中级
8	能准确做出问题解决情况的结论	中级
9	能对解决问题情况进行评估并提出改进的思路或方案	中级

表2　"解决问题能力"方法能力目标(示例)

序	方法能力目标	备注
1	问题描述的"五W"法:人物、时间、地点、事件、程度	中级
2	问题解决达到目标的表述	中级

续表

序	方法能力目标	备注
3	不同方式跟踪事态发展及自己所能做的事情受条件限制的分析能力	中级
4	选定解决问题的最佳方式方法能力(如利用时间、人力和资源能力)	中级
5	制订解决问题的工作计划要素:工作计划表、工作方式、时间、资源和帮助,可能出现的困难和克服办法等	中级
6	实施和修正、调整方案方法:运用个人和团队专业技能,有效利用资源	中级
7	问题是否解决检查方法:现状与目标对比法,评测、观察、测量或询问法	中级
8	评估整个问题解决过程的经验教训,并进行总结	中级

(三)汲取教材精华,拓展模块教学和训练内容

　　劳动和社会保障部职业技能鉴定中心组编的《解决问题能力训练手册》教材大部分内容和案例比较适合社会在岗人员或即将上岗人员,高职学生在不了解或比较了解岗位背景、社会背景的情况下,教学和训练起来变得生涩;而且职业核心能力多,时间有限。所以,对教材的处理和架构应该是:参照教材,汲取教材精华部分;同时,结合岗位特征及在校学生涉世面和知识面特点,以及《职业核心能力培训测评标准》对职业核心能力要求,按照职业类别、职业活动过程、职业岗位特征,尽可能涉猎一些时代信息和编著教材,调整和改造课程内容,让课程实例、训练和活动,更具有典型性和针对性,"解决问题能力"对课程教学内容进行"二次开发"如表3。

表3　"解决问题能力"课程内容"二次开发"(示例)

序	改造(增加)内容	学时
1	识别能力(发现问题、甄别问题、界定问题)	2(理论1,训练1)
2	行动能力(压力、策略、效率等)	4(理论2,训练2)
3	应急处理能力	2(理论1,训练1)
4	解决问题具备的心理素质	2(理论1,训练1)
5	处理职场问题的实战技巧	4(理论1,训练3)
6	处理问题的基本原则	1(理论)

(四)以学生为主体,翻转课堂组织

1.把课堂还给学生

学生的职业核心能力不是教师"讲"出来,而是学生"练"出来的。让学生自己去实践操作,自己发现问题、总结、教师指点、再提高,反而比让学生"云里雾里"听台上老师讲解更具实效。所以要反转课堂组织,把课堂还给学生,让学生做课堂的主人,老师在旁边做教练。学生通过自己动手、动脑、动嘴去学习、交流和行动,才能更深刻的体会和更快的提高能力水平。"解决问题能力"课程教学就是一种能力训练的教学。在课堂上就是要让学生充分行动起来,"忙"起来,学生一旦承担了项目任务的角色分工,在小组团队驱动下就会主动去思考问题和参与项目建设,在分析问题、思考决策、组织实施、解决实际问题的过程中,逐步提高解决问题的能力。而教师的角色是"教练员",引导和启发学生解决问题思维,帮助学生创造完成项目(任务)环境和条件,激发学生主动解决问题的斗志。[2]

2.把校园变成训练大课堂,用项目任务驱动练就能力

职业核心能力单项模块课堂教学方法采用的是行动导向教学方式,如实际典型案例和角色扮演等,通过行为目标来引领学生在综合性的活动中进行"手—脑—心"全方位的自主学习[3]。"解决问题能力"除此还通过项目教学法、"双线并行"法则等,把大校园当作学生课堂,培养学生完成任务和解决问题的实际动手能力。

(1)设计典型活泼项目,导入关键能力任务点。高职学生职业核心能力的提升是通过项目任务为驱动的,所以要特别注重学生职业核心能力项目任务的设计和创造。在项目任务的布置中选择、设计几个贯穿整体课程,具有典型性、可行性、活泼趣味性、挑战性的单项和覆盖性、综合性强的综合项目,作为训练学生某项职业核心能力的主要载体。学生在项目任务的完成过程中相互学习和提高职业核心能力,教师又可以通过项目任务完成情况来检验和考核学生学习情况和学习效果。"解决问题能力"项目任务设计中,笔者在学期初就设置三组学生熟悉的,又有一定典型性、挑战性的校园题材项目任务供6组学生抽签选择(表4)解决,并且在不同阶段布置关键能力任务点来贯穿整个大项目(表5),6组学生根据自己所领项目任务按照实际解决问题的程序,在训练师的引导下,小组共同分析问题,制定最佳决策和计划、组织实施、协作又分工地解决问题和总结评估问题,即运用"目标—任务—准备—行动—评估"五步训练法,训练学生解决问题能力。

表4 "解决问题能力"课程的贯穿项目(示例)

序	项　　目	抽到的小组
1	食堂在中午下课高峰期拥挤不堪问题	一四小组
2	学生课堂玩手机严重问题	三五小组
3	教室晚上人走灯扇彻夜工作	二六小组

表5 "解决问题能力"课程的贯穿项目任务点分布(示例)

序	任务点	课时
训练一	现场考察后,描述和分析问题	2课时
训练二	提出解决抽到问题的办法,并会选择最佳	2课时
训练三	制订可行的工作计划	2课时
训练四	如何利用领导支持,同事认可	2课时
训练五	实施制定后的计划	2课时
训练六	对"解决问题全过程"总结和反思	1课时

(2)双线并行,让校园成为课堂。所谓的"双线并行"法(图1)则指的是案例与实例并举,课堂与堂外并行的教学训练模式。训练解决问题思维的目的是实现"知识的迁移",让学生学会举一反三。课堂上在教师的引导下,整个班级或一个小组的智慧比较容易完成实训项目任务。但是遇到类似的问题在没有教师的指导下并不能顺利地解决问题,学生的"知识迁移"能力不够,所以在进行课程设计和组织时,实施案例与实例并举的"双线并行"方法就显得非常必要。即在上

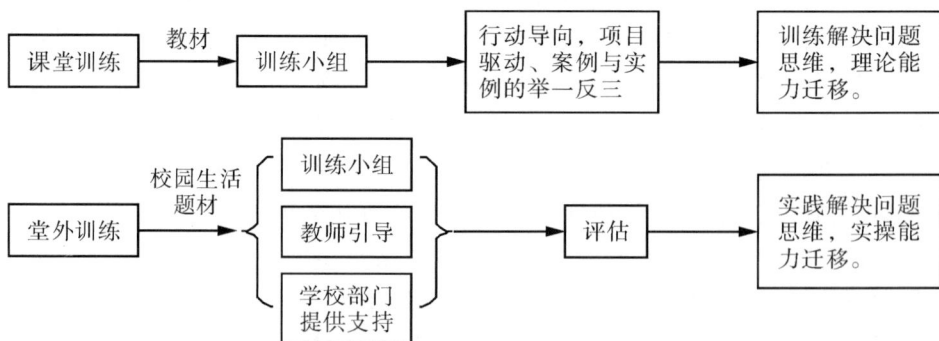

图1 "解决问题能力"训练"双线并行"图

课时,教师引导学生完成一个典型的项目任务,学生小组在课堂外独立完成一个类似的、较复杂的综合项目任务。其次,校园即课堂,把校园设置成学生解决问题的训练场。课堂学习和模拟训练实现"知识的迁移",而课堂外的实际解决问题训练实现"能力的迁移","穿"好课堂和课外"两条线"以校园即课堂,将校园问题抛给学生去解决实践,培养有真正动手能力的职业人。

(五)修养和能力齐渗透,培养综合素质职业人

高职院校以培养综合素质职业劳动者为目标,实现这一目标至少应从这三方面努力:能力培养、知识培养和德育培养[4]。如果培养了学生良好的岗位技能和职业核心能力,而忽视了职业修养和职业素质的培育,将起到相反的教育目标。学生往往会缺乏考虑职业道德和修养成就问题的解决。因此在职业核心能力培养单项模块教学和实践时,须将德育和能力的培养一齐渗透。"解决问题能力"课程设计和教学时,不但将与人交流、与人合作、信息处理等职业核心能力渗透到该模块的关键能力任务训练中,来实现问题解决;同时还引导学生在遵守职业道德、具备职业素质的前提条件下去解决问题,引领学生树立较高综合素质的职业观。

(六)颠覆卷面答题,注重实操过程考核

职业核心能力课程教学目标是重点突出能力目标,因此,应改变传统卷面问题作答的考核方式来检验学生学习情况和学习效果,应注重对学习过程的评价和学习转化能力的评价。过程考核指的是学生课堂上的答问、出勤、积极参与度、精神状况等学习态度上的考核;学习转化能力评价在于领悟关键知识能力转化为实际解决问题能力,以及如何利用与人交流、合作和利用资源、方法、创新思维与团队完成项目任务,取得的效果。以"解决问题能力"考核方案为例,利用桌牌"点赞"激励法和"职业核心能力测评包"对每个学生表现记录,以学生面对问题的反应态度、解决问题团队角色担当和解决问题能力为测评点,以课堂内外学习表现、纪律遵守、出勤情况、阶段性学习成果和最后完成的作品为重要依据,让学生、学习小组、任课教师共同参与对每个小组和学生的评价和考核。

二、关于职业核心能力模块课程教学和训练成果

职业核心能力的培养是循序渐进的过程,不可能立竿见影。经过一段时间

的与人交流、与人合作等职业核心能力的教学和训练,就可以让学生成为职业高手是不可能的。同样经过一学期"解决问题能力"教学和培训后就可以成为一个解决问题的高手,更是不可能。通过职业核心能力的训练,是为了锻炼解决一般性问题的能力,再把这种解决一般性问题的能力迁移到各种各样的专业领域与职业活动中去,这个过程是一个循序渐进的过程,也只有等到学生参加了社会工作,在岗位上才会得到体现。

(一)不能简单检验单项能力来定论训练效果

职业核心能力教学和培训要求具有德育目标和职业核心能力的培养"两渗透",其中职业核心能力的渗透就是模块能力之间的相互渗透。那么对成果的考核就不能孤立地看单项模块能力,比如解决问题能力,其实解决问题能力的提高是建立在与人交流、与人合作、信息处理等能力提高基础之上的,所以考核解决问题能力教学成果不是简单看作品。笔者在 2015 年秋教过"解决问题能力"模块的两个班级学生,虽然一年过去,但是无论在任何场合,绝大部分学生都会面带笑容以职场的修养与老师打招呼,因为课程渗透了与人交流能力的培养,相比其他班主任,他们的学生却没有这种素养。

(二)初具职业核心能力行动思维

项目教学、案例教学和角色扮演等教学法,其实训练的是学生的思维,思维再指导行动。"解决问题能力"的教学和训练,塑造了学生解决问题思维,学生在遇到问题的时候不再是按以往简单的、冲动的、自以为是的个性看待问题、分析问题和解决问题,而是不断地涌现出很多学生在课堂和课后与同学、老师进行探讨如何更好地解决自己在学习工作上的事、个人长期以来遇到的不能解决的问题。课程虽结束,很多学生还仍然会在办公室、电话或网上向任课教师请教和探讨生活、工作中遇到的问题。

(三)户外实战检验所学

在培训结束之前,笔者通过带领学生进行户外实地发现问题并解决问题的方式来检验教学成果,这个户外实地解决问题测验是笔者事先考察和安排好的,让学生去发现问题的一条行走路线,主要考查学生能否在路线中发现校园草坪多处践踏出小路的问题及对问题的解决思路、程序、实施组织及创新思路。项目作品中有近一半以上的学生能发现这个问题,更可喜的是很多学生能够运用所学所练分析问题,提出对策并用图纸的形式规划组织实施过程,如"5W"法分析问题,鱼骨分析原因和树形结构图组织实施等。

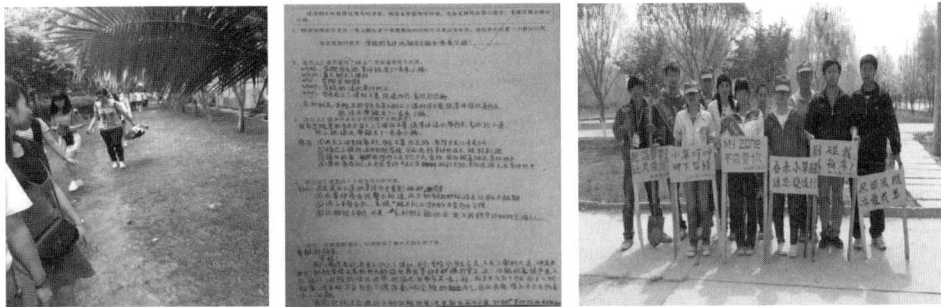

图 2 户外实战能力检验(分别为发现问题—制定方案—实施方案)组图

三、职业核心能力模块课程教学的进一步探索

(一)教学模式虽受宠,但教材及设计应更深刻挖掘

"智慧教室"的设计,课题组织的翻转,从整节课知识灌输到毫无压力的"学中做、做中学"模式,学生主动学习和参与。但切不可形式大于内容,应充分设计课堂,提取知识和能力"干货",汲取教材之外的重要知识和能力点。比如人力资源和社会保障部职业技能鉴定中心组编的《解决问题能力训练手册》,初、中、高级训练的内容是"发现问题、提出对策"、"实施计划、解决问题"、"验证方案、改进计划"三个单元。事实上解决问题能力教学训练不止这些,还可以更加深入的探讨,比如解决问题的方法能力和技巧的总结推广,这些应急问题解决技巧、职场工作问题解决技巧等正是现在大学生所亟须的;再比如在问题面前的良好心态的调整,如何保持沉着果毅、积极向上的心态分析问题、协同解决问题;还有如何对问题做出快速而又准确的反应判断,并形成科学的方案,迅速组织实施,以及促进问题向好的一方面转化的能力,这些正是大学生所欠缺的。

(二)理论知识虽提升,但需增"临场实战"机会

不管是知识传授、讲解,还是项目教学法里的案例教学法、模拟角色教学法等任务驱动都不能让学生找到实际现场的感受,虽然是锻炼学生解决问题的思

维,在纸上画出了解决方案的"蓝图",但是真动起手来还不知情况如何。如果每组学生都能在期初选择挑战解决一个实际问题(校园或者社会),在老师的指导和学院一些部门的配合支持下完成,付诸实施,并形成作品,对学生能力的提高和对职业核心能力点的领会将有更好的效果。

四、总结

提出职业核心能力单项模块教学训练设计时,应遵循整体规划和阶段性实施的原则,让学生对课堂充满期待;应突出能力目标,创新拓展教学训练内容,从"纸上谈兵"到"临场实战";应把课堂还给学生,让校园成为课堂,用项目教学法等翻转课堂,能力与德育并重,综合评价考核学生,培养综合素质职业人。

对高职学生职业核心能力的课程教学与培训是一项没有先例可循的开创性工作,如何对职业核心能力课程教学训练进行更好的设计、实践和推广,值得更多人的尝试和总结。

参考文献:

[1]劳动与社会保障部职业技能鉴定中心.解决问题能力训练手册[M].北京:人民出版社,2007.

[2]黄必义.行动导向教学法在高职生解决问题能力培养中的运用[J].漳州职业技术学院学报,2011(2):9-10.

[3]劳动与社会保障部职业技能鉴定中心.解决问题能力训练手册[M].北京:人民出版社,2007.

[4]陈忠良.高职院校职业核心能力课程教学整体设计陈忠良[J].岳阳职业技术学院学报,2010(2):18-21.

高职生与人交流能力
培养提升的教学实践

苏素琼

摘　要：高职生与人交流能力的培养和提升可以帮助每一个高职生自身全面发展并让他们更快适应当前的就业形势。本文分析培养和提升高职生与人交流能力的重要性，阐述提升与人交流能力的训练方法、教学实践，最后进行效果评估及反思。

关键词：高职学生　与人交流能力　教学实践

所谓"与人交流能力"，是指"在与人交往活动中，通过交谈讨论、当众演讲、阅读以及书面表达等方式，来表达观点、沟通情感、获取和分享信息的能力，是日常生活及从事各种职业必备的社会能力"[1]。与人交流能力是我们职业生涯各项能力中的首要能力，高职学生与人交流能力的培养和提升有助于其自身全面发展、求职就业和日后的职业发展。

一、培养高职生与人交流能力的重要性

（一）与人交流能力是重要的职业核心能力

2006 年教育部《关于全面提高高等职业教育教学质量的若干意见》中提出："培养学生的社会适应性，教育学生树立终身学习理念，提高学习能力，学会交流沟通和团队协作，提高学生的实践能力、创造能力、就业能力和创业能力"，并在办学水平评估指标体系中要求测评学生具有"自我学习、信息处理、语言文字表

达和合作协调能力"[2]。由此可见高职教育的重要任务之一是培养和提升学生与人交流能力。

(二)与人交流能力是高职生发展自身素质与事业的需要

对每一个高职学生来说,不管是在校学习与生活,还是毕业找工作、走上工作岗位,必然要与人沟通交流。目前很多用人单位除了要求专业素质外,还希望毕业生善于与人交流及合作等。这说明每一个高职毕业生都需要有良好的甚至优秀的与人交流能力。每一个高职毕业生的职业发展以及职业活动的成败都受到与人交流能力优劣的影响。与人交流能力高的人,能更迅速地把个人信息、思想和情感在群体间传递,提高工作效率。因此高职生发展自身素质与事业需要培养与提升自身与人交流的能力。

(三)高职学生与人交流能力现状

目前高职学生与人交流能力方面存在的问题有:一是不能清楚地表达自己的想法和意愿,不善于与人沟通,不善于倾听。二是单方面传递自己的想法,沟通中情感投入较少,使得双向沟通受阻等。

二、与人交流能力课程的培养目标分析

"与人交流能力训练"课程是公共必修课。课程的总体教学目标是通过学习引导其认识到与人交流的重要性,学会与人交流的基本技能和方法,帮助学生树立主动沟通的意识及良好习惯,提升自身与人交流能力。

(一)知识目标

理解与人交流的内涵与外延,理解提升与人交流能力的必要性。掌握各种情景中与人交流的方法和技巧,把握交谈的主题、时机,推动讨论进行,表达自己的观点,正确使用有声语言和无声语言,熟悉基本文稿写作,资料收集、理解和归纳,书面表达等。

(二)能力目标

一是在交谈讨论中,能把握主题、发言的时机及方式,推进讨论,学会倾听,准确表达自己的观点。二是能做好发言准备,当众把话说出来,把握说话的内容

和方式,能借助图表或 PPT 等辅助手段帮助发言。三是根据工作需要,筛选有用的文字资料,掌握寻读略读的阅读方式,看懂资料的观点和写作要点,整理汇总自己的文字资料。四是根据工作需要,选择基本文体,掌握基本写作技巧,采用适当的写作风格。

三、培养高职生与人交流能力的训练方法

与人交流能力是需要通过多种方式的学习及活动训练出来的。培养提升高职生与人交流能力的核心方法是基于行动导向教学的五步训练法,即 OTPAE 五步法,分为:目标—任务—准备—行动—评估。因此在能力训练的时候主要采用角色扮演法、案例分析法、小组讨论法、项目训练法等训练方法。根据"与人交流能力训练"课程的实践性质,在课程教学中主要运用以下的训练方法。

(一)项目训练法

项目训练法是教师给学生布置相对独立的话题或任务,学生以个人或小组为单位完成项目的思路设计、信息整理、反馈汇报,教师发挥指导者的作用。比如在第一次上课时进行破冰分组,分组后在小组内进行自我介绍,讲述自身的成就故事等。成就故事是每人曾经做得比较好的事情,包括当时面对什么困难,目标是什么,采取了什么措施,效果如何及收获,让每个同学在课前准备好,在课堂上以小组为单位,一人说故事,其他同学分析这个故事说明了他有哪些能力,以此来培养学生为发言做准备、当众把话说出来、把握说话的内容和方式以准确表达自己的观点和学会倾听等能力点。

(二)小组讨论法

将每个班级平均分成 6～7 个小组,采用角色卡片法进行分组,在课堂活动过程中以小组为单位,给予一定的话题或任务,小组内进行交谈讨论,每次小组讨论都在组内产生 1 名主持人、1 名记录人及 1 名发言人,分批次由不同的学生担任,在小组讨论过程中,让大家参与到其中轮流发言,培养提升学生交谈讨论、当众演讲及总结归纳的能力。

(三)角色扮演法

角色扮演法主要是在创设的情境中设置特定角色,由学生扮演,并在扮演过

程中表现该特定角色的有声语言及肢体语言。例如通过模拟招聘面试,设计不同的面试情境,给学生分配不同的角色,如公司 HR 和面试者等。情境不同,角色不同,所表现出来的有声语言和肢体语言也不相同,以此增强面试适应能力,提高对不同角色的认识,提高学生胆量,培养与人交流能力。

(四)案例分析法

案例分析法是通过模拟或再现现实生活场景,学生以小组为单位,通过交流讨论来得出结论的训练方法。例如提供一个交谈讨论的案例:一位年届 86 岁的林老先生,身体一向硬朗并注重养生之道,在医院检查发现小肠部位有一块不小的肿瘤,林老先生中年丧偶,一个人独自抚养两男六女长大成人,医生建议手术治疗,但患者家属却仍然为治疗方式产生严重分歧。请各小组就林老先生是否手术治疗进行讨论,并形成书面发言提纲,后向全班进行反馈汇报。

四、培养高职生与人交流能力的教学实践

会计系于 2016 年春季在 2015 级 10 个班(包括会计、会计与统计核算、会计电算化三个专业)中开设与人交流能力课程,专门设置了 18 个课时的培养与人交流能力的课堂教学实践。与人交流能力训练的方案设计见表 1。

表 1　与人交流能力训练的方案设计

训练目标	训练内容	训练方案	训练方法
树立积极沟通的意识,培养学生主动沟通的良好习惯	组建小组,自我介绍,介绍他人	串名字游戏 找朋友活动 成就故事	小组讨论法 项目训练法
能围绕主题进行交谈和讨论	把握谈话的时机、方式和内容,理解对方谈话的内容,推动讨论进行,准备表达自己观点	86 岁林老先生(小肠肿瘤)是否进行手术治疗;小刘如何和失恋的小英聊天	项目训练法 案例分析法 角色扮演法
会倾听他人讲话,理解对话的含义,并使用各种倾听的反馈技巧	展示生活中关于倾听的场景,训练倾听能力,让学生能把握谈话重点,学会倾听和回应	传话游戏 小猫的倾听 情景剧《倾听》 撕纸游戏	案例分析法 项目训练法

续表

训练目标	训练内容	训练方案	训练方法
筛选有用的文字资料,掌握寻读略读的阅读方式,看懂资料所表达的观点和写作目的,整理汇总自己的资料	根据给定任务要求,进行资料收集、资料筛选、阅读理解和归纳要点	漳州山重村旅行资料收集并整理反馈汇报;分小组(哈尔滨、重庆、香港、北京、青岛和苏州)进行旅行资料收集并整理反馈汇报	项目训练法 案例分析法 小组讨论法
掌握基本文体,撰写文稿,应用文写作,制作视频或图像	根据给定任务要求,制作符合要求的文体资料(如个人简历、计划等),能制作图表或 PPT 等	制订计划 制作求职简历 制作职业生涯规划书	项目训练法 案例分析法
能当众清晰、准确地表达自己的观点和想法,表达能力的主体包括有声语言、肢体语言和主体形象	设计情境,分配角色,让学生把握不同角色人员的交流方式;给定主题准备演讲资料,当众表达自己观点	命题演讲 即兴演说 模拟招聘面试	角色扮演法 项目训练法

以模拟面试招聘为例,在此情境中具体任务有:制作求职材料(重点是求职信写作及面试中如何进行自我介绍),参加公司组织的面试。教师主要准备求职面试的视频、相关理论知识等教学资料,安排面试官(由学生担任),组织学生事先做好求职信及面试中自我介绍书面材料准备,组织面试现场布置。具体课题实施过程如下:一是以成龙代表作《我是谁》导入课程主题"面试中如何进行自我介绍及求职信写作",进行串名字游戏,活跃气氛并促进同学之间相互了解。二是要求每个同学在组内进行自我介绍,小组讨论组内介绍的风格及优劣势,每一组派代表汇报本组组员自我介绍情况。三是有关测评能力点及知识点讲授,包括自我介绍的目的、形式、内容、原则及如何撰写求职信。通过多媒体向同学们展示终极面试中五位优秀面试者的自我介绍及优秀求职信范文。四是发布公司招聘启事,设置招聘的岗位与要求,对面试官和求职者进行适当培训,内容包括面试的问题设置与回答技巧。五是现场组织模拟面试,要求求职者注意行为礼仪,安排记录员做记录,安排观察员进行现场点评。六是模拟面试结束后,师生就面试中面试官与求职者的与人交流及表达能力和求职材料进行分析与评价,提出改进意见。七是要求学生在课程结束后修改求职信及面试中自我介绍书面稿,并进行适当训练。

五、会计专业"与人交流"课程教学实践效果及反思

会计专业"与人交流"课程教学在不同情境下采用不同的训练方法,对学生与人交流的方法和技能进行训练,在不同程度上提升了学生与人交流能力。

(一)学生交谈讨论及当众演讲能力得到提高

课程结束后让每位同学提交 1 000 字左右的课程总结,学生们普遍的收获是:一是普遍认识到与人交流能力的重要性,促进他们自我学习并努力提升自身与人交流能力。二是与人交流能力的教学实践增强了他们当众演讲的自信心,提高了他们交谈讨论的能力以及当众演讲的能力。

(二)实训环节受学生青睐

在各项课堂实训环节中,例如串名字游戏、传话游戏、找朋友活动、模拟面试、旅行资料的收集等,学生都积极踊跃参加,表现出较大的热情与兴趣。这些实训环节因训练方式直观、内容针对性强,在短时间内训练效果较为显著。

(三)交流能力差的学生进步明显

在实际授课过程中,发现有 2 名交流能力较差的同学取得明显进步。这两名同学都是男生,性格比较内向,平时在班级说话较少,声音较小,容易紧张。在一开始的自我介绍中,只讲了两三句话;到命题演讲中,虽然还没有做到完全脱稿但已可初步表达自己的观点,演讲时间已达 2～3 分钟;在模拟面试中,明显能较为从容地回答问题。虽然在主动沟通及表达能力方面与其他同学还有一定的距离,但他们都表示自己有一定的进步,并将不断加强锻炼,从而提升自身与人交流能力。

(四)课程教学反思

经过一个学期的课程实施,每次课程任务既有小组的也有个人的,同时部分要求进行课堂汇报等,因此学生感觉任务较多,占用较多的业余时间,造成有一些任务完成的质量不理想,甚至有的学生敷衍了事。此外,在实训环节中由于学生存在不同程度的紧张,实际花费时间超过预期时间,因此课程教学的实际课时超出了预计课时,建议将"与人交流"课程课时调整为 30 课时。

　　与人交流能力在每个人的职业生涯及职业发展中处于主要地位,因此研究探索出一条适合高职院校培养提升学生与人交流能力的途径,对学生的职业发展和对学校的人才培养工作都有重要意义。

参考文献:

　　[1]劳动和社会保障部职业技能鉴定中心.与人交流能力训练手册.试用本[M].北京:人民出版社,2008.

　　[2]教育部.关于全面提高高等职业教育教学质量的若干意见[DB/OL].[2012-02-15]. http://www. moe. edu. cn/publicfiles/business/htmlfiles/moe/moe_745/200612/19288.html.

　　[3]何兰玉.高职生职业核心能力的培养——以"交流与表达"课程为例[J].江苏工程职业技术学院学报(综合版),2015(12).

　　[4]闫灵芝.高职学生交流与表达能力培养探讨[J].黄河水利职业技术学院学报,2012(10).

　　[5]陈亚鹏.高职生与人交流能力训练的意义及方法[J].漳州职业技术学院学报,2011(6).

高职学生解决问题能力的
培养研究

袁凤英

摘　要: 在高等职业教育中,解决问题能力是职业核心能力的一个重要组成部分。相对于本科生,高职学生起点低,更需要注重培养解决问题能力。所以,对高职学生加强解决问题能力的培养,是高职院校教师在学生教育方面必须重视的一个问题。本文仅就我院对高职学生开展解决问题能力的培养进行一些粗略的探讨,总结经验与成果并探讨其推广价值。

关键词: 职业核心能力　解决问题能力　高等职业教育　经验推广

解决问题能力,是一项重要的职业核心能力,在高等职业教育中,职业核心能力已成为一个越来越重要的关键词,本文仅就我院对高职学生开展解决问题能力的培养进行一些粗略的探讨,总结经验与成果并探讨其推广价值。

一、解决问题能力提出的背景

解决问题能力,是一项重要的职业核心能力,是指能够准确地把握发生问题的关键,提出解决问题的意见或方案,并付诸实施,进行调整和改进,使问题得到解决。相对于本科生,高职学生起点低,更需要注重培养解决问题能力。所以,对高职学生加强解决问题能力的培养,是高职院校教师在学生教育方面必须重视的一个问题。在"互联网＋"的今天,人们的职业千变万化,也意味着有很多选择的机会,人们一辈子从事的职业可能不止一个。因此,高职学生一方面要学好专业知识,另一方面还要不断加强自己解决问题能力的培养,才能在未来职场上适应职场千变万化的局面。高职生文凭低,硬件不够,踏入社会后,不仅要在自身所处岗位上学会解决所遇到的实际问题,还要在岗位发生变化时学会处理不断涌现的新问题。所以,拥有一定的解决问题能力是他们能在职场上取得成功的基本前提,也是他们打造成功人生的必备条件。

二、我院高职学生解决问题能力的培养措施

2015年5月,国家提出以后每年5月的第二周为"职业教育活动周",说明我国开始高度重视职业教育。而最近几年我院学生生源素质每况愈下,主要存在以下一些问题:学生普遍不爱学习,沉迷在手机、电脑等虚拟产品中无法自拔,不爱动脑,解决问题能力差。所以,在经济新常态的背景下,我们针对我院高职生设计的"解决问题能力"课程方案是和李克强总理提出的"大众创业,万众创新"的精神理念相吻合的,很有时代发展性。"解决问题能力"课程方案于2015年10月在慈山分院营销143班试行开展,取得了一定成效。下面首先介绍我院对高职学生解决问题能力的培养措施,这些培养措施贯穿在平时的教育教学实践中。

(一)开设解决问题能力模块集中培训

以《解决问题能力训练手册》教材为参考,专门开设"解决问题能力"训练模块,这是加强高职学生解决问题能力培养的第一个环节,各高校要重视并付诸实践。在就业竞争越来越激烈的今天,对高职生"能力"的培养比任何时候都重要。如果一个学生只会"一心只读圣贤书",遇到问题却缺乏解决能力,那么他在将来的职场中是没有任何竞争力的,必将面临淘汰的命运。基于此,我院已在2015级学生中全面开设职业社会能力三个模块的课程:与人交流、与人合作、解决问题能力。这三个模块循序渐进,在规范教材的基础上,教师精心设计和学生互动的活动,在精彩的活动中,学生的与人交流、与人合作、解决问题能力都有所提升。而且这些模块的训练都和职业核心能力的考评认证相结合,让学生在能力提升的同时,又获得一本证书,为将来的就业增加一个竞争的砝码。

(二)解决问题能力培训融合渗透在其他教学中

其他教学有语、数、英基础课教学和会计、营销专业课教学等,除了开设专门模块集中培训,还可在其他教学中融合渗透解决问题能力培训。我院已开展了

"演讲与口才"融合渗透职业核心能力这一课程,而且取得了较好的成绩,在学院的汇报比赛中获得二等奖。

无论是语、数、英基础课教学还是会计、营销专业课教学,其目的都是使学生的解决问题能力得到提高。以专业课教学为例,教师不只是知识的传授者,还应理论结合实际,设计问题,提高学生的学习积极性,主动参与到整个课堂教学过程中。如在"现代推销技术"课程中,在讲到"推销"这一知识点时,教师就可在教学过程中先创设一个"推销员被拒绝"的问题情境,再引导学生从推销的概念、推销的构成要素、推销的技巧等各个环节逐步查找分析,还可让两个学生扮演推销员和顾客,让他们现场演练,找到问题的关键所在,教师再适当地给予指导,让他们学会如何应付突发意外状况,在演练中既锻炼了口才,又提高了解决问题能力,而且这种现场演练比教师单独讲授生动有趣得多,学生学习积极性空前高涨。

(三)开展丰富多彩的课外活动,在课外活动中渗透培养学生的解决问题能力

高职院校具备天时、地利、人和,相比中学生,学生学习压力不大,学校设备完善,领导支持,所以在高职院校开展学生课外活动相当便利。例如:我院组织的校园歌手争霸赛、诗歌朗诵比赛、书法比赛、"一二·九"大合唱比赛等,同学们的热情空前高涨,大家都踊跃参加,赛出风格,赛出真水平,通过这些活动,同学们的关系更密切了,交流能力和解决问题能力也有所提高。

(四)在社会实践中切实培养学生解决问题的能力

高职院校的教师,要充分利用各种社会资源,千方百计创造条件,引导学生参加各种社会实践活动,社会是一个大熔炉,同学们在社会实践中既能学到课堂所学不到的知识,提高综合素养,又能使解决问题能力有所提高。如在上"现代推销技术"这门课程当中,教师把营销143班同学分成5个小组,以组为单位,时间1周,每组在课余都到校外推销商品。他们推销的商品五花八门,有纸巾、家乡小吃(龙岩豆腐干、福鼎鸡翅、漳州龙眼干等)、家乡特产(厦门紫菜、东山鱿鱼等),他们推销的对象涉及本校教师、学生及校外人士等。一周之后,同学们回校汇报。他们共同的心得是,经过一周的社会实践,不论推销战果如何,都有所收获。同学们一致认为,在和人打交道的过程中,与人沟通能力尤其是解决问题能力得到很大的提升,而且学到了很多课堂学不到的知识。

三、我院高职学生解决问题能力的培养成果

经过一个多学期的试行工作,我院学生解决问题能力课程训练取得了较好成绩。以下是试行过程中的一些成果总结,希望能把这些成果推广到全院,甚至推广到所有的高职院校,使高职学生解决问题能力得到提高,在职场中提高竞争能力。

(一)提高了解决问题能力之一——与人合作能力和语言表达能力的提高

该模块训练打破了传统教学方法,把一个班分成 5 个小组,采用分组讨论教学法。以组为单位布置小组作业,在小组作业中,同学们都发扬了团队精神,组员之间团结一致,把任务进行合理分工,共同完成任务,而且组和组之间还互相交流经验。通过小组活动,同学们认识到集体的力量才是强大的,个人单打独斗无法成气候,同学们既锻炼了沟通能力,也提高了与人合作能力,而沟通和与人合作能力都是解决问题能力的重要组成部分,这为解决问题能力的培养奠定了坚实的基础。

该模块还设计了"当众发言能力"训练环节,主要培养学生的当众发言能力。在训练环节中,教师设计了"自我介绍"、"你如何度过高考时光"等活动。在活动中,每个同学都热情高涨,积极发言,向同学和老师展示了和平时不一样的自己,回顾了如何度过高考时光,还拓展到要如何有意义地度过大学时光。在介绍和回顾的过程中,同学们的心灵得到碰撞,而且深有同感,那就是虚度了高考备战时光,眼前一定要抓住当下,争取在大学时多学知识、多锻炼,过有意义的大学生活。在这个训练环节,同学们的语言能力得到提高,思想境界也得到升华,解决问题能力得到提高。

(二)提高了解决问题能力之二——学习方法的完善

"与人合作能力"和"语言表达能力"能有所提高,主要是由于同学们在模块训练过程中不断完善自身的学习方法。该模块设计了"制订计划"这个环节。教师让学生试着制订短期、中期和长期计划,中期和长期计划让学生在以后的学习工作中检查是否完成计划,短期计划让学生在期末的时候检查是否完成计划,如果完成计划对学习是否有促进作用。通过一个学期的实践,同学们得出结论:如

果按照自身情况量身打造学习计划,能按计划行事,时时检查计划完成情况,并形成一个良好的习惯,对学习会有很大的帮助。通过"制订计划"这个模块训练,同学们掌握了各种灵活多样的学习方法:快速做笔记、精读和通读、理解记忆、解决问题等,并将所学知识化零为整,使之条理化、系统化。同时学会总结,在每个阶段都对自己的学习情况进行总结、反思,不断调整学习计划,在调整中不断学习。经过这种训练,同学们形成了一套独特的学习方法体系:把计划、方法、习惯三者有机结合,在学习中思考,在思考中学习,而且在这个过程中逐步培养了解决问题(如解决难题等)能力。

(三)提高了解决问题能力之三——书面表达能力的提高

高职生普遍文化基础薄弱,书面表达能力差。所以在这个模块训练中设计了"书面表达"这个环节。教师带领同学去现场参观湖头米粉和湖头咸笋包的制作过程,在参观过程中,老师鼓励同学认真观察细节,大胆和农民交流,在征得农民同意的情况下,亲自参与咸笋包的制作。回校的时候布置他们写一篇参观的心得体会,由于观察细致,又有亲身体会,所以同学们交上来的心得体会都是有感而发,写得生动翔实。此外还带领学生参观湖头李光地故居、湖头老年活动中心和湖头香火圣地——泰山岩,通过深入体验生活,同学们皆有感而发,写的作文不再是干巴巴的,而是丰满且有感情色彩,书面表达能力上了一个台阶。在一个阶段的模块训练之后,以理论为基础,以实践为主,通过交流和学习,同学们在思维能力和动手实践能力方面有了大幅度的提高。

(四)提高了解决问题能力之四——综合素质的提高

经过一学期的模块训练,教师让同学们对一学期以来取得的成绩进行一个综合总结。大家都畅所欲言,纷纷对解决问题能力训练提出不同看法。王乃飚同学认为:"学会处理问题是一个人立足的根本。善于处理问题是一个人综合素质的集中体现,学会处理问题可以改善你的社会环境、生存环境,甚至心理环境。"张兴昌同学认为:"解决问题的能力在我理解看来需要拥有思维能力,有执行力,有遇到困难不退缩的勇气,失败亦是成功之母的不放弃精神这几大素质。"此外,该班高惠珍同学成功地策划了慈山分院女生节活动,吴晓捷同学成功地创立了微信订阅号"慈山分院学生交流平台",林文华同学课余在漳州做保险推销员、何毅同学暑假在厦门卖手机,都取得了不错的业绩。通过参与这些活动,都极大地提高了他们解决问题的能力。

　　综上所述,对高职学生解决问题能力的培养不是一朝一夕的事,不能一蹴而就,它要遵循循序渐进的规律,在高职生的学习教育、模块训练中逐步渗透,在基础课、专业课教学中融合渗透培养学生的解决问题能力。作为高职院校的教师,在培养学生解决问题能力的教育教学过程中,要仔细研究学生的心理变化,解读学生的心理活动,热情帮助学生及时调控心理状态,从而能够主动积极地适应社会和就业需要,培养和提高解决问题的能力。

参考文献:

　　[1]吴雪萍.培养关键能力:世界职业教育的新热点[J].浙江大学学报(人文社会科学版),2000(01).

　　[2]宋奇,刘关.以"关键能力"为本的职业教育发展趋势[J].天津师范大学学报,2004(02).

　　[3]杨黎可.学会生存——教育世界的今天和明天[M].北京:教育科学出版社,1993.

　　[4]童山东.学会做事——职业人才培养的现实要求与必然趋势[J].中国职业技术教育,2006(12).

　　[5]闵维方.2005—2006中国教育与人力资源发展报告[M].北京:北京大学出版社,2006.

基于国家三大经济改革政策
探索学生职业核心能力培养模式

——"团队合作能力培养"课程研究

郭宇立

摘　要：金融综合改革、民营经济综合改革以及"中国制造2025"三大经济改革试点在泉州落地，给泉州高校的专业发展及其毕业生的就业带来了机遇。2015年，泉州经贸职业技术学院组织开展了以"全员参与、全程渗透、全领域覆盖"为目标的职业核心能力培养校本课题研究与实践，通过开发设计"团队合作拓展训练"课等形式，积极探索培养学生职业核心能力，尤其是团队合作能力的有效途径。

关键词：职业核心能力　三大改革试点　团队合作

一直以来，中国就业的最大问题就在于结构性上的供给不平衡，一方面在宏观的供给总量上供过于求，另一方面由于求职者职业技术技能与用人单位的需求不相匹配，导致在微观上又供不应求。根据在泉州经贸职业技术学院2015届校园招聘会上对用人单位集中发放的150份调查问卷显示，目前用人单位越来越看重高职院校毕业生专业技能以外的综合技能，其中最重视的是求职者的职业道德，其次是求职者的工作态度，求职者的团队意识和专业技能则并列第三。

近年来，国家、教育部出台的一些重要文件也对学生的素质教育进行了深刻阐述，如《中共中央国务院关于进一步加强和改进大学生思想政治教育的意见》（中发〔2004〕16号）中提出："以大学生全面发展为目标，深入进行素质教育……促进大学生思想道德素质、科学文化素质和健康素质协调发展"；《教育部关于全面提高高等职业教育教学质量若干意见》（教高〔2006〕16号）中提出"加强素质教育,强化职业道德"。因此,高职院校要牢固树立学生综合职业素质培养观,把提高学生职业核心能力作为学校育人工作的重要任务。

一、三大经济改革落地泉州,为学生就业 带来了更多机遇

(一)泉州"金融综合改革"需要更多金融人才

2012 年 12 月,在浙江温州、广东珠江三角洲相继建立金融综合改革试验区之后,第三个国家级金融综合改革试验区落地泉州。金融综合改革"着力于探索我国金融服务实体经济的新途径",对于"规划和引导民间投资,促进经济转型升级,具有很大意义",为泉州各大高校金融专业毕业生的就业与创业带来机遇。

(二)泉州"民营经济综合改革"需要更多的贸易人才

2014 年 4 月,国家发改委将泉州市和莆田市列为国家发改委民营经济综合改革试点地区,并对泉州市民营经济提出了"到 2015 年,基本形成推动民营经济科学发展、跨越发展的体制机制,民营经济增加值达 5000 亿元以上",及"到 2020 年,形成较为完善的推动民营经济科学发展、跨越发展的体制机制,民营经济增加值达 1.1 万亿元以上"的远景规划。这些都为泉州高校金融、物流、贸易、市场营销、电子商务等专业的发展及其毕业生的就业带来了新的机遇。

(三)泉州"对接'中国制造 2025'"需要更多信息技术和物流人才

2015 年国家政府工作报告提出,打造大众创业、万众创新的新引擎,在更大范围内推广中关村创新试点政策。泉州作为"中国制造 2025"的唯一地方试点,与国家创新战略合拍共振,以"数控一代"为突破口推动民营企业二次创业,共吸引了纺织鞋服、建筑建材、机床和机器人制造等行业 1000 多家企业参与。其最大亮点即提出建设"泉州云制造平台"的构想,通过"政、产、学、研、金"相结合协同创新,建设公共创新平台,融合数字化网络化制造,以及云计算、物联网、信息服务等技术,将各类制造资源和制造能力虚拟化和服务化,把资金流、信息化、物流、服务流统一构成制造资源和制造能力池。这一新的发展机遇必将对泉州高校信息技术专业、计算机应用专业、物流专业的发展建设起到促进作用,同时带来巨大的用工缺口。

(四)三大经济改革落地泉州,为学生就业带来了更多机遇,对高职教育在学生职业核心能力培养方面提出了新的要求

正如前文所述,金融综合改革、民营经济综合改革以及"中国制造 2025"三大经济改革试点在泉州落地,给泉州高校(包括高职院校)毕业生就业带来了机遇;但这种机遇并不是无条件的,它要求高职院校在人才培养的过程中更加注重学生的职业核心能力培养。这既是知识经济时代的发展需求,也体现了企业职场对技能型人才的现实要求,是现今服务就业导向下的能力本位型高职教育目标的具体表现。

二、学生职业核心能力培养的总体思路

学生职业核心能力的培养要坚持"育人为本"的理念,围绕行业、企业用人要求及岗位任职标准,发挥第一课堂教学主渠道、第二课堂教育重要阵地的作用,将职业核心能力贯通于专业人才培养方案,加强职业教育课程的基础性,拓宽基础知识和基本理论的教学,将职业核心能力有机融入公共课程、渗入专业课程、嵌入实践课程,搭建起多重递进的职业核心能力培养体系(图 1)。

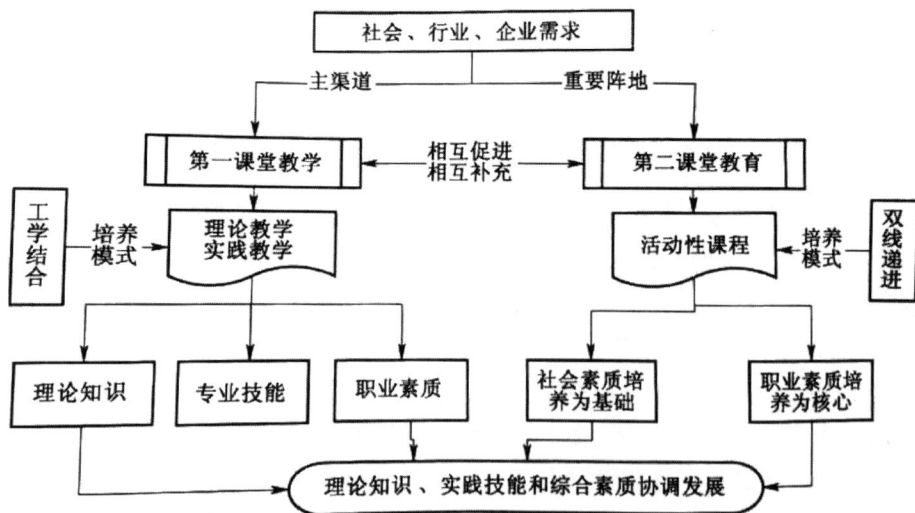

图 1　学生职业核心能力培养总体思路

(一)调整基础课程的课程标准,充分发挥第一课堂教学的主阵地作用

构建职业核心能力培养体系,首先必须修改学校的人才培养方案及课程标准,转换教师原有以讲授为主的教学方式,采用情景式等新型的教学方法,在课程的学习和训练中,教会学生灵活掌握"外语应用、数字应用、信息处理"等技能;通过设计有针对性的课程,培养学生"解决问题、与人交流"等能力;设计多种活动课程,提高学生"与人合作、革新创新"等能力。在教学模式上,邀请企业参与课程设置,提供现场的实体教学环境,改变理论和实践相分离、课内和课外相脱节的现状。

(二)设计选修课程,利用多种形式的第二课堂教学强化学生的职业核心能力

建立职业核心能力培养体系,除了要紧抓课堂教学对学生的职业核心能力进行培养,还可以通过开展校园活动、创业活动、社会实践、学生社团、寝室文化、网络文化及各类职业技能竞赛等第二课堂和学生活动来渗透职业核心能力的培养,强化学生的职业核心能力。

三、泉州经贸职业技术学院提高学生团队合作能力的探索与实践

结合高职教育人才培养的定位,一般认为高职院校学生职业核心能力应该包括以下几个方面,即与人交流、数字应用、信息处理、与人合作、解决问题、自我学习、创新革新。其中的团队合作能力是指在组织中共同完成工作任务时所表现出来的与人协作的能力,是与组织分工合作相关的一系列行为表现,主要包括了独立工作能力、团队合作的灵活性和团队领导能力。2015年,泉州经贸职业技术学院组织开展了以"全员参与、全程渗透、全领域覆盖"为目标的职业核心能力培养校本课题研究与实践。以笔者为核心成员的课题团队也在充分调研的基础上,开发设计泉州经贸职业技术学院"团队合作拓展训练"课,探索提高学生团队合作能力的有效途径。

(一)开课形式

选修课。

（二）教学目标

"团队合作拓展训练"课的课程教学目标在于激发学生的合作意识和进取精神，挖掘自我潜能，体会个人与团队的关系，突破自己的固有模式，学习如何面对恐惧和困难，确立信心，培养团队合作精神，增强团队活力、创造性和凝聚力。

（三）班级人数设置

由于"团队合作拓展训练"课的开设仍处于尝试阶段，因此班级人数初设为30人左右，12～16人为一小组，一个班级分为两个小组。待课程开设进一步完善，师资力量进一步提升后，在增设"助教"的前提下可适当扩大班级规模。

（四）课时安排

由于"团队合作拓展训练"课的特殊性，任课教师需要花费大量时间进行课前的准备工作，比如提前准备器械和道具、根据前一次课程中学生团队训练的结果进行安排、设计新的活动项目等，因此"团队合作拓展训练"课的课时安排为每学期16次课，分单双周上课，共计32学时。

（五）课程内容

参考其他较早开设"团队训练"或类似课程高校的经验，将"团队合作拓展训练"课的课程内容划分为"团队认知、团队融入、团队培育、团队沟通、团队创新、团队合作与竞争、团队领导以及自我超越"等8项递进深入的主题训练项目进行组织与设计（具体见表1），按照前期准备、挑战体验、分享总结、提升心智以及改变行为的流程顺序循环往复，不断提高。

需要注意的是，"团队合作拓展训练"是一种体验式学习，同一项目学生做过后，下次再做时就会觉得没有新鲜感，兴趣不高；若项目的操作方法学生提前掌握或知道了，有可能会使项目的完成过于顺利、快速，这些都会使课程训练无法达到预期的目标和效果。因此，任课教师应该根据不同的主题项目选择、设计具体的训练内容进行替换，甚至还可以结合学院的特点及学生的具体情况，量身定制出最具效果的课程内容，使学生确实受益。

表1 "团队合作拓展训练"课程内容安排范例

序号	训练项目	训练内容	知识要点	学时
1	团队认知能力训练	1.游戏:按摩操 2.分组,团队文化要素的设计与展示	1.破冰 2.团队的含义 3.团队文化的构造	2
2	团队融入能力训练	1.游戏:一块五 2.信任背摔或断桥 3.学生分享 4.教师总结	1.信任产生的条件 2.换位思考、感恩 3.社会责任感	2
3	团队培育能力训练	1.游戏:水果蹲 2.电网或穿越黑洞 3.学生分享 4.教师总结	1.团队工作方法 2.团队工作流程 3.头脑风暴法	2
4	团队沟通能力训练	1.游戏:互换身形 2.我说你听 3.学生分享 4.教师总结	1.有效的倾听技巧 2.语言沟通技巧 3.肢体语言技巧 4.反馈技巧	2
5	团队创新能力训练	1.游戏:支援前线 2.驿站传书 3.学生分享 4.教师总结	1.创新的理念 2.创新思维培养	2
6	团队合作与竞争能力训练	1.游戏:合力起身 2.雷阵或合力建桥 3.学生分享 4.教师总结	1.竞争意识培养 2.合作意识培养	2
7	团队领导能力训练	1.游戏:正反口令 2.七巧板 3.学生分享 4.教师总结	1.领导的艺术 2.团队利益最大化就是个人利益最大化 3.换位思考,宽容	2
8	团队自我超越能力训练	1.游戏:森林里的故事 2.逃生墙或急速60秒 3.学生分享 4.教师总结	1.团队合作的力量 2.团队大家庭的温暖 3.敢于牺牲的精神	2
合　计				16

(六)考核方式

"团队合作拓展训练"课每学期安排考试1次,考试分为实践部分与理论部分,实践部分包括课上个人技能与团队考核和课后实践总结两种形式,个人技能考核内容可以为结绳等易于量化评估的项目,团队实践考核则是集体项目挑战。团队实践成绩优秀的学生由教师考评和学生评选推荐相结合,优秀率不超过班级人数的30%。

(七)安全保障

拓展训练本身具有一定的潜在安全风险,难免会出现意外伤害,因此,必须强化对"团队合作拓展训练"课程的风险分析、安全管理以及防范工作,使"安全理念"也成为学生拓展训练体验的一部分。

一是提高任课教师的风险意识和责任心,加强任课教师的风险管理意识和相关安全知识的学习,并对其进行基础的救援技术培训。

二是加强学生的风险意识培养,树立学生的安全理念,要求学生必须做到对任课教师的口令不容置疑,不乱攀爬、不乱踢、不乱跳,把身上的硬物及其他随身物品取出并放入指定地点,同时注意加强同组学生之间的相互关照。

三是加强对"团队合作拓展训练"课相关训练设备、器材的维护和保养,强调任课教师必须做好课前的安全检查,保证训练设备、器材的安全使用。

四是任课教师应在每学期第一次课开始时就向学生询问疾病情况,看是否有学生患有严重的心脏病、高血压等心脑血管疾病,是否有半年内做过骨头、胃部大手术的,是否有患有脊椎劳损、经常性脱臼等问题的……如有存在以上及患有其他不适宜进行拓展训练疾病的学生,教师应针对性地限制其参加活动项目,必要时还可劝其退出"团队合作拓展训练"课程的学习。

最后,必须强调的是,拓展训练固然存在着一定的风险,但从发生的概率上分析,学校的拓展训练课程相对于其他的运动项目仍属于低风险的课程,因此也不需要因噎废食,只要组织得当,准备充分,按照规定的要求操作,杜绝不安全行为,控制不安全因素,消除安全隐患,降低风险发生概率,拓展训练课程就一定能够安全顺利地开展。

参考文献:

[1]新华网.福建泉州获批成为第三个国家级金融综合改革试验区[EB/OL].

新华网,2012-12-25.http://money.163.com/12/1225/22/8JJT6F9600253B0H.html.

[2]王蕾.泉州成全国民营经济综合改革试点[EB/OL].东南早报,2014-04-02.http://www.zgswcn.com/2014/0402/362619.shtml.

[3]谢开飞,邱强攀."泉州制造2025":挺立创新潮头[N].科技日报,2015-03-30.

[4]邓峰,吴颖岩.高职学生职业核心能力培养体系的构建与实践[J].教育与职业,2012(26):96.

[5]穆学君,李良敏.高职学生综合素质培养——职业篇[M].高等教育出版社,2014:2.

[6]孙丽.新职业主义的职业核心能力观研究[D].天津大学硕士论文,2011:5.

[7]徐红.大学生与人交流能力培养的教学实践[J].湖北师范学院学报(哲学社会科学版),2009(6):131.

[8]徐畅,庞杰.大学生基本素质训练教程——礼仪 团队 心理 拓展训练[M].清华大学出版社,2012:258.

第 二 篇

课程渗透篇

融合职业核心能力培养的课程
教学改革研究与实践

张阿芬

摘　要:本文以"服务发展、促进就业"的现代高职教育办学方向为指导,阐述"职业教育必须由谋生性教育向职业适应性教育转变",既要教育引导学生养成高尚品质、掌握专业知识及相应的技能,为其"谋生"做准备,更要重视培养学生的"职业核心能力",提升其"职业适应性"并增强其晋职、转岗能力,使其职业可持续发展,让职业教育真正成为为青年打通通往成才成功大门的重要途径。文章还总结了培养学生"职业核心能力"的多种方法和途径,认为实施行动导向教学模式将学生的"职业核心能力"培养融合渗透于课程教与学的行动过程是最直接最有效的办法。

关键词:职业核心能力　行动导向　课程分析　教学设计　教学组织

我国职业教育应顺应历史发展趋势,"由谋生性教育向职业适应性教育转变",既要教育指导学生掌握专业知识及相应的技能,为其"谋生"做准备,更要重视培养学生的"职业核心能力",提升其"职业适应性"并增强其晋职、转岗能力,使其职业可持续发展,让职业教育真正成为为青年打通通往成才成功大门的重要途径。培养学生的"职业核心能力"有多种方法和途径,其中,实施行动导向教学方法将学生的"职业核心能力"培养融合渗透于课程教与学的行动过程是最直接最有效的办法。

一、问题的提出——加强职业核心能力培养是高职教育的必然趋势

自 1999 年中共中央提出"大力发展高等职业教育"的工作要求以来,我国高等职业教育蓬勃发展,为现代化建设培养了大量高素质技能型专门人才。随着我国走新型工业化、信息化、城镇化、农业现代化"新四个现代化"道路和创新型国家对高技能人才要求的不断提高,高等职业教育既面临着极好的发展机遇,也面临着严峻的挑战。目前我国高职教育培养的人才与社会职业岗位的要求尚有一些距离。从对用人单位的调查情况看,高职毕业生在"与人合作"、"与人交流"、"信息应用"、"自我学习"、"解决问题"以及"革新、创新"等方面的能力都需要进一步提高。对照世界各国对"职业核心能力"的界定,我国高职毕业生明显存在"职业核心能力"不足,加强职业核心能力培养是高职教育的必然趋势,开展职业核心能力培养研究与实践,具有深远的意义。

(一)加强职业核心能力培养是顺应世界职业教育发展趋势的必然选择

伴随着社会的发展,世界职业教育正不断从传统的"为谋生做准备"的谋生性教育,向"为谋生做准备和为谋发展奠定基础相结合"的职业适应性教育转变。培养高职学生具有从业、择业的职业核心能力,拓宽高职毕业生的岗位适应性并增强其晋职和转岗能力已成为世界职业教育的热点和人力资源开发的发展趋势。开展职业核心能力培养研究与实践,是顺应职业教育发展趋势,借鉴先进经验,提升我国职业教育发展质量的必然选择。

(二)加强职业核心能力培养是社会对高职教育提出的现实要求

职业教育的根本任务是为社会各类职业岗位培养高素质技能型专门人才,以"学生的职业生涯发展"作为目标。随着当前社会的急剧转型和发展,知识、技术更新迅速,产业结构、岗位结构不断变化,职业变换、人员流动加快,经济、社会、科技的发展对人们的生产方式、生活方式、思维方式和价值观念产生了巨大影响,对职业教育也提出了新的、更高的要求。为了顺利晋职或获得新的工作,快速转换工作岗位,广泛参与社会、经济、文化等方面的活动,人们越来越需要通过教育和培训掌握相关的知识与技能,形成职业核心能力。因而,要求高职教育

重视学生转移知识和技能等职业核心能力的培养，以适应岗位转换的需要，促进高职学生职业生涯可持续发展。

（三）加强职业核心能力培养是提高教育质量和提升毕业生求职竞争力的迫切需要

职业教育是"以就业为导向"的教育。求职就业是高职毕业生进入社会、选择就业岗位的第一步。随着我国经济社会的发展，职场对人才的要求日益发生变化，职业核心能力越来越成为现代职场选人、用人的重要标准，是影响高职毕业生求职竞争、择业转岗、晋升发展的重要因素，也是衡量高职人才培养质量的关键因素。因此，加强职业核心能力培养研究与实践是准确定位人才培养目标、改革人才培养内容和方法、提高人才培养质量和提升毕业生就业竞争力的迫切需要。

二、职业核心能力的内涵和类别

（一）职业核心能力的内涵

职业核心能力是人们职业生涯中除岗位专业能力之外的基本能力，它适用于各种职业，适应岗位的不断变换，是伴随人们终身的可持续发展能力。它是任何职业或行业工作都需要的、具有普遍适用性和可转移性的且在职业活动中起支配和主导作用的能力。德国、澳大利亚、新加坡称之为"关键能力"；美国称之为"基本能力"，在全美测评协会的技能测评体系中被称为"软技能"；英国称之为"核心能力"；中国大陆称之为"核心能力"，中国香港称之为"基础技能"、"共同能力"等等。职业核心能力是高职毕业生成功就业和可持续发展的"关键能力"，是当今世界发达国家、地区职业教育和人力资源开发的热点与发展趋势。

（二）职业核心能力的类别

1974 年，德国梅腾斯在《关键能力——现代教育的使命》中最早提出"关键能力"的概念，梅腾斯认为，在职业教育技能培养的同时，必须加强方法能力和社会能力的培养。此后，这种提法很快在世界范围内受到关注，各国根据各自情况分别制定职业核心能力培养标准。最早提出"职业核心能力"的德国重点关注 9 个"职业核心能力"项目，英国 6 项、美国 7 项、澳大利亚 8 项、中国香港 9 项、新加坡 10 项。我国劳动和社会保障部综合各国重点关注项目并结合我国实际情况,在《国家技能振兴战略》(1998 年)中确定"八项核心能力",包括:与人交流、数字应用、信息处理、与人合作、解决问题、自我学习、革新创新、外语应用等。

尽管世界各国用于考核职业核心能力的项目及项目数不完全相同,但是,都认同梅腾斯将职业核心能力分为职业方法能力和职业社会能力两大类。

职业方法能力是指主要基于个人的,一般有具体和明确的方式、手段的能力。它主要指独立学习、获取新知识技能、处理信息的能力。职业方法能力是劳动者的基本发展能力,是在职业生涯中不断获取新的知识、信息、技能和掌握新方法的重要手段。职业方法能力包括"自我学习"、"信息处理"、"数字应用"等能力。

职业社会能力是指与他人交往、合作、共同生活和工作的能力。职业社会能力既是基本生存能力,又是基本发展能力,它是劳动者在职业活动中,特别是在一个开放的社会生活中必须具备的基本素质。职业社会能力包括"与人交流"、"与人合作"、"解决问题"、"革新创新"、"外语应用"等能力。

三、将职业核心能力训练融合渗透于课程教学过程是职业核心能力培养最直接最有效的方法与途径

(一)培养学生职业核心能力主要有四种方法和途径

一是开设专门的职业核心能力课程。设置职业核心能力课程,通过必修或者选修或者利用周末时间,或者在学生就业前集中一段时间进行职业核心能力的专题强化培训,帮助学生全面、系统地提高自己的职业核心能力,以增强就业的适应性和竞争力。

二是将职业核心能力培养融合渗透于课程教学过程。采用项目教学法、情境教学法等行动导向教学方法,把职业核心能力的培养融合渗透在各种课程的教学过程之中。一方面,以教育部全国职业核心能力认证办公室颁发的"全国职业核心能力认证测试大纲"为依据,将职业核心能力认证相关标准和内容融合进入教学过程,达到课证融合,引导学生掌握职业核心知识和技能,如将"数字应用"相关知识体系融合进入统计类、财务分析类课程,培养学生的"数字应用能力";另一方面,依据课程类型选择合适的行动导向教学方法,通过引导学生自主学习、教学互动、教学做一体化训练促进学生提高职业核心能力,如在"管理学基础"课程中采用项目教学法,结合团队学习方式,培养学生"与人合作"、"与人交流"、"解决问题"、"革新创新"等职业核心能力,在"英语口语"课程中采用"角色扮演法"培养学生"外语应用"能力等等。

　　三是利用第二课堂培养学生的职业核心能力。充分利用学生社团开展丰富多彩的各类活动和举办各种技能竞赛,搭建学生自我展示、自我发展的平台,以此促进其职业核心能力的培养和提升。

　　四是依托学校文化培养学生的职业核心能力。将学生的"职业核心能力"培养融合进入学校文化的构建和传播过程,特别在学校文化的制度建设中,将培养学生的职业核心能力作为学校的文化特色之一,体现在学校的规章制度、道德规范和师生员工的行为准则之中,使学生在融入学校文化氛围的同时,自觉、主动的实践"与人合作"、"与人交流"、"自我学习"、"革新创新"、"解决问题"等职业核心能力。

(二)将职业核心能力训练融合渗透于课程教学过程是职业核心能力培养最直接最有效的方法与途径

　　在培养高职学生职业核心能力的四种主要方法和途径中,将职业核心能力培养融合渗透于课程教学过程是最直接有效的。

　　首先是课证融合,事半功倍,效率提高。高职教育是"以就业为导向的能力本位教育",其根本任务是培养具有"职业能力"的高素质专门人才。而职业能力从其作用看,可以分为两类(如图 1),一类是专业(职业)能力,另一类是职业核

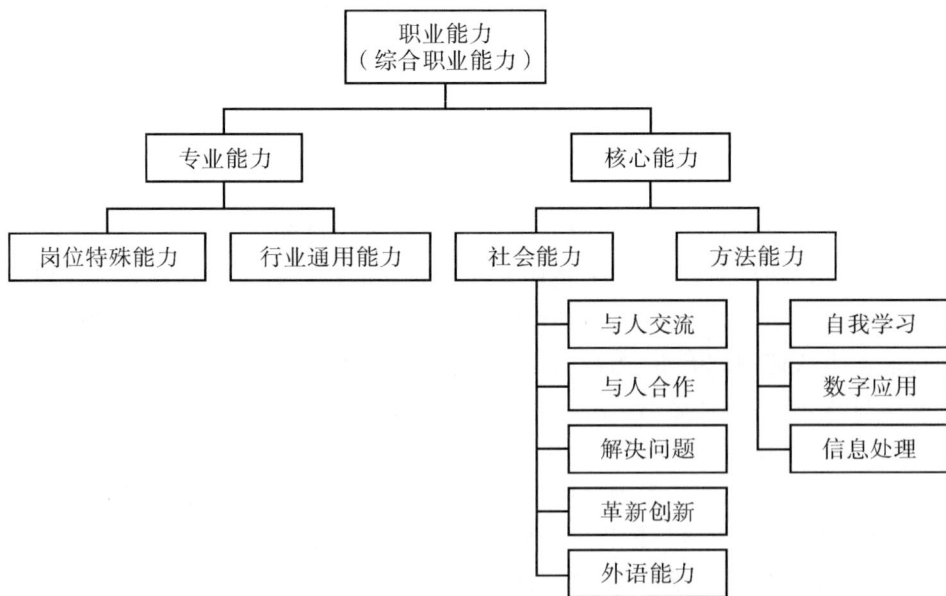

图 1　职业能力构成图

心能力。专业能力是某个岗位特殊的能力或某个行业通用的能力,属于专业教育的范畴,是高职教育的主要内容;职业核心能力是各类岗位通用的能力,是可以迁移、转换的适应性的能力,应视为素质教育的范畴,在高职教育中重视素质教育既是趋势,也是现实需要。显然,若能在教学过程中,将职业核心能力认证相关标准和内容与专业教育教学内容进行融合渗透,并借助有效的教学方法,使学生在掌握专业知识、技能的同时,训练提高其职业核心能力,定能收到事半功倍的效果。

其次是亲身体验,效果显著。将职业核心能力培养融合渗透于课程教学过程,可以将专业教育与素质培养有机地结合起来,使学生在专业知识学习和专业技能训练中,同步培养其职业核心能力,让其亲身体验、感悟职业核心能力的相关理论知识和方法,在体验和行动中将其内化为自己的能力,有助于提高职业核心能力的迁移和转换效果。

四、实践行动导向教学方法,将职业核心能力培养融合渗透于课程教学过程——以"管理学基础"课程为例

职业核心能力培养除了将少量必要的程序性知识整合进入相关必修课或选修课或专题培训课外,大量需要的是学生的亲身体验,亲自行动,通过实践活动进行行为方式的训练。因此,职业核心能力培养主要应遵循行动导向教学法的理念和方法。

行动导向教学法是以学生为中心、以实践活动为中心、以能力培养为主线,强调在行动中学习的一种教学方法,它依靠任务驱动和行为表现来引导学生进行能力训练。

行动导向教学法主要有项目教学、角色扮演教学、任务驱动教学、情景模拟教学、案例教学、引导文教学、案例教学、卡片式教学等八种经典的具体方法,在实际应用中应根据课程教学目标、教学内容和教学环境的不同分别选用合适方法,通常情况下,在一门课程中需交替使用不同的行动导向具体教学方法。

下面以"管理学基础"课程为例,阐述如何将职业核心能力培养融合渗透于课程教学过程。

(一)课程分析

"管理学基础"是经济管理类专业的专业基础课程,同时也被不少高校作为非经济管理类专业的素质教育课程。管理学是在管理实践中形成并不断发展的一门科学性和艺术性有机结合的实用性很强的学科。通过该课程教学不仅可以

培养学生熟悉管理基础知识、领悟管理思想,掌握"决策与计划、组织与人事(管理)、领导与评价、沟通与合作、控制与创新"等管理岗位"专业能力",还可以在教学过程中融合培养学生的部分"职业核心能力"(方法能力和社会能力),甚至管理岗位的一些"专业能力"本身就属于"职业核心能力"的范畴,如"与人交流能力"、"与人合作能力"、"解决问题能力"及"革新创新能力"等既是管理岗位的"专业能力"也是各类岗位的"职业核心能力"。显然,"管理学基础"是一门适合实施行动导向教学方法并将学生的"职业核心能力"培养融合渗透于该课程教学过程的典型课程。

(二)教学设计

在教学实践中,根据课程特点,我们以"项目教学法"为主结合其他行动导向教学方法组织"管理学基础"课程教学。

项目教学法是一种建立在建构主义教学理论基础上的教学方法,它是通过老师指导学生实施一个完整的项目而进行的教学活动。实施"项目"以达到教学目标是项目教学法与其他教学法的根本区别。明确"项目"的内涵是实施项目教学法的前提,中国项目管理研究委员会(PMRC)对项目的定义是"项目是一个特殊的将被完成的有限任务,它是在一定的时间内,满足一系列特定目标的多项相关工作的总称。"因此,每个项目的教学目标实际上就是老师指导学生在规定的时间内,完成能满足一系列特定目标的多项相关工作,它通常体现为学生在教师指导下完成一项作品(项目),这个作品可以是有形的,如一种产品;也可以是无形的,如一个工作方案。

显然,教学项目设计是影响教学效果的决定因素,选用项目教学法的老师必须高度重视教学项目设计工作。教学项目设计应遵循"针对性、导向性、自主性和实效性"原则,即针对教学的内容,选择既能涵盖基本的教学知识点和技能点,能体现教学目标,又能引导学生主动学习、自觉行动,而且能够训练学生职业能力的项目。同时还需要为项目创设一个真实或模拟的职业情景,以使学生能在职业情景中行动和学习。

根据"管理学基础"课程知识要点及其培养目标,我们设置领悟管理、熟悉管理思想及掌握决策与计划、组织与人事(管理)、领导与评价、沟通与合作、控制与创新等七个教学项目,并对项目进行工作任务分解(以工作分解结构图形式展现,即 Work Breakdown Structure,简称 WBS),将每个项目分解为若干子项目,每个子项目又分解出若干主要工作任务,每个项目对应培养学生某项综合能力,每个子项目对应某个单项能力,每个主要工作任务对应某个关键知识点或技能点。如项目三"培养决策与计划能力",其工作任务分解如图 2(项目三 WBS)。

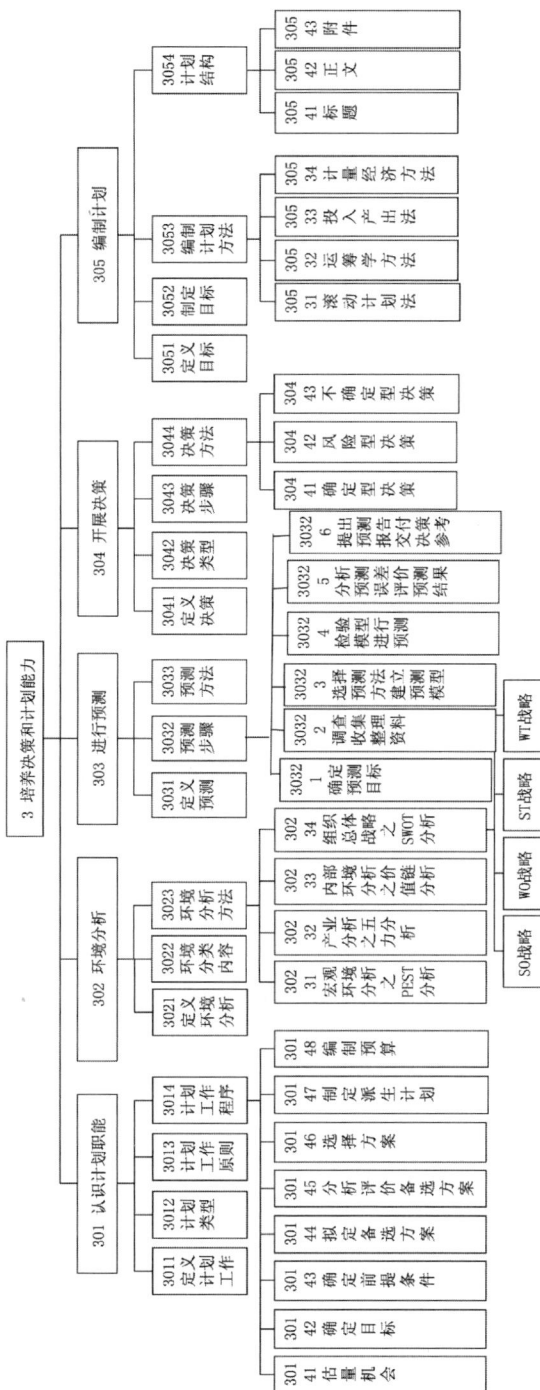

图2 项目三WBS

　　从图 2 可以看出,项目三"培养决策与计划能力"包含预测、决策和编制计划三个子项目,每个项目又包含若干个主要工作任务。该项目的教学目标是培养学生"计划综合能力",该综合能力由预测能力、决策能力和编制计划能力(这里指狭义上的编制计划能力,广义上的编制计划能力包含预测能力和决策能力)三个单项能力组成,通过项目三的教学行动,学生应能完成某项工作(如某企业拟开发某种产品)的"预测报告"、"决策报告"和"计划书"三项作品,其中计划书属于最终作品(反映学生的计划综合能力),预测和决策是计划的基础工作,预测报告和决策报告属于中间作品(反映学生开展预测工作、决策工作的单项能力),但是,它们同时又可以是一个既独立又相互联系的作品,正如,建设一座工厂,工厂是一个完整的(建设)产品,每个车间、宿舍等是其中间产品,车间、宿舍既是工厂的一个组成部分,但又可以独立发挥作用,可以作为独立的产品。

(三)教学组织

　　项目教学法是学生在教师的指导下,通过合作,共同完成一项完整的作品,如前所述项目三"培养决策与计划能力",就是老师指导学生完成"计划书"(如,××公司开发 4G 手机计划书)的编制工作,通过教学实施学生提交的作品是一份"计划书",即通过师生共同实施"完整的编制计划书的行动",培养学生编制计划书的综合职业能力。项目教学法的基本特征是:以教师为主导、学生为主体,以完成项目作品为目标,以职业情景为行动载体,以学生合作行动、师生互动为方法,以形成职业(行动)能力(专业能力和部分职业核心能力)为评价标准。一个完整的项目教学过程包括五个环节(仍以项目三培养决策与计划能力为例):

　　1.创设情境、明确目标

　　教师首先要分析某项工作任务,如项目三"计划工作"的典型工作过程,将工作过程转化为教学过程,创设并向学生介绍"计划工作"岗位职业情景,同时明确本项目教学目标是"编制计划书"。

　　2.提出要求、布置任务

　　要求学生采取独立且负责任的思维与行动(除非"任务"本身不适合采用团队合作方式,行动导向教学法特别强调"协作学习",包括师生协作和学习行动小组成员之间的合作),在解决问题(完成任务)时必须独立地收集信息资料、制定工作计划、实施工作方案和评估工作成效,通过教学过程的"完整的行动"实现专业能力和部分职业核心能力培养目标。描述需要学生完成的工作任务,如项目三,要求学生通过团队合作编制某项目计划书。

3.查阅资料、行动准备

要完成一个项目的"完整行动"需要相关的知识点和信息资料支撑,强调利用各种信息资源来支持学生的"学习"和"行动",因此,要求老师引导学生理解掌握关键知识点,收集整理各种信息资源(包括各种类型的教学媒体和教学资料),这些信息资源有些是老师为学生整理准备的,也有相当一部分是学生通过书籍或互联网自己搜集整理的,老师要把信息资料的选择、使用与控制交给学生,支持学生自主学习和协作式探索。在此环节,需要师生协作完成两项工作,一是老师引导学生理解、掌握支撑完成该项任务的知识点和使用的方法、手段,并组建学习行动小组(学习团队);二是学习行动小组要按照老师的提示分析老师布置的任务,研究提出工作方案,做好行动准备。

4.协作学习、实施行动

根据工作方案,学习行动小组成员分工合作,通过协作学习和行动完成工作任务。在此环节,学习行动小组成员彼此相互合作,互相激励,主动积极地参与学习和行动,在学习和行动中,掌握相应的"专业知识和技能",完成小组共同的工作任务,锻炼"与人合作"、"与人交流"、"信息处理"、"数字应用"及"解决问题"等职业核心能力。

5.提交作品、评估行动

学习行动小组完成任务后,要提交作品,并通过教师评价、小组成员之间相互评价和本人的自我评价,及时分析、反馈学习效果,总结提高。如完成项目三完整的行动过程后,学习小组应提交"项目预测报告"、"项目决策报告"两份分项成果作品和"项目计划书"综合成果作品。

综上,我国职业教育应顺应历史发展趋势,从"以就业为导向的谋生性教育向能力本位职业适应性教育转变",既要教育指导学生掌握专业知识及相应的技能,为其"谋生"做准备,还要重视培养学生的"职业核心能力",提升其"职业适应性"并增强其晋职、转岗能力,使其职业可持续发展。培养学生的"职业核心能力"有多种方法和途径,其中,实践行动导向教学方法将学生的"职业核心能力"培养融合渗透于课程教与学的行动过程是最直接最有效的办法。行动导向教学法实质上就是通过实施"学习—实践—反馈'教学做一体化'"过程,使学生在合作学习和亲身行动过程中,深入地理解课程的内容,获取专业能力,并锻炼"与人合作"、"与人交流"、"信息处理"及"解决问题"等职业核心能力。

参考文献：

[1]中国职业核心能力网[EB/OL].http://www.hxnl.cn/.

[2]童山东.职业教育中职业核心能力培养的理论与实践.中国铁道出版社，2012(11).

[3]梁王国.高职院校学生职业核心能力培养与训练.机械工业出版社，2012(10).

高职院校金融专业课程教学
融合职业核心能力培养模式探析
——以"证券市场基础知识"为例

黄鹏程

摘　要: 本文针对高职院校金融专业毕业生存在的问题进行分析,强调专业课程教学融合职业核心能力培养的必要性,并以"证券市场基础知识"课程为例,从通过项目教学法有效融入职业核心能力的训练和培养、结合课程内容科学设计融合渗透职业核心能力训练的任务实施方案、以科学的考核模式调动学生的学习积极性、以有序的自学安排确保知识体系的完整性、以互联网学习模式提高学习效率五个方面进行讨论,以期抛砖引玉,同职教理论研究学者及高职院校一线教师共同研究专业课程教学融合职业核心能力培养的方法,进一步提高金融专业人才培养水平。

关键词: 金融专业课程　职业核心能力　项目教学法

一、高职院校金融专业人才培养现状

随着我国金融市场的迅速发展,对高素质技能型人才需求量不断增加,对高职院校金融专业人才培养水平提出了更高的要求。为了提升人才培养质量,各高职院校金融教学团队努力进行教学改革,提高教师实践能力,拓展校内外实训资源,取得了卓越的成效。目前我国高职院校金融专业课程主要采取讲授式、案例式和实训式三种教学模式,能够较好地实现传输专业知识、传授专业技能、完成必要实训任务的目的。高职院校金融类专业的毕业生已经具有较强的职场竞争力,尤其是在银行、证券和保险等金融企业的柜员、理财经理、客户经理、保险顾问、理赔员等一线岗位竞争优势明显。究其原因主要有三个方面:一是高职院校金融专业群目前涵盖银行实务、国际金融、证券与期货、保险、投资与理财、信用管理、农村金融七个细分专业,相比大多数本科院校而言,专业划分更加细致,学生学习的针对性更强。二是近年来高职院校非常重视学生实践能力的培养,相对于本科毕业生而言,高职毕业生更加熟悉一线岗位的工作内容,对所需专业技能的掌握也更为娴熟。三是高职毕业生就业期望值较低,能够较好的接受一线工作岗位工作压力较大但待遇偏低的现状,努力完成企业交办的任务。

但是在职业发展过程中,高职金融专业毕业生目前也存在着一些不足。根据泉州经贸职业技术学院金融教研室近两年走访金融企业获得的毕业生反馈信息,高职院校金融专业人才培养普遍存在以下几个问题:

(一)专业知识不扎实

虽然经过了三年系统的专业课程学习,并且顺利通过了期末考试。但专业老师在进行毕业调查报告指导以及实习指导的时候经常碰到学生对专业知识掌握不牢靠的现象。甚至有一些重要的知识点,在学习过程中详细的进行了案例分析并且多次进行巩固,但学生还是很快就忘记了。而专业知识基础不扎实,将影响学生在职场上的进一步发展,以及对新知识、新技能的学习能力。

(二)自学能力和积极性不高

近年来,泉州经贸职业技术学院非常重视培养学生的专业技能和实践能力,金融教研室从企业的需求出发,采取增强师资力量、建设校内外实训基地、进行项目化教学改革、组织学生参加证券投资模拟比赛和保险知识竞赛等多方面的措施加强学生的专业技能训练,毕业生娴熟的专业技能获得了企业的高度好评。但就企业反馈的信息来看,这些毕业生在求职过程中的优势主要是其在三年专业学习过程中较多的接触相关业务,需要的技能经过了有针对性的训练,因此熟练程度明显优于其他的竞争者。但随着工作的深入开展,其他的竞争对手对业务和技能的熟悉程度不断提高,这些优势逐渐减弱。而在学习新知识、新技能方面,本科以上学历的职员往往表现出更高的积极性,掌握的速度也明显的会快一些,这就使得高职毕业生在职业发展的过程中逐渐落于下风。

(三)与人交流、革新创新和解决问题的能力不足

近年来,高职院校日益重视对学生实践能力的培养,但是培养的过程中往往采用"教师手把手地教,学生依样画葫芦地练"的模式,学生技能是练熟了,但真正面对工作中的实际问题时,由于情况发生了较大的变化,很多学生不能灵活的运用所学技能解决问题。而且高职学生的表达能力往往比较弱,这就使得他们在与客户、同事进行沟通、合作的时候表现往往不如高学历的职员,习惯了机械性地操作和被动接受知识的模式,也使得高职学生在工作中缺少创新性。

二、专业课程教学融合职业核心能力培养的必要性

如何使大学教育能够让学生受益终身是中外教育工作者广泛关注的问题。20 世纪 70 年代初,德国已经着力研究职业教育的关键能力及其培养模式。英、美、澳等发达国家在这方面也取得了长足的进展。随着职业教育对我国经济的影响日益提高,我国也逐渐开始重视职业核心能力的培养。1998 年 9 月,劳动和社会保障部在《国家技能振兴战略》中,对职业核心能力内容的界定,为职业核心能力培养的进一步研究和实践奠定了坚实的基础。然而,这一概念才刚刚开始被人们真正理解和接受。虽有一些关于职业核心能力方面的文章,但限于以职业核心能力的意义、作用及培养原因为主题的研究,系统阐述高职学生职业核心能力培养的论文和著作甚少。而且对职业核心能力的研究,主要还是停留在理论层面,虽有个别学校进行了实践,但缺少系统的总结和详尽的方案。尤其是专业课教学,虽然经过多年的改革与创新,人才培养水平不断提高,但仍然存在教师过于偏重对学生显性化知识和技能的培养,对职业核心能力关注程度不足的问题。学生的实践能力在一定程度上得到了提高,但欠缺接受新技术、灵活运用所学技能解决实际问题的能力以及与人交流、与人合作的基本技能,在走上工作岗位后仍然难以满足企业的需要。

高职院校金融专业的就业方向主要是银行、证券和保险等金融企业的柜员、理财经理、客户经理、保险顾问、理赔员等一线岗位。但金融企业岗位调整的概率较高。一方面是金融企业一般采取营业部运作模式,单个营业部规模较小,但为了给客户提供良好的服务,仍然需要相对完整的建制,这就使得金融企业在出现人员流动时经常需要进行岗位调整。另一方面,当一线员工取得良好的工作业绩时,金融企业往往会提供较多的升职机会作为激励,但晋升以后的职位种类

繁多,风控专员、柜台经理、营销经理、分析师、基金经理都有可能。岗位调整之后,学校所学知识已经远远不能满足工作的需要,想要适应新的岗位、争取进一步的发展必须自学新知识、新技能,努力提高与客户交流的能力,提高团队协作能力和团队管理能力。因此,与人交流、信息处理、数字应用、与人合作、解决问题、自我学习、创新革新等职业核心能力与学生的职业发展前景息息相关。为了提高人才培养水平,增强学生在职场中的核心竞争力,高职院校金融专业在重视专业技能训练的同时还应当重视职业核心能力的培养。

三、专业课程教学融合职业核心能力培养的途径

把职业核心能力的培养融入专业课程教学是一项复杂的系统工程,尤其是"证券市场基础知识"、"货币银行学"和"投资学原理"等金融类专业课程,由于具有知识点数量多、理论比较复杂、概念比较抽象的特点,要切实融入职业核心能力培养,让学生在掌握专业知识和技能的基础上有针对性地进行某一项或几项的核心能力训练,必须充分利用现代的网络教学技术,从教学方法改革、教学过程设计、考核方法创新等多个方面进行综合设计。接下来笔者将以"证券市场基础知识"课程为例分享专业课程教学融合职业核心能力培养的经验。

(一)通过项目教学法有效融入职业核心能力的训练和培养

目前项目教学法在财经类专业课程中应用并不广泛,很多课程虽然挂着项目化教学的名头,但实际上只是把课程章节换了一个说法,并没有真正把课堂的主动权交给学生,让学生在体验、实践中学习知识和技能。笔者在借鉴国内外先进职教经验的基础上,对项目教学法进行适当调整并应用于"证券市场基础知识"课程的教学过程,发现该方法能够激发学生潜能,加深他们对所学知识和技能的印象,同时学生信息处理和解决问题的能力也得到了充分的训练和提高。调整后的项目教学法主要由四个步骤构成。首先是任务解说,任课教师说明需要掌握的知识和技能及其在实际工作环境中的重要作用,让学生充分认识任务学习的必要性,明确学习目标。其次是任务准备,通过课堂讲解、课后自学、分组讨论等形式充分熟悉任务实施过程中所需要的知识和技能。在充分准备的基础上,学生根据任务要求进行角色扮演、分组讨论、辩论、信息搜集与处理等工作,在实践中增进对专业知识的理解,同时以潜移默化的形式提高学生与人交流、与人合作、信息处理、解决问题等职业核心能力。最后,教师引导学生对任务完成

过程中所使用的专业知识和技能进行点评,复习、巩固重要知识和技能,并指导学生思考其职业核心能力的不足和提高职业核心能力水平的训练方法。

(二)结合课程内容科学设计融合渗透职业核心能力训练的任务实施方案

要顺利实现专业知识和技能学习与职业核心能力训练的有机融合,一定要注意结合课程内容科学选择训练的能力点,并详细设计任务实施的具体步骤,充分考虑其可行性,任务设计必须充分调动学生的学习积极性,既保证专业知识和技能的掌握效果,又有效训练和提高所选能力点。比如在"证券市场基础知识"课程中,任务"掌握撮合成交的流程和规则"需要把电脑在瞬间进行的操作以慢动作演示出来以便学生形象的了解其中的流程和规则,如果让学生分别扮演撮合主机、投资者和红马甲的角色,可以在顺利实现专业知识和技能学习的同时有效的训练学生与人交流的能力。而任务"认知杠杆投资的利弊"的教学目标是让学生充分理解杠杆投资的风险,掌握控制杠杆投资风险的手段,同时熟悉在合理控制风险前提下杠杆投资对于提高资金利用效率的重要作用。笔者通过引导学生通过资料搜集和处理,查找杠杆投资风险的案例,并分析控制杠杆风险的方法和手段。在充分准备的前提下,让学生通过辩论赛的形式展现准备的资料,取得了良好的效果。学生的辩论非常激烈,很好地展现了杠杆投资高收益、高风险的特征,也总结和归纳了许多控制杠杆风险的方法,甚至有一些方法在教材中根本没有体现。通过辩论,学生不仅很好地掌握了杠杆投资的特征和风险控制方法,实现了专业知识和技能的教学目标,而且很有效地训练了学生与人交流、与人合作、革新创新等职业核心能力。

(三)以科学的考核模式调动学生的学习积极性

为了有效融合渗透职业核心能力的培养,不适合采用传统的"一考定乾坤"的考核模式,必须有效把控学生的学习过程,强调过程性考核。笔者借鉴国内外先进职教经验,认真设计考核方案,从学生项目任务的准备和完成情况、自主参与网络课程学习的情况、参加共青团中央金融精英挑战赛的成绩和参加行业从业资格考试的成绩四个方面综合评价学生在学习过程中的表现情况和学习效果,从实施效果来看,能够较好的督促学生积极参加项目任务和比赛,自觉进行网络课程学习,认真复习从业资格考试的专业知识,有效提高了学习积极性。

（四）以有序的自学安排确保知识体系的完整性

"证券市场基础"课程具有知识点数量多、难度大的特征。项目教学法能够在学习重要知识点和专业技能的同时融合渗透职业核心能力的训练，但是会存在教学时间紧张的问题。笔者通过认真分析知识点难度和在行业实际工作中的使用频率，把有限的教学时间更多的用于重点、难点的学习，而把一些使用频率较低且理解难度较小的知识点布置学生进行自我学习，不仅保证了课程知识体系的完整性，也训练了学生的自我学习能力。

（五）以互联网学习模式提高学习效率

先进的网络技术是当代职业教育的有力辅助工具，笔者认为职业教育过程中应对互联网善加利用。在"证券市场基础"课程中，笔者不仅引导学生利用互联网进行资料搜集以完成任务的准备工作，还建设了"证券市场基础"网络课程学习平台，以此为依托，以讨论、在线作业、在线测试等形式引导、督促学生认真完成任务准备工作，进行自我学习，有效提高了学生的学习效率，取得了良好的教学效果。

把职业核心能力的培养融入专业课程教学是一项复杂的系统工程，需要大量一线的职业教育工作者共同努力，互相学习，分享改进教学方法、教学手段的成功经验。笔者希望通过分享"证券市场基础"课程融合渗透职业核心能力培养的几点经验，抛砖引玉，引起职教理论研究学者和一线高职教师对于专业教学融合渗透职业核心能力培养的重视，共同研究科学的激励和考核机制调动学生主动学习知识的积极性，不断完善课程教学实施方案，努力提高学生专业知识水平和专业技能掌握程度，同时培养和提高学生与人交流、与人合作、信息处理、自我学习等职业核心能力，让学生真正从职业教育中受益终身。

参考文献：

[1]人力资源和社会保障部中国就业培训技术指导中心.职业核心能力培训测评标准（试行）[M].北京：人民出版社，2007.

[2]胡昌送，卢晓春，李明惠.关键能力培养策略的发展研究[J].职教论坛，2011(6).

[3]邵艾群.英国职业核心能力开发研究述评[J].教育学术月刊，2010(2).

[4]方海宁.学生问题意识和解决问题能力的培养策略研究[D].苏州大学，

2008.

　　[5]黄湖滨.加强高职学生解决问题能力培训研究[J].深圳信息职业技术学院学报,2007(3).

　　[6]宋奇,刘英.以"关键能力"为本的职业教育发展趋势[J].天津师范大学学报,2004(2).

　　[7]童山东.职业核心能力培养探索[J].深圳信息职业技术学院学报,2006(3).

　　[8]李怀康.职业核心能力开发报告[J].高等职业教育(天津职业大学学报),2007(1).

"Photoshop 图形图像设计" 融入职业核心能力培养的探索

黄　静

摘　要:职业核心能力的培养正在越来越受到高职院校的重视和关注。本文基于教学实践,分析了目前高职院校开设的"Photoshop 图形图像设计"课程的现状,探索如何将课堂教学与职业核心能力的培养相融合,力求提高学生的职业素养,更好地适应社会对人才的需求。

关键词:职业核心能力　Photoshop 课堂教学

一、引言

职业核心能力是从事任何职业或工作都离不开的关键能力。世界各国对职业核心能力都有不同的定义和理解。最早提出"关键能力"的德国,对关键能力的分类有几十种之多;英国在 20 世纪 80 年代建立了完善的核心技能培训认证体系,提出了 6 种核心技能;美国全美职业技能测评协会在上岗技能测评中,提出了 8 项"软技能"(基础能力)测评标准;澳大利亚教育委员会与职业教育暨就业培训部 1992 年联合发布"关键能力"的报告,提出所有青年未来能有效参与各种工作环境所必备的关键能力有 8 项,等等。1998 年,我国劳动和社会保障部在《国家技能振兴战略》中把职业核心能力分为 8 项,包括与人交流、数字应用、信息处理、与人合作、解决问题、自我学习、创新革新、外语应用能力,称为"八项核心能力"。

随着社会经济的不断发展,分工越来越细,对于高职人才的培养提出了更高更新的要求,如何培养出既能够胜任一线岗位要求又具有一定实践技能的复合型应用人才已经在越来越多的高职院校中引起关注。因此,在高职院校课堂教学中融入职业核心能力的培养就显得尤为重要。本文以"Photoshop 图形图像设计"课程为平台,将"职业核心能力"思想融入其中,分析当前教学法中存在的一些弊端,探究教学方法的改进,力求取得良好的教学效果。

二、Photoshop 课堂教学中存在的问题

Photoshop 是目前个人计算机上公认的最好的图形图像设计软件。在各行各业都有着广泛的应用。从平面设计、广告摄影、修复照片、艺术文字、网页制作、图标制作到现在二维动画制作、绘制或处理三维帖图等等方面都有涉及。

目前,大多数"Photoshop 图形图像设计"教学过程中会存在以下几个方面的问题:一是作为教师的授课对象——学生,个体差异较大,主要体现在:计算机基础操作掌握的程度不同、接收和理解新知识的能力不同、看待事物的观点也不同,这就使得教师在安排课堂内容时面临着如何做到既要兼顾各个学生主体,又能最大限度满足学生要求的问题;二是学生学习的兴趣该如何培养。兴趣是最好的老师,没有兴趣学生就没有学习的主动性和积极性;三是课堂教学方法过于注重理论讲解,在操作时让学生按部就班,学生则很难将知识系统化,不会学以致用,表面上看好像是完成了教学任务,但实际上学生是处于一种被动接受知识的状态,没有创造性,不利于培养创新型人才;四是学生学习只停留在书本这个小范围内,不善于利用丰富的网络资源来解决问题,大大限制了学生的知识层次和水平。

因此,传统的"Photoshop 图形图像设计"课堂教学不注重学生个体、教学程序化,纯粹是为了教而教,以完成教学任务为最终目标,培养出的学生不能很好地适应动态社会的发展需要,存在一种"走出课堂,一切从头开始"的普遍现象。如何将"教学环节"与"社会实践"相通相连是每一个一线教师应该思考的问题。

三、基于职业核心能力的 Photoshop 课程教学方法探究

(一)改变课堂教学方法,提高学生与人交流、合作的能力

信息时代的到来,"与人沟通"越来越受到人们的重视,沟通可以避免绕弯路,提高工作效率。在课堂教学过程中,按学生能力、技能、认知的不同分成平行

小组,将学习内容以任务的形式分配给每个小组,小组成员5~6人。组长与组员需要通过沟通,共同商量制订项目计划,明确各组员要完成的任务。在完成任务过程中,需要相互配合、相互协作,这就需要各组成员能准确表达自己的需求,提高小组成员的沟通交流能力和与人合作的能力。

(二)结合实际案例,提高学生自我学习能力

Photoshop课堂教学离不开案例,好的案例可以吸引学生兴趣,往往会有事半功倍的效果。大多数学生是第一次开始接触Photoshop,要熟练使用Photoshop就必须先从该软件的工具箱开始,在教学过程中不能将工具箱中的工具一个个单独分开介绍,这会使学生学习起来觉得枯燥无味,从而失去学习兴趣。如果能将每个工具的使用结合在几个从简单到难的案例中,这样不仅能让学生在不知不觉中就掌握了工具在各种情况下的使用方法,还能提升学生的学习动力。学生更乐于学习,遇到困难,也更乐于通过各种方法,比如去图书馆翻阅相关资料,或是上网去搜索解决问题的办法。这种由浅入深、形象生动的案例教学法,不仅丰富了课堂,而且还提高了学生自我学习的能力。教师在案例讲解过程中要注重对学生设计思路和方法的引导,尽量使用简短语言介绍工具的操作要点,为学生上机操作留有足够的时间,让学生在操作中发现问题,提高课堂效率。

(三)任务驱动,提高学生处理信息、解决问题、创新思维的能力

当学生了解Photoshop中的一些基本工具的使用后,教师则试图尝试通过布置一个较综合的任务让学生以组为单位去进行探讨,也就是所谓的"项目教学法"。在具体实施过程中,可以事先设置一些情景模式,如结合我院所处之地——泉州安溪,虽然是一个县城,但却是有名的茶乡,茶叶公司不胜枚举,公司为了自身发展需要一些宣传、广告。如何设计出符合企业气质、又能吸引大众的平面广告显得尤为重要。模拟一个企业与广告公司招标会,由教师充当企业代表,每个小组作为一个独立的广告公司选派一名代表参加。教师向各个小组提出工作任务:需设计出一个能体现该企业茶叶特点的宣传画册(画册不少于3张,这样可以保证所有学生都有参与设计的机会)。任务要求每个小组就企业(教师)给出的宣传主题、品牌LOGO等进行探讨和分析,制订工作计划、工作思路。具体实施过程需要哪些素材,该怎样从艺术创意、色调选择、特效效果等方面着手设计都要有具体成员负责。小组长在这个过程中必须担负起如何协调整个团队、如何将工作派分到位、遇到问题要怎么带领团队成员一起解决等等的任

务。对每个小组成员而言,这个过程不仅仅只是一个制作宣传画册的过程,更是一个团结协作、不断创新的过程。在这个过程中,教师不做过多干预,必要时提供一些帮助,主要还是鼓励学生遇到问题自己想办法解决。最后,每组选出一位代表对该组完成的项目任务进行讲解,大家一起来分析和判断存在的问题和不足,发挥想象,提出创新想法。教师根据同学的表现给出一个综合评定,这样学生不是被动接受任务,而是将自己融入一个工作团队的角色之中,去体验职场中可能遇到的问题,培养学生严谨、务实的职业素养。

(四)成立课外兴趣小组

在 Photoshop 教学过程中,课堂的时间毕竟有限,如何将教学从课堂内延伸到课堂外?除了从课堂内容方面吸引学生兴趣外,还可以成立一个兴趣小组,小组成员由学生自愿组成,任课老师根据教学进度阶段性进行辅导,并定期组织一些活动。活动内容可以是学生阶段性成果的展示,或是提前确定一个主题,围绕主题内容展开构思,也可以就学生近期学习中遇到的问题进行探讨等。无论是哪种形式都要求学生在平时多翻阅相关书籍、多收集素材、多请教专业老师,进行知识和技能的准备工作,无形当中拓宽了学生的知识面、提高了学生学习过程的成就感,对于职业核心能力各方面的培养都起到了促进作用。

(五)采用多元化考核方式

现阶段,高职院校中评价学生学习成果的方式仍然是以试卷分数为主,这与职业教育以技能为主的培养模式有很大冲突,在很大程度上限制了学生实际水平的发挥。因此,在设计考核方式上,不仅要结合课程知识的掌握情况,更要融入对学生职业核心能力的考核。例如在"Photoshop 图形图像设计"课程的考核中,不仅关注学生是否能够顺利完成各种图像处理任务、掌握该软件的各种工具的使用方法,更加入了学生在整个学习过程中与人交流、信息处理、与人合作、解决问题、自我学习、创新革新等各职业核心能力指标的评价。除了教师对学生的评价,还可以在评价过程中结合学生的自我评价和学生之间的相互评价,构建多元化的评价方式,使得学生的考核结果更加客观、更加体现学生的学习能力和水平。

四、结束语

　　职业核心能力培养已经是高职教育改革中的一个重要组成部分,许多高职院校都将职业核心能力教育融入课程教学的各个环节,并已取得了一定的效果。本文是对个人在教学过程中一些初步尝试的总结,在有限的课堂教学时间内除了传授软件的基础理论、工具的使用方法和技术外,也注意对学生职业核心能力的培养,尽可能地减小学生"会学"与"会用"间的差距,让学生在学习过程中不自觉地提高了职业素养,对学生更好地适应人才市场的需求及提高就业能力有一定的推动作用。

参考文献:

　　[1]吴伶琳.职业核心能力培养嵌入高职"软件测试"课程的实践与探索[J].现代计算机,2014(11)下.

　　[2]胡钟月.浅谈高职 Photoshop 的课程教学[J].教育与培训,2011(29).

　　[3]祝俞刚,盛新.高职"Photoshop 应用与实践"课程改革初探[J].专业与课程建设,2013(9).

　　[4]贾艳宇.在计算机课程教学中渗透职业核心能力培养的探索[J].课程教材改革,2014(15).

　　[5]蒙俊健,刘名东.基于职业核心能力培养的专业教学改革探索[J].职业,2012(1).

　　[6]许椂华,朱立华.分组软件测试教学法探讨[J].计算机教育,2008(14).

"财政与税收"课程对高职学生职业核心能力的培养

——基于小组讨论法的研究与实践

李英伟

摘　要：高职院校只有加强对学生专业技能之外的职业核心能力的锻造，才能使毕业生适应当前岗位和环境的变化。从我国高职教育职业核心能力培养的现状来看，急需在课堂教学中对小组讨论法的相关问题进行深入研究。小组讨论法有助于"财政与税收"课程对学生职业核心能力的培养，这可以从该课程职业核心能力教学目标、小组讨论法有关职业核心能力的评价方式，以及小组讨论法与课程职业核心能力培养内容的无缝对接等三方面来论述。在对小组讨论法优化、精心设计教学方案流程的同时，论文总结了实践经验，并进一步提出了完善的思路。

关键词：课程　职业核心能力　小组讨论法　培养

一、引言

"核心能力"这个概念，最早是 20 世纪 70 年代初由德国梅腾斯在给欧盟的报告《职业适应性研究概览》中首次提出的。目前在德国、英国和澳大利亚等国都十分注重学生职业核心能力的培养。我国在 20 世纪 80 年代引入这一概念，1998 年的《国家技能振兴战略》和 2010 年《国家中长期教育发展规划纲要》中不但详细阐述了职业核心能力的概念和相关内容，而且强调了职业核心能力培养的重要性。高职院校在人才培养方式中，只有加强学生专业技能之外的职业核心能力的锻造,才能使毕业生适应岗位和环境的变化,成为真正的创新型人才。我院于 2015 年开始,确立了在全校开展"三全"培养职业核心能力的理论研究和实践探索活动,目前均取得了较为丰硕的阶段性成果。同时,为积极迎接教育部对学院的第二轮评估,学院与时俱进,制定了特色鲜明、亮点突出的人才培养目标特色(培养"三素质双核心"高职人才,即"思政、科学人文、身心'三素质'协调发展,专业核心技能与职业核心能力'双核并重'培养高职人才")和人才培养方式特色(构建"互联网十"线上线下结合自主学习平台)。据此,推动各系和每个教职员工围绕着学院的目标努力进取,大胆实践。最初教研室对本课程教改做出了缜密计划,在教学时间的安排上,计划从 2015 年秋季开始进行实践、改进、细化标准并完善方案,形成培养学生职业核心能力的长效机制,此后,培养训练工作进入"新常态"。

二、小组讨论法的含义及我国高职教育职业核心能力培养的现状

教学方法是教师教的方法和学生学的方法在教学活动中的高度融合和有机统一①。较著名的一种分类方法,将教学方法分为五类:第一类是"以语言传递信息为主的方法",包括讲授法、谈话法、讨论法和读书指导法等;第二类是"以直接感知为主的方法",包括演示法、参观法等;第三类是"以实际训练为主的方法",包括练习法、实验法和实习作业法;第四类是"以欣赏活动为主的教学方法",如陶冶法等;第五类是"以引导探究为主的方法",如发现法、探究法等[1]。可见,小组讨论法属于上述第一类"以语言传递信息为主的方法"。

小组讨论法是小组讨论教学法的简称。小组讨论法,指把一个班的学生分成若干人一组的小组,向小组提出一定的任务或问题,要求小组成员通过讨论,共同完成,共同解决[2]。其实质就是以小组作为组织形式,借助组员之间的沟通协作,完成特定的任务。小组讨论法最早出现在 20 世纪 60 年代的英国,已在世界上很多国家的课堂教学中得以广泛运用,成为当代课堂教学活动的基本形式之一。在国内外众多先进的教学方法中,该教学法以其能有效培养学生的独立思考能力和判断能力,并有利于促进学生认知技能、情感态度、价值观等多重功能和目的。其特点在于:学生获得了更大的自由度,有利于发挥其特长和才能,

---

① 此为 MBA 智库百科的解释。

并实现教学互动;核心要素:问、观、听、回;教学环节包括:学生自学、教师讲解、相互讨论、单元结论和总结[3]。可见,小组讨论法体现为在教师指导下学生自学、自讲、讨论,从而获取知识、培养能力的一种过程,它突出了学生在教学活动中的主体地位,同时在实施教学活动中,学生的职业核心能力(特别是与人交流、与人合作、自我学习、信息处理和解决问题等能力)也能得到最大限度的渗透和培养。但是,需要指出的是,这一先进的教学方法主要是在我国中小学和中职学校中受到一定的重视,而在高等职业教育课堂教学实践中并未被有效和充分的运用,因此有关这类研究文献并不丰富。

作为一种以培养"高素质技术技能人才"为基础的教育,高职教育教改的核心应是"以就业为导向,以能力为本位,以社会需求为目标",然而我国高职教育历来都是"重专业技能,轻职业核心能力"的培养模式,无疑这已成为高素质人才培养质量进一步提升的制约瓶颈。职业核心能力伴随一个人的终身,是职业生涯中可持续发展的能力,也是助推每个劳动者在其职业岗位上最大限度地发挥能力、才干的关键能力。因此,在课堂教学中对小组讨论法的相关问题进行深入研究是很有必要的。

三、小组讨论法助推"财政与税收"课程对学生职业核心能力的培养

(一)"财政与税收"课程职业核心能力教学目标

我院课程教学目标涵盖专业知识、专业技能、职业核心能力三方面的目标。强调在培育学生过硬的专业知识与核心技能的基础上,重视对学生职业核心能力的培养,将培养、训练和提高学生的职业核心能力融入课程教学之中,并加以实践。"财政与税收"教学过程中的小组讨论,查询资料,课外调研活动,调查报告的撰写和汇报,都体现了"双核并重",特别是使学生形成和逐步提高职业核心能力的思想。财政部分尽管以理论课为主,但教法改革的实质是以学生为学习的主人,尊重学生的选择,置学生于主体地位。教师的作用是启发疏导、整合引导、调控校核、点拨、自结反馈。而税收部分应给学生以更多的实践机会。在职业方法能力上,训练学生的财税语言表达能力、财税应用文写作能力、财税数据统计分析能力、财税信息获取调查分析能力,以及制定、组织实施会计职业学习情境方案等。具体而言:财政部分应以学生的自我学习、信息处理能力培养为重

点,税收部分将侧重于培养学生的自我学习、信息处理、数字应用能力。在职业社会能力上,训练学生的团队合作能力、社交和协调能力,掌握沟通技巧和领导策略,遵守财税职业道德,以德树人,体现"三素质"协调发展的理念。具体而言:主要应集中在解决问题能力方面,同时包括与人交流、与人合作、革新创新等能力。

(二)小组讨论法有关职业核心能力评价方式

评价方式如何对学生的学习态度和兴趣具有重要的导向作用。教学过程中,教师要根据各情境目标要求,抓住关键、突出重点,采用成长记录方式,强调学习领域中的情境分段考核。如学生平时成绩将结合考勤及课堂纪律考核、上课表现、课堂互动性考核和主动学习表现等工作过程记录综合确定,实践考核质量含调研质量、案例分析答疑、课后作业评定等,期终考试将采取闭卷笔试进行考试。课程结束后进行综合评价,将定性评价和定量评价相结合,充分发挥学生的主动性和创造力,注重考核学生财税知识的同时,与相应职业核心能力的考评结合起来。

在实施评价时,还应注意教师的评价、学生的自我评价与小组间互相评价相结合,尊重学生的个体差异,促进学生在财税岗位上专业能力、方法能力和社会能力等综合能力的提升。要及时对每次讨论的分数进行计算和记录。通过评出分数并公示,以示激励。组长轮流担任,负责记录、统分,递交原始交流资料,互打分数并在组内公开,每位同学有 3 分基础分,也是表现一般组的分数。教师将依据发言的准确性、创新性、完整性、质量和资料情况等给每组评分,如将金融与证券 141 分 7 组,有 A(4)/B(3.5)/C(3)/D(2.5)四等,通常可评定 1 个 A 组、1 个 D 组,优良为 B 组(为鼓励,可有 2 组),其余表现一般的均为 C 组,组长比组员多 0.5 分。依据实际时间安排及具体情况,评分方式应多元化。如在第一章第一节导论中,可以让所有的组都分别回答问题,进行比较;而在第二节中,也可以让各组都准备,事后都要将原始讨论资料上交,但只要求指定组公开回答,其他小组可以补充完善或提供不同的内容,据情给分,给有创新的观点加分。

(三)小组讨论法与课程职业核心能力培养内容的无缝对接

改革后的小组讨论教学法有助于"财政与税收"教学目标的实现,尤其是与高职学生职业核心能力素养的形成相对接。一般而言,"财政与税收"课程采用的教学方法可以有小组讨论法、案例教学法、情境教学法、讲授法、练习法、谈话法和读书指导法等,但由于这些大多属于以语言传递信息为主的方法,所以小组讨论法是其中的重点和精髓,也是"财政与税收"课程所使用的基本的和主要的教学方法。小组讨论教学法由教师指导,各小组成员围绕某一中心问题,鼓励积极发言,主动沟通、相互学习,并通过考核体系的设计,让各组之间参与竞争。其实质就是以小组为组织形式,借助小组成员之间的协作,完成特定的任务。指导学生变"听课"为"倾听",变"说话"为"交流"。讨论的过程重在交流,以找出个体之间的不同观点,后经讨论达成集体共识;讨论过程又重在通力协作,通过小组学习,弥补个体在思维、精力、时间和学习方式上的局限性,发挥集体力量;讨论后的汇报环节由小组长汇报结果,组内同学补充发言(教师要及时肯定,有些要求课后记录加分)。事先规定好讨论的时间,以诱发其紧迫感,激发思考,进一步提高效率,深化讨论内容;可抓住讨论、汇报时的转折点,及时将讨论引向深入,深入浅出地解决问题的实质。小组成员一般由 4～6 人为宜,因此教室座位的安排须便利组员间的交流和讨论。

四、小组讨论法的优化与具体教学方案设计步骤

教学任务设计中,须注意任务设计的可操作性、适应性、职业性。各小组每次指定一个组长负责督促完成任务,提交小组讨论记录,每位成员要有至少一次代表小组发言和总结的机会,激励并确保每个学生参与,完成任务多、贡献大者可获得额外分奖励。可操作性即每个学生必须动手参与,查找相关知识及数据,主动与小组成员沟通及合作,一般以提交小组讨论记录作为检查是否完成任务操作的依据;适应性即实践任务所需进行的调研分析、计算、总结、发言都在学生能力范围之内,使之乐于自主学习;职业性即实训任务的设计应有助于提高高职学生的职业素养,在完成任务的同时,必须学会与小组同学沟通、合作,加强口头表达、总结写作、PPT 宣讲等能力,提前适应职场合作模式。单项任务具体教学方案的设计流程如下:

步骤 1:确定教学目的(含要培养的职业核心能力)

步骤 2:情境模式引入教学内容

利用校园网学习平台和教师提供的课程参考资料或案例,或通过观看组图和资料,要求学生回答需要掌握的基本概念和基本理论问题。问题的设计中对难度较大的一般可以在教材中直接找到答案,属于较容易的、常识性的、现象类的或政策类的往往教材中没有直接的答案,需要借助参考书、网络等工具,并且

经过思考、甄别、讨论才能完成任务。

步骤3：准备工作

一是知识复习，点出基本概念或知识点。二是布置作业，利用教材资料、网络信息资料、校园网学习平台资料各自搜集相关信息。主要训练学生的信息处理能力。具体过程要求：先经过通读或略读教材（给出具体章节的页数），再互相就问题展开讨论、找出相同和不同的观点，再通过其他参考书或电脑、手机上网查找，确定出满意的答案。

步骤4：汇报结果

指导小组分组探讨并查找相关信息，要求小组长汇总、提交并汇报讨论的综合结果，训练学生的自我学习、与人交流、与人合作能力。由教师进行归纳、点评，主要是肯定成绩，进而补充相关知识，鼓励学生发散思维，积极回答问题，完善答案。主要训练学生的革新创新能力。

步骤5：效果评定

点评任务完成情况，明示不足之处，进一步强调查找资料信息的正确方法，解决问题的途径，总结和强调主要知识点。教师依据情况，给每组评定综合分，加上个人回答问题的激励分，再加上小组互评的分数，确定此次教学任务的最终分数。

五、小组讨论法对培养学生职业核心能力实践的经验总结和完善思路

作为本教改所采取的主要教学方法，小组讨论法于2015年秋季开始在院本部试行。该学期期末问卷调查结果表明（以金融141、142两班为例）：总体上效果良好，受到绝大多数学生的欢迎。所设置的四个问题分别是（要求学生匿名回答）：一是本教改主要培养了以下哪些职业核心能力（多选：一般选3～6项），二是本教改对培养职业核心能力做法的成效（单选），三是你对本教改印象中最好、最差的方面，四是请提出宝贵的意见或建议。排除请假同学外，两班共有74名学生（分别有36和38人）参与。

综合前两题的结果是：第一题：A、与人交流（32/35）；B、数字应用（3/3）；C、信息处理（13/20）；D、与人合作（36/35）；E、解决问题（24/33）；F、自我学习（28/30）；G、创新革新（17/17）；H、外语应用（1/3）。第二题：A、很好（7/1）；B、好（22/24）；C、一般（7/13）；D、差；E、很差。由此可见，一是所要训练的职业核心能力大

都得到了学生们的承认,甚至高度认可。课程对与人合作、与人交流、自我学习、解决问题、革新创新、信息处理职业核心能力的培养分别占比 96％、91％、78％、77％、46％、45％。特别是有 34 人选择了创新革新能力,这也说明了我们在教学中所一贯坚持的思想:在回答问题时,鼓励不拘一格,强调头脑风暴和独创的见解。在创新创业的今天,这种理念必须加以强化。然而需要注意的是:数字应用能力的培养不理想,这也许与税收时间被挤占有关。二是从第二题来看,没有一位同学选择 D 和 E,说明都肯定了其作用,并且占 73％的同学(54 人)选了前两项,说明了学生对我们教改的充分肯定和大力支持。三是院系反馈的结果显示,班级学生参与学院以上各级技能竞赛的成绩相继大幅提升。例如,2015 年 10 月下旬在团中央学少部举办的"大智慧杯"全国大学生金融精英挑战赛中,金融141 班黄辉松荣获该赛事二等奖,同时,该班赵雷、杨婷婷、张碧燕、柯永记,以及金融 142 班陈艺婷、黄海慧、周东发、叶建伟、魏美璇等九位同学获得三等奖。2016 年 6 月在学院第三届证券投资(模拟)大赛上,金融 141 班李小霞获得一等奖,金融 142 班刘鸿达获得三等奖。

第三、四题为主观题。有关第三题,对教改印象好的答案主要集中在:讨论热烈,发言踊跃;有利于锻炼语言组织能力,便于更好地交流,鼓励大家积极参与,气氛热烈;促进了独立思考,学习积极性大大提高;让大多数学生都投入到学习中;畅所欲言,各抒己见,提高了思维能力;将知识向课外延伸,上课轻松学习,对知识的理解加深了;以全新方式传授,易拉近师生距离,学生易于接受;方式独特,易于激发兴趣,促进更认真学习;自找资料,总结亮点、要点;组内团结,勇于创新,提高了效率;上课比以前认真等。对教改印象差的答案主要是(以下观点为 3 位或以上同学所提出):耗时,可能影响进度,尤其是有的组发言较冗长、太久;其他组发言时,本组同学有的不注意听,尤其是已发言过的组;有些学生积极性不够;发言的次数组间分布有时不均衡;看书讨论时间较长;上课气氛过于严肃;要求注重知识体系,更多向课外延伸;纪律与讨论很难并存,自觉性待提高。第四题是意见或建议:应拓展课外知识,丰富课堂内容,多些总结和实例;注重互动,讨论时间可适当缩短,问题多与现实结合;讨论对象可以是图片、实事等,可多穿插案例视频;希望更多教师参加教改;多讲重点知识等。

总之,在"财政与税收"课程教学中,小组讨论法对培养学生职业核心能力具有较大的优势。对已有的优点我们将继续保持,发扬光大,而存在的问题也正是需要改进的地方。以下是对小组讨论法在将职业核心能力渗透于"财政与税收"课程教学中的一点思考,以及进一步改进的建议:一是该教学法能否成功实施,最关键的因素在于教师。所以它对教师的要求很严格,教师既要对教学内容有深入浅出的理解和把握,对课堂教学具有较强的把控力,又要深入的了解班级学生的特点,还要对教学环节有紧凑而缜密的设计。教师要抓住学生发言和讨论中的转折点,将之引向深入。没有一个到位的理解和践行,只能是事半功倍。二是加强教学流程管理,合理有效组织教学。学生反映的问题基本上可概括为:时间观念、影响教学进度、发言次数分布不均问题,要集中力量解决。针对这些问题,可对每个组发言设置一个基本的时间限制,提倡精简内容;对教材可采取通读、略读等方式以节约时间;教材中一些相对次要的内容可以不作要求,留作学生自学,这样可以将时间和精力集中到抓住和解决主要矛盾上来;将线上线下密切结合,充分利用好校园网络学习平台,有些内容可以放在课后;对座位要按照有利于课堂讨论的便利性进行调整,建议移到学院拟改造的专用教室上课。三是学生们的建议具有现实性和多样性,反映了当代大学生所关注的问题。他们愿意互动,想要拓展知识面,要求讨论对象的多样化,喜欢谈论跟现实密切结合的问题,也希望更多教师参加教改。这给了我们进一步参与教改的信心和动力。四是以讨论评价激励化来鼓励学生放开思绪,大胆讨论、发言,确保所有的学生都得到有效训练。教师就是要发现学生的闪光点,并及时运用鼓励性评价来激发学生的潜能和兴趣。苏霍姆林斯基说过:教育教学的技巧和艺术就在于,要使每一个儿童的力量和可能性发挥出来,使他享受到脑力劳动中成功的乐趣。五是小组讨论法作为一种主要的教学方法,在时间安排,讨论次数等方面可以灵活处理,且应与案例教学法、情境教学法、讲授法、练习法等协调配合。六是与班主任、辅导员密切联系,抓好班风、学风建设。

参考文献:

[1]李秉德.教学论[M].人民教育出版社,2001:239.

[2]姚昕.高校心理健康教育课程中小组讨论法的应用[J].南阳师范学院学报(社会科学版),2007(8):63-64.

[3]佚名.职业教育常用的教学方法[N].7C教育资源网,http://www.7cxk.net/teacher/jiaoyan/fangfa/201512/56829.html.

"国际货运代理"课程
融合渗透职业核心能力训练探析

吴云旋

摘　要: 职业核心能力是学生就业和创业的必备能力之一,是高职教育培养中重要的内容之一。本文采用项目教学方法,通过任务驱动模式,在"国际货运代理"课程中培养学生自我学习、解决问题等职业核心能力,从而提高学生的学习兴趣,提高教学效果,进一步为培养高素质高职人才服务。

关键词: 职业核心能力　自我学习　解决问题

职业核心能力是各项职业能力的基础和核心,培养学生的职业核心能力是高职教育发展的必然趋势,也是高职人才培养的必然目标。作为高职院校的每一个专业、每一门课程,都要树立以培养学生职业核心能力为本位的教育理念,把学生职业核心能力的培养渗透到整个教学的全过程,专业课程尤其首当其冲,本文试图通过"国际货运代理"课程渗透职业核心能力的培养来探索专业课程的改革出路。

一、课程融合渗透职业核心能力训练背景

"国际货运代理"是高职院校物流管理专业、港口业务管理等专业的一门核心课程,是专门研究国际间货物运输相关知识、国际货运代理的相关理论、国际货运代理实务操作的综合性应用学科。本课程主要培养具备较强职业能力、扎实专业知识和良好职业素质的国际货运代理从业人员。在以往的教学中,多以教师讲授为主,辅以案例教学,学生缺少操作的机会,对货运代理业务流程不熟

悉。学生的自主学习能力不高,学习目标不明确,实习回校的学生反映所学知识与实际操作有一定的差距。项目驱动教学符合"国际货运代理"课程教学的层次性和实用性,以提高学生职业能力为核心,以国际货运代理从业人员资格考证为辅助,要求学生全面学习和掌握国际货运代理的综合知识,掌握从事国际货运代理工作和进出口业务工作所必备的专业知识、业务技能和职业能力。

二、课程融和渗透职业核心能力训练目标

根据课程教学任务要求和职业核心能力训练要求,确定训练目标如下:

(一)知识目标

掌握国际货运代理的基本理论知识,了解国际货运代理人的业务范围和服务对象;明确国际货运代理企业的岗位设置;了解海运、空运、陆运及多式联运等各种运输方式的基本操作流程;熟悉各种重要单证的制作要点;熟知国际贸易主要航线、主要港口;熟悉有关国际货运及货运代理的国际公约、国际惯例和相关法律法规。

(二)技能目标

培养学生对国际货物运输各种方式的系统理解能力,对国际货运代理各个业务环节的综合运用能力,熟练掌握国际货运代理各项业务的操作能力。

(三)素质目标

能顺利地与客户、同事进行沟通,能熟练运用相关软件和网站搜集并处理信息;能利用收集的数据为客户设计进出口货运代理具体业务流程;能灵活运用所学知识为客户解决实际问题;具有良好的团队协作精神,具备较强的自学能力;能批判性地接受国内外先进知识和技术,勇于创新。

三、课程融合渗透职业核心能力训练概况

(一)确定训练对象

本课题以泉州经贸职业技术学院 2014 级物流管理、港口业务管理专业近

100名学生作为教学训练试点对象。他们掌握一定的专业理论知识,好奇心较强,对专业技能操作渴求性高,但专业实践技能较差,有关职业核心能力如自我学习、解决问题能力较差。

(二)训练内容与训练方法

训练内容主要侧重训练学生自我学习和解决问题两项职业核心能力。自我学习可以训练明确自我学习的目的、充满自信地攻关、让自己爱上自我学习、不畏惧自我学习中的困难等内容,解决问题可以从发现问题、分析问题、提出假设、检验假设等方面去训练。

任何能力的培养和提高都需要有一套合理、科学的方法,更要通过有效的手段达到预定的效果。训练过程主要采用项目教学法,在每一个任务的训练中,均按照五步训练法组织教学和训练。

(三)训练过程

以模拟在一个国际货运代理公司工作的全过程为线索,突出国际货运代理操作能力的训练及自我学习、解决问题等职业核心能力的培养。

1.确定训练项目内容

项目一:建立国际货运代理企业;项目二:国际货运代理海运进出口业务;项目三:国际货运代理企业租船代理业务;项目四:国际货运代理航空进出口业务;项目五:国际陆路货运代理业务;项目六:国际多式联运货运代理业务;项目七:货代企业处理货代风险;项目八:国际货运代理市场营销。

2.项目训练设置和组织

以项目一建立国际货运代理企业为例说明实施过程:

(1)确定目标

知识目标:掌握国际货运代理含义及特点,业务内容等相关知识。

技能目标:建立国际货运代理公司,认识国际货代公司的组织结构、岗位要求。

职业核心能力目标:自我学习、解决问题等能力得到提高。

(2)任务布置

任务一:组建一家国际货运代理企业;任务二:国际货运代理企业岗位设置。

(3)任务准备

利用教材并上网查资料学习必备知识:国际货运代理概念;国际货运代理性

质;国际货运代理业务范围;国际货运代理行业管理。

学生 3～5 人一组,集中讨论以下内容:两公司怎样合作才能具备国际货运代理企业设立的条件? 如果条件符合,应按照怎样的程序来设立国际货运代理公司? 合作企业之间在合作过程中遇到的常见问题应如何协商解决? 假设 A公司开展国际货运代理业务一年后,形成一定的经营规模、经营情况良好,怎样设立分公司?

(4)任务实施

学生以小组为单位制作一份 PPT,每组派出一个学生上台演讲,介绍如何组建国际货运代理企业,如何进行企业岗位设置。其他学生可以就演讲内容进行现场提问。其他小组从专业能力、职业核心能力等几个方面进行评分,科任老师进行点评。

(5)任务评价

一方面评价学生是否全面、系统地掌握国际货运代理的基本概念、基础理论等专业知识;另一方面评价学生自我学习、解决问题等职业核心能力的培养效果。自我学习可以从是否能根据任务搜集整理信息,是否能以不同方式展示信息,是否能开发新信息等指标进行评价。解决问题可以从能否对任务进行计划实施,能否描述结果并检查等指标进行评价。如下表:

专业能力测评表		
在( )打√,A 通过,B 基本通过,C 未通过		
专业能力	评价指标	自测结果
专业能力 1　国际货运代理定义	1.掌握国际货运代理定义	A( )B( )C( )
	2.理解国际货运代理性质	A( )B( )C( )
	3.了解国际货运代理类型	A( )B( )C( )
专业能力 2　国际货运代理行业	1.掌握国际货运代理企业业务范围	A( )B( )C( )
	2.了解主要货运代理企业	A( )B( )C( )
	3.了解国际货运代理行业管理	A( )B( )C( )

职业能力测评表

在( )打√,A 通过,B 基本通过,C 未通过

职业核心能力		评价指标	自测结果
职业社会能力	解决问题	1.理解解决问题的基本思路	A( )B( )C( )
		2.能对任务进行计划实施	A( )B( )C( )
		3.能描述结果并检查	A( )B( )C( )
职业方法能力	自我学习	1.根据任务收集整理信息	A( )B( )C( )
		2.能以不同方式展示信息	A( )B( )C( )
		3.能开发新的信息	A( )B( )C( )
职业综合能力	创新	1.能对完成任务提出创新意见	A( )B( )C( )
		2.能根据新任务进行调整	A( )B( )C( )

四、课程融合渗透职业核心能力训练效果

(一)学生学习积极性得到提高

学生以小组为单位进行学习,查找资料,制作 PPT 并展示,小组评价。他们可以综合、灵活、有效地运用已有的资源,自主选择既感兴趣又有能力完成的项目,自由寻找项目组成员,有效地提高了学习的积极性。PPT 展示时都兴致勃勃,为各项目综合评价打分排序比出实力。项目活动体验了完整的职业工作过程,自我学习和解决问题等社会能力和职业方法能力得到实际锻炼,学会生存、学会做事、学会做人一举多得。

(二)教师的教学水平得到提高

由于职业核心能力训练中的项目需要具备实践性,因此为进行项目设计、项目实施、成果展示和项目评价,要通过学生的沟通、交流等方面才能完成。教师必须与学生互动,学生之间要有互动,这样就由传统教学的"一言堂"转变为"师生互动"。这就督促教师不断改进教学方法,更新教学理念,提高自身的教学水平。

(三)课程评价更趋于合理

原来的课程评价主要停留在"一张卷",结构单一。国际货运代理这门课程,具有很强的实践性,在整个教学过程中,我们不仅要培养学生的专业能力,更要将职业核心能力融入和渗透到整个教学过程,考核评价包括两方面的内容:过程考核与期末考核,其中过程考核包括 PPT 制作、演讲能力、团队合作、内容完整等几方面的评价。

(四)教师团队意识与技能水平得到提高

项目教学实施过程,使教师不可能再重复地用一个讲义解决同一门课程教学,因为每个选修班都会有全新的项目需要教师去指导,教学过程充满创新和挑战。课前为保证项目活动的有效性,教师必须做大量、复杂、有针对性的课前准备;项目实施中,教师既要扮演不同角色,随时提供支持,又要不断协调各方面资源,及时调整项目计划,保证项目顺利进行。教师不仅要具备项目所涉及的专业知识,还必须具有良好的组织协调能力和高效的团队配合精神。

五、课程融合渗透职业核心能力训练中需再探索的问题

在训练过程中暴露出一些问题,有待进一步去探索。第一,如何形成全面职业核心能力培养局面?在我院还处于起步阶段,发展不平衡,所以在专业建设和课程改革中要重视。第二,如何形成完善的职业核心能力培养环境?职业核心能力培养是一个新的培养方式,不能仅仅停留在学校相对固定的环境中,而应进行职业核心能力基地建设,甚至在实体企业中进行培养。第三,如何形成学生职业核心能力培养的制度机制?学生参加培训,需要参加考试和认证。除了靠学校和教师来完成的,还需要企业、媒体、舆论环境等机构的有效配合。第四,如何形成职业核心能力培养的师资培养机制?职业核心能力培养是一个新的培养理念,目前大多数学校或者教师都对学生的职业核心能力培养没有较多的经验,学院要派教师参加职业核心能力师资培训班,甚至提供各种机会让教师参与到企业中进行各种能力培养。

课程教学中融合渗透职业核心能力培养,有利于培养学生自我学习、解决问题等能力。学生反馈通过训练,专业能力和职业能力都得到加强,而且增强了团

队合作的意识,对于学习不再消极被动,明白了自我学习、解决问题等职业核心能力对自身发展的重要性,这些也正是他们将来适应社会、立足岗位所必须具备的。

参考文献:

[1]吕振凤.《国际货运代理》课程的改革与教学实践[J].中国科教创新导刊,2007(20).

[2]邓小乐.项目教学法在国际货运代理实务课程中的应用[J].中国市场,2009(9).

[3]孙彦平,郑汉金.《国际货运代理》课程实训教学方案设计[J].职业教育研究,2012(7).

[4]裴勇,孙玉娣.职业核心能力的培养在教学中的实践[J].计算机教学与教育信息化,2009(9).

[5]范瑛.渗透 ISAS+PBL 模式探索职业核心能力培养[J].中国经贸导刊,2010(16).

[6]童山东.职业核心能力培养探索[J].深圳信息职业技术学院学报,2006(3).

会计电算化课程中的职业核心能力建设研究

——会计电算化教学改革探索

张嘉欣

摘　要:高职教育蓬勃发展的同时,中国教育部改革方向已经明确,提出全国普通本科高等院校1 200所学校中,将有600多所逐步向应用技术型大学转变的战略,在此背景下,意味着就业对学生的综合能力有了更高的要求,职业核心能力建设是提升学生综合素质的有效手段,作为新兴的课改方向,如何融入日常教学课程成为重要的难点,本文利用多年指导学生参加省会计技能竞赛的经验,分析了以会计技能竞赛为切入点、融入会计电算化课程中的职业核心能力如何建设的问题,为课程改革提供行之有效具有推广价值的方案,并提出层层递进式的基础、拓展、深化的职业核心能力培养体系。

关键词:会计电算化　会计技能竞赛　职业核心能力建设

一、教学改革的背景

近年来,我国职业教育蓬勃发展,取得了很大的进步,高职教育已在高等教育中占有半壁江山,认识到专业技能型人才对社会各层次建设的重要意义后,国家战略提出建设应用型本科院校的新高校发展方向。面对本科应用型人才的挑战,在掌握专业技能的基础上,高职毕业生应进一步提高自身综合素质,才能具有强有力的就业竞争力。自我学习、与人交流合作、信息处理及数字应用能力、解决问题、适应工作岗位的能力等职业核心能力的建设对学生个人的综合素质提高尤为重要，职业核心能力作为各项工作中都不可或缺的基础能力，是提升综合素质的关键，但其在院校专业课程中却未占有一席之地，较之专业技能被关注度较低。

为响应《国家中长期教育改革和发展规划纲要（2010—2020 年）》的要求，锻炼培养财经类专业学生企业会计岗位真实工作能力，提高学生就业与创业综合素质，培养发掘创新型、实用型、复合型人才，使学生更深入、更熟练地掌握企业相关会计岗位的实际操作技能以及提前关注培养适应社会各项工作岗位的职业核心能力，会计技能竞赛的推出使得院校可以借此平台开展专项技能以及职业核心能力的培养，并可以通过比赛展示自身教学成果，也可促进校企合作的深度融合，吸引更多优秀企业积极参与高职教育人才培养，全面提升院校人才培养能力和社会服务能力。因此，有必要在会计电算化的课程中，引入会计技能竞赛平台和相关的财务应用软件，以团队合作模拟岗位角色进行会计业务操作的模式开发新的教学方案。

二、教学改革的意义

（一）更新教育理念，促进教学模式改革创新

以课题为契机，以职业核心能力培养为切入点，在全院师生中树立"专业能力和职业核心能力兼融并进，综合素质全面提高"的教育理念，教育理念的更新可以进一步促进教学方式、教学模式的改革创新，全院师生秉持统一的理念，以便共同努力突破教改瓶颈，深化教育改革。

（二）仿真模拟岗位实训，精进会计业务内容

用友软件在目前的企业财务工作应用软件市场中占有率高，是会计电算化课程中重要的应用软件和学习模块，而会计技能竞赛中用友 U8.72 的操作平台覆盖中小型企业主要经济业务核算的关键环节，包括总账、报表、薪资管理、固定资产、应收款管理、应付款管理、采购管理、销售管理、库存管理、存货核算等。另外，网中网平台以总账会计、出纳、成本会计、会计主管四名角色为一个团队的业务处理平台不仅涵盖了会计知识运用，仿真了真实的业务环境和团队协作流程，更融合了自我学习、与人交流合作、信息处理等职业核心能力的建设。

(三)全面推进素质教育,提高学生综合素质,充实、完善高职人才培养方案

通过职业核心能力培养,充实素质教育的内涵,完善素质教育体系,走出素质教育务虚的困境,实现高职教育全过程的职业核心能力培养,真正落实学生综合素质全面提高。在教育教学全过程中渗透职业核心能力培养,通过职业核心能力培养在各专业人才培养方案中的落实,使职业核心能力培养更加规范化、常态化,从而有效提高学生的综合能力,实现高职院校的人才培养目标,使得学生在人才竞争上占据更多优势。

(四)选拔会计技能竞赛人才,提升教学质量、推进教学改革

将常态化的电算化课程与会计技能竞赛的内容相互融合,在课程学习过程中对有潜力的学生进行完善的考核,筛选出优秀的学生,再结合一年一度的会计技能竞赛前的集中训练增强团队合作磨合,最后以会计技能竞赛的参赛经验和与参赛院校的对课程设计方案进行考核测试并不断修缮以更好地筛选学生,相辅相成,能够为会计技能竞赛选择出最适合的参赛选手,以教学促进赛事,以竞赛过程和结果验证教学方式的效果,达到通过竞赛引领和促进各高职院校会计类专业教学改革的目的。

三、教学改革的方案

会计电算化课程融合职业核心能力教学改革方案设计的依据是通过对会计技能竞赛平台连续三年的研究,在参赛人员筛选、团队培养上取得的进步,与各参赛院校指导学生的一线交流经验,通过长时间的实践和比赛经验的积累,为会计专业课程融合技能竞赛人才训练方案在学生专业业务能力及职业核心能力训练方案的设计思路提供了依据。

(一)改革目标

1.培养高素质学生,切合社会用人单位的需求

我国经济持续发展,产业结构不断转型升级,相关岗位甚至不同岗位出现变动频繁的情况,就业者的职业变换和岗位流动成为现实工作生活中的一种常态。用人单位对人才不仅有胜任岗位任务能力的要求,还有适应岗位迁移和就业方

式变化能力的要求。职业核心能力建设能提高学生这类素质,是各个工作岗位中都需要的基本能力。

职业核心能力培养的研究,符合国家教育部提出的高职教育要"以服务为宗旨,以就业为导向"的办学理念和"校企合作,工学结合,培养适应生产、建设、管理、服务第一线的高技能人才"的培养目标要求,职业教育从根本上说就是就业教育,所以该课题的研究和实施将直接影响学生未来的就业、创业及终生的可持续发展。

2.设计新课程方案,提升教学质量,调动学生学习热情,推进职业核心能力建设

新课程改革的核心理念是:一切为了学生的发展。职业核心能力是在人们工作和生活中除专业岗位能力之外取得成功所必需的基本能力,它可以让人自信和成功地展示自己,并根据具体情况选择和应用,是学生们就业以及再就业不可缺少的必备能力,职业核心能力的培养将对提升我国技能人才的综合素质起到积极作用。而会计电算化课程作为传统的教学课程,在课程改革中若能融合会计技能竞赛,不仅能够创造新的教学模式——"仿真岗位互动式学习",摆脱传统的理论教学课堂,使学生提前了解各种会计岗位,在培养职业核心能力上也易于渗透,不浮于虚化,便于学生深刻理解何为职业核心能力,怎样在专业课程学习中培养职业核心能力。

(二)改革思路

培养方案要与培养主体、培养对象、培养内容、培养目标相适合。综合各方面的考量,会计电算化课程融合职业核心能力建设采用"阶段渐进式"的培养方案,分为课程教学、管理专训、团队训练和省赛集训四个阶段循序渐进的培养模式。

第一阶段电算化课程教学是采用传统课堂教学模式,通过用友 T6 及 U8.72 应用软件以及网中网财务分岗位角色平台应用等专业知识的讲解以及计算机体验操作,使学生掌握基本的财务软件的操作方法,实现从手工账过度到会计电算化的数字应用及信息处理能力培养,并融合相关的 excel 表格应用、财务会计、成本会计等专业知识实现自我学习能力的培养。

会计电算化是一门操作性很强、对会计专业知识和分录及报表内在联系有所要求的课程,需要具备一定的会计理论基础知识,大一学年经过基础会计、财务会计、成本会计等专业课学习之后,该课程于大二上学期开设,从金蝶财务软

件、用友财务软件、网中网财务模拟岗位角色（出纳、成本会计、总账会计、会计主管）平台等多种应用软件——讲解操作步骤，用比较充裕的时间来完成课程方案训练及省赛人才选拔，也防止本末倒置，一味培养学生职业核心能力而忽略了会计电算化课程基础知识教学。

第二阶段管理专训以能够培养职业核心能力的游戏带动学生具象地认识职业核心能力，以轻松而蕴含管理学方法的游戏方式形象化能力的训练，在游戏过程中感受自己的能力水平、重新认识团队成员、以新的角度促进综合素质的学习提高，游戏后进行经验总结交流和自我审视、发展规划，可以培养信息处理、解决问题、团队合作、与人交流、革新创新的能力。

通过游戏可以引导每个人对沟通中存在的误区进行反思，发现上下级沟通中存在的问题，并反馈到现实生活中的团队工作，最后达到清楚认识自己、端正自己的工作态度、提高团队合作意识、增强与人交流沟通的技巧这些目的。职业核心能力的培养依赖于各个课程渗透，当学生通过寓教于乐的游戏清楚地认识到职业核心能力的存在时，后期的有意识培养才能进一步推动学生综合素质的全面提高。

第三阶段团队训练采用梯队式团队配合训练形式，通过前一阶段的专业知识学习和管理专训，推进同学间的认知及自我认知，从而自由组合，分别在大二及大三具有理论基础和实践操作的班级中分团队完成完整的业务流程并进行考核，各班选拔出配合默契、团队表现优秀的队伍，进行校级竞赛，在团队训练和校级比赛中培养解决问题、与人合作交流的能力，在校级竞赛中初步检验课程培养方案的效果并适当进行调整。

第四阶段省赛集训，从校级比赛中选拔出大二一组团队和大三一组团队，达到打造阶梯式团队的目的，便于下一学年以旧带新传承学习和竞赛经验，两组团队由两名指导老师带队集中进行有针对式的训练和相关专业知识的查缺补漏，以对抗式压力集训的方式训练参赛选手的抗压能力及专业技能，为省赛做准备并从中选择出合适的选手参加省赛，也综合培养了职业核心能力。

职业核心能力建设是新兴的培养方向，暂时没有一个合适的日常评判标准，因此，要检验电算化融合职业核心能力教学培养学生综合素质是否有所成效，最好的方式就是参加竞赛，以赛促学、以赛促教，在训练过程中及比赛过程中考验学生综合素质和能力，激发和调动各行业企业关注和参与会计类专业教学改革的主动性和积极性，提升各高职院校会计类专业人才培养水平。集训过程特别是比赛过程可以考验一个学生的综合素质，综合素质在比赛中表现鲜明，所以通过参加竞赛更能检验出教学的成果,也能及时根据比赛体现出的缺陷调整教学方案,不断完善教学培养方案。

整个方案从横向来看,每个阶段的各个环节,都能够锻炼和培养学生的职业核心能力,包括但不限于自我学习、与人交流、与人合作、信息处理、数字应用、解决问题、革新创新等多个方面的综合能力;从纵向来看,每个阶段都能够逐渐地筛选出合适的比赛人选,形成会计技能竞赛的人才库。抓住职业核心能力建设这一重中之重,全面铺开点线面多方位培养,从而实现最重要的两大目标——培养职业核心能力及选拔优秀人才。

四、教学改革的资源保障

(一)人力

高职院校会计专业都应该组建一支经验丰富的专任教师队伍,拥有能连续指导学生参加省级会计技能竞赛并取得优秀成绩的教师若干,方案研究人员具备良好的会计电算化教育教学理论与会计专业素质,并有丰富的竞赛经验,可以良好地结合电算化课程和会计技能竞赛平台来培养学生的职业核心能力。

(二)财力

学校提供足额研究经费以及校级会计技能竞赛的比赛奖金,保障该方案的不断研究完善,保障该方案的实施测试。

(三)物力

一般高职院校会计系都拥有财税一体的实验室,金蝶、用友等财务软件齐全,网中网财务平台可以进行采购,学院图书室一个,拥有上百余册教学理论图书资料,为研究以及实施这一课程方案提供物质条件。

(四)时间

教学改革课题组成员若为专任教师,可充分利用非上课时间,确保有充足的时间用在课题研究上和方案测试上。

（五）制度

目前高职院校的教研氛围热烈，为课题研究提供了制度基础，将会计技能竞赛融入平常的电算化课程中就可申请教务处的督促和引领，确保课程方案落实到位，不断完善进步。

五、教学改革的深层思考

应用型人才所从事的大都是一线的工作，很多工作需要集体协作才能完成，需要团队的创造、合作。高职教育以培养应用型人才为主，职业核心能力建设也意在提升学生的综合素质，因此在教学中教师应充分利用各种机会让学生意识到一个团队存在的必要性，不断地创造机会让学生在协作中完成各种任务，培养学生的集体荣誉感和集体责任感。另外，课程融合职业核心能力建设只是培养应用型高素质人才的一个落脚点，综合培养职业核心能力应该建立一个行之有效的培养体系，整个体系应以"三素质、双核心"为培养目标，包含以课程融合职业核心能力建设为基础，以训练活动、校园社团活动等为拓展，以校外顶岗实习、社会实践为深化的完整配套培养方案。通过课程培养，在学习课程知识的同时，获得职业核心能力的基础体验，建立相关意识，为职业核心能力的形成奠定基础；通过拓展培养，使学生具备一定的职业核心能力并在综合活动中得到提升及强化；通过深化培养，在社会大环境和岗位工作中，融通职业核心能力和专业技能，达到综合应用的效果。

参考文献：

蒋晶.以技能竞赛为载体，提高学生就业竞争力[J].淮海工学院学报（社会科学版），2013.

高职会计专业课程渗透职业核心能力培养探索

——以"财务管理"课程为例

陈真文

摘　要：本文根据经济发展对会计人才的要求，分析岗位中所需的职业核心能力，并从高职会计专业课程"财务管理"入手，将专业知识和技能的传授与职业核心能力的培养有机结合起来，探索渗透职业核心能力培养的专业课程教学模式。

关键词：高职会计　专业课程　职业核心能力

职业核心能力是一种所有职业的每一个阶段都不可缺少的可持续发展能力，包括"八项核心能力"，即与人交流、数字应用、信息处理、与人合作、解决问题、自我学习、创新革新、外语应用。随着中国经济全球化进程的不断推进，现代企业的会计岗位要求从业人员要具备多学科的综合知识，不仅要能够熟练运用会计专业的知识和技能，还要掌握经济、管理、法律、金融等相关的专业知识。因此，仅掌握单一学科知识的执行者将因不能适应社会的发展而被淘汰，最终能够留下的必是具有学习能力、分析能力、交流能力的全面高素质人才，而这种全面高素质人才与被淘汰者最大的不同就在于是否具备职业核心能力。职业核心能力的培养能够达到双管齐下的效果，同时开发智力因素和非智力因素，通过团队合作、情景训练、游戏体验等模式鼓励学生进行自我管理，培养学生的职业可持续发展能力，适应岗位发展的需要。这种能力与经济发展对会计职业的要求相适应，因此，想要成为高级应用型会计人才就必须具备职业核心能力。

一、高职会计人才职业核心能力分析

职业核心能力在会计岗位体现的重要能力包括：与人交流、信息处理、与人合作、解决问题和自我学习。

（一）与人交流能力

现代企业的管理要求会计信息的沟通必须及时、有效、真实。会计工作需要会计人员不受外在压力的影响，独立、客观、公正地反映企业的经济活动情况和财务状况，这就需要掌握与领导沟通的技巧，在遵守相关会计法规的同时，又不会使领导产生负面情绪，并且要与各个职能部门之间保持信息畅通，保证会计信息的时效性和准确性。此外，会计工作也不是只坐在办公室里埋头苦干就能完成的，它需要与其他不同的行业打交道，例如出纳需要和银行打交道、报税需要和税务部门打交道、审计需要和会计师事务所打交道等。因此，会计工作需要较强的沟通和交流能力，才能取得高效的工作成果。

（二）信息处理能力

随着经济的发展，现代企业对会计人员的素质要求也在不断提高。会计人员不仅要按照会计准则的规定进行会计信息的处理，真实地反映在财务报表上，满足各类会计信息使用者的需求，还要进行纳税调整和税收筹划。然而想要成为高素质的会计人才，除了这些传统的数据处理能力，还应当具备较高的信息分析能力，能够从财务数据分析中发现企业经营管理中存在的问题，及时向管理者汇报，并提出建议，从而帮助管理者做出正确的决策。

（三）与人合作能力

从会计岗位来看，每个企业的会计工作并不是只有一个岗位，它包括了建账、记录、报表、分析、财产清查和保管、凭证传递等一系列工作，这其中涉及多项不相容的职位，不是一个人能完成的，这就要求企业的财会人员要有团队精神，做到岗位分工明确、职责划分清晰，每个人既能够发挥出自身最大的价值，又能够齐心协力，为了同一个工作目标共同奋斗。从整个企业来看，会计工作的完成既需要管理层的支持，也需要各职能部门之间的协作，同时还需要与投资者、债权人、政府及其他利益相关者进行交往。因此，形成合作的意识、培养合作的精神不仅可以促进企业内部各部门的协调发展,又能够充分利用企业的外部资源,促进企业不断发展壮大。

(四)解决问题能力

良好的解决问题的能力是在遇到突发状况时,能够迅速地找出问题的根源,并制定相应的策略及时排除险情。不管是奋战在一线的会计人员还是已经身处管理层的高级会计人员,都应当具备发现问题、分析问题、处理问题的能力。而作为一个优秀的会计人员,这种能力不仅在面对日常工作中的常规问题时能够发挥作用,在处于陌生环境或面对突发事件时也能够游刃有余。

(五)自我学习能力

社会发展迅速,经济环境不断变化,财务知识不断更新,传统会计已满足不了现代企业的需求,逐渐走向了管理会计的道路,会计是一个终身学习的职业。会计人员应该不断学习,关注国内国际会计准则的变化以及各种经济法规的修订,努力扩宽自己的知识面,增加风险管理和内部控制等企业管理方面的知识,不断寻求自我提高,从技术型人才向管理型人才转变。会计人员只有具备较高的自我学习能力才能跟上经济发展的步伐,才能适应会计行业的变化,才能满足现代企业管理的需要。

二、构建渗透职业核心能力培养的课程教学模式——以"财务管理"课程为例

高职会计的"财务管理"课程是基于中小企业财务管理岗位的工作过程来设计的,以就业为导向、以能力培养为重点、以岗位胜任能力为目标,综合分析了财务管理岗位所需的职业核心能力,结合了高职学生的学习特点及职业前景,采用融理论于实践的行动导向教学,提高了"财务管理"课程的实用性。

行动导向教学的中心思想是:在整个学习过程中,学生是主角,教师仅负责组织和协调,按照"资讯、计划、决策、实施、检查、评估"的顺序开展活动,通过团队合作、情景训练、游戏体验等方式,让学生能够"独立地获取信息、独立地制定计划、独立地实施工作、独立地评估结果",在实践中掌握职业技能,习得专业知识,同时培养其职业核心能力。

(一)资讯阶段——首先让学生知道需要做什么,要达到什么目的

由教师来布置和分配任务,帮助学生理解任务的要求、组成部分以及各部分之间的联系。

以"第三章　资金的筹集方式"为例。

教学目的:了解并掌握筹资的目的、筹资的渠道与方式,理解并掌握资金需求量的测定方法,了解权益筹资的各种方式、掌握不同方式的优缺点及条件;了解债务筹资的各种方式、掌握不同方式的优缺点及条件。

教学任务:开展以"权益筹资与债务筹资的比较"为主题的班级辩论赛,正方观点:权益筹资优于债务筹资;反方观点:债务筹资优于权益筹资。

任务要求:全班按学号分为三个小组,分别为正反双方和评委团,每个小组先推选出一名组长。评委团负责制定详细的比赛规则和评分标准,主持比赛并计时,并且必须熟练掌握正反双方的观点,能够在比赛中做出公正的评判,比赛结束后组长负责总结成员的观点,对比赛进行点评。正反双方由组长组织选出四名辩手,其他成员必须明确分工,完成分析辩题、熟悉比赛规则、查找资料、分析对手、准备问题等任务。

此阶段重点培养学生信息处理的能力。

(二)计划阶段——学生以团队形式对整个工作过程进行设计,确定工作步骤并形成工作计划

教师在这个阶段不必参与学生的行动,只起到引导作用,具体行动由学生自主安排。

学生制订的工作计划应该包括任务的时间顺序、工作步骤、材料清单、工具清单、各成员的具体分工等。对此教师引导他们学会如何对任务进行分解、如何进行分工协作、如何筛选有用的信息。这一阶段,是一个团队合作的过程,能够培养与人交际和沟通的能力以及组织、协调和管理能力。通过讨论有利于学生积极地参与学习,同时能够相互取长补短,促进共同提高。

此阶段重点培养学生信息处理、与人合作、解决问题和自我学习的能力。

(三)决策阶段——计划阶段的延续,由教师参与小组的讨论,听取讨论结果,帮助学生修订方案

需要注意的是此阶段的主导者依然是学生,教师只在学生出现严重错误时

才加以指正。

教师对学生的指导目的在于,要能够对整个教学过程实施有效的控制。对于评委团小组,教师重点关注比赛规则和评分标准是否公平公正,比赛流程是否合理有序,要避免课堂出现散乱情况。对于正反双方小组,教师应重点关注审题是否准确、论点是否鲜明、论据是否恰当、提问是否合适,不得出现不当言论和人身攻击。

此阶段重点培养学生与人合作和解决问题的能力。

(四)实施阶段——学生根据工作计划和前期的准备独立开展活动,完成整场辩论赛,教师可作为观众在一旁观看,维持课堂秩序即可,不必参与其中

这个阶段教师应该完全放手让学生自行操作,即使活动过程中出现错误,只要不影响课堂秩序,教师也不必纠正,留给学生足够的空间去体会、感受和领悟。这样获得的知识比单纯靠教师讲授更容易被掌握和应用,同时比赛的氛围能够调动各种感官,增强应变能力。

此阶段重点培养学生与人交流、与人合作和解决问题的能力。

(五)检验阶段——根据工作标准检查整场比赛的效果,进行自我评价和教师评价

先让学生进行自我评价,教师加以引导,学生学会对自己的表现和工作进行反思,及时发现自己的错误和缺点,同时也可以进行经验交流,相互学习。教师评价应注意先对学生的工作进行肯定,指出其中的优秀表现,进行鼓励,再指出其中的不足之处。

(六)评估阶段——教师与学生共同讨论他们整个任务过程中出现的问题,并且商议出解决的办法

这个阶段是对整个任务的总结,目的是防止下次任务出现同样的问题或错误,并且把总结出来的经验应用到未来的工作中去。

在整个教学过程中,变封闭式教学为开放式教学,使学生成为整个教学活动的主导者,教师的行动只局限在准备和收尾阶段,培养学生独立工作能力是一切教学活动的出发点。通过让学生自己探索,学会专业知识,掌握职业技能,提高职业核心能力,真正对学习产生兴趣,提高课堂的吸引力和感染力,实现教书育人的目的。

参考文献：

[1]杨杨.高职学生职业核心能力的培养探索——以《思想品德修养与法律基础》课程为例[J].贵州师范学院学报,2015(1).

[2]黄晓强,兰茹,明泽雨.高职专业课渗透职业核心能力培养的探索与实践——以职业能力课程"器械健身健美"为例[J].辽宁教育行政学院学报,2010(8).

[3]胡琼.基于职业核心能力培养的高职会计专业教学的思考[J].池州学院学报,2013(1).

[4]米志强,靳华伟.专业课程教学应与职业核心能力的培养有效结合[J].福建电脑,2010(5).

"运输实务与管理"融合渗透职业核心能力训练的课程设计和实践

邝　力

摘　要："运输实务与管理"是物流管理专业必修的一门实践性较强的专业核心课,根据"运输实务与管理"课程的特点,本课题以项目为导向,除了让学生在课堂上学到专业知识,还尝试实施任务驱动,采用"任务驱动教学法"让学生在真实情境的任务驱动下,在自主和协作的环境中探究完成任务或解决问题,在讨论和会话的氛围中进行学习活动,培养学生自我学习、信息处理、与人合作、解决问题等主要职业核心能力。

关键词：创新性人才需求　任务驱动教学法　专业核心能力培养　职业核心能力培养

一、教学目标

首先,要求学生比较全面地掌握和了解运输相关理论知识,能够运用运输原理来描述运输市场的结构和分析运输系统的方式特征,掌握各种运输工具的优势和作业流程,为选择运输方式和运输流程提供依据。其次,要求学生能根据业务内容来规划运输网络、优化运输作业线路、计算运输成本,具有制订运输方案和执行评估运输服务合同的基本能力。最后,还要求学生具有一定的自我发展和开拓能力,知道如何学习、如何与团队合作、如何分析问题和解决问题的职业核心能力,达到培养学生的专业核心能力和职业核心能力的"双核心能力"的培养目标。

二、教学方法

通过对本课程特点和教学目标要求的分析,设计以项目为导向,实施"任务驱动教学法"。即符合运输管理实务课程教学的层次性和实用性,符合实践性的教学模式,便于学生全面地了解和掌握运输管理实务的知识和技能。既让学生学到了知识,又培养了学生的动手实践能力,还增强了学生的创新精神,提高学生的职业核心能力。学生在完成整个任务的过程中,始终处于主体地位。教师则是学习情境的创设者、学习任务的设计者、学习资源的提供者、学习活动的组织者和学习方法的指导者。以学生为主体,改变了以往"教师讲,学生听"、"以教定学"的被动式教学模式,创造了"以学定教",学生积极主动参与、相互协作、探索创新的新型主动式学习模式。通过"任务"来诱发、加强维持学生的成就动机,成就动机是学生学习和完成任务真正的动力系统。在整个教学过程中,教师要努力创造条件鼓励和引导学生完成任务,不能过多地干预,让学生在真正体验到成功的快乐的同时,还必须保护学生的好奇心,提高他们发现问题的能力和提出问题的勇气,让他们在这个过程中学会"学习",从而真正培养起较强的创新能力、实践操作能力和职业核心能力。

三、教学项目设计

本课程以物流运输为载体,系统地介绍了物流运输的整个实际作业过程,通过分析,我们将整个物流运输作业分成若干个项目,每一个项目又由多个任务构成。在充分学习和掌握课程专业核心能力的基础上,结合培养学生自我学习、信息处理、与人合作、解决问题的四项主要职业核心能力。让学生能在科学的物流运输管理理念指导下,合理、适时、有效的制定经济适用物流运输策略选择和实施,达到最优的物流运输效果,适应企业具体岗位的实际能力需求。具体项目如下:

项目一:公路运输管理,培养学生信息处理、与人合作的职业核心能力。

任务 1:社会实践——公路货运市场调查,组织学生进行实地调查,将学生分成若干小组,每个小组就一个给定的任务以正确的方法进行调查,最终完成一个调查报告,培养学生与人合作的职业核心能力。

任务 2:角色扮演——运输合同签订,设计情景,设定不同的角色(货主方、承运方、一般的公众方),将学生分成若干组,每个小组由不同的人进行角色扮演,完成托运单的填写、合同洽谈直至最终签订的全过程,培养学生与人合作的职业核心能力。

任务3:公路零担货运业务流程操作模拟。将学生分成若干组,每个小组由不同的人进行角色扮演(分别扮演公司运输主管、调度员、司机、押运人、拣货员、货主、收货人等),分别就不同的货物完成货物运输的各个环节(收货、调度、运送、交接等)进行操作,培养学生信息处理、与人合作的职业核心能力。

项目二:铁路货物运输,培养学生信息处理、与人合作的职业核心能力。

任务1:角色扮演——铁路货物托运业务办理,情景设计,准备相应单据,设定不同的角色(托运人、货运代理人)进行模拟,分别填写运单对应项下的内容,计算货物运输期限和运输费用,并签字或盖章,培养学生与人合作的职业核心能力。

任务2:社会实践——铁路货运站调查,学生分组,到铁路货运站进行实地调查,了解铁路货物运输业务流程上各项作业环节包含的公众内容和具体要求,并按要求完成调查报告,培养学生信息处理的职业核心能力。

项目三:水路货物运输,培养学生自我学习、解决问题的职业核心能力。

任务1:网上调研。要求学生根据海上货物运输的任务,通过浏览各个货运企业的网站,选定适合的航线及运费并制作报告,培养学生自我学习职业核心能力。

任务2:角色扮演。把学生分为受托运组、装船组、卸船组、货物到达交付组4组,通过模拟软件,进行海上货物运输作业流程的实践操作,培养学生解决问题的职业核心能力。

任务3:头脑风暴。要求学生根据实际案例进行分析讨论,并结合视频,再现海上货物运输的风险防范,培养学生自我学习的职业核心能力。

项目四:航空货物运输,培养学生与人合作、解决问题等主要职业核心能力。

任务1:空运货物托运业务受理情景设计,设定不同的角色(托运人,空运货代营业员与操作员)进行模拟,填写空运货物委托书,审核单据与货物,称重计费,理货入库,培养学生与人合作的职业核心能力。

任务2:航空货运站作业设计模拟操作情景,分配空运货代操作员与货运站角色,进行理货与贴签、安检与过磅操作,制作航空运单,培养学生解决问题的职业核心能力。

项目五:多式联运管理,培养学生信息处理、与人合作职业核心能力。

任务 1：多式联运组织。设计情景，设定不同的角色（发货人、WTO、第一程实际承运人、第二程实际承运人）进行模拟，分别填写托运申请单、运输计划、运输单证等文档，完成最后的交付，核收运费，培养学生与人合作的职业核心能力。

任务 2：国际货运业务风险分析设置案例，依据实际案例填写保单、理赔单等单据，讨论分析国际货运业务风险成因与预防，培养学生信息处理的职业核心能力。

四、教学项目的实践

在"运输实务与管理"这门课程的实践教学活动中，本人承担了教学项目的制定和组织任务，该班总人数 45 人，其中男生 22 人、女生 23 人，在组队上要求男女搭配，一组 5 人，共 9 组。通过小组内分工合作、分组讨论、自我学习，调动学生学习积极性。举例具体项目任务分解并融入特定的职业核心能力：

项目一：公路货物运输实务（任务 3——公路零担货运业务流程操作模拟）

项目任务：公路零担货运业务流程操作模拟。

项目目的：该任务是物流运输的开始，是非常重要的工作环节。让学生了解作为营业员要为客户提供热情、周到的业务咨询服务，宣传本公司各类运输业务，重点培养学生与人交流的能力，还要熟练掌握物流运输整个生产运作的流程，培养学生自我学习、信息处理的能力，以及正确指导客户填写托运单，准确验货司磅、计算运费，对于运费现付的收取，与仓储部做好交接工作等，培养学生信息处理、与人合作的职业核心能力。

项目步骤：

1.创设任务

（1）场站概况及仓库情况：金西物流公司是一家提供零担、整车"门到门"服务以及仓储服务的第三方物流企业，主要承接一般公路货物的运输作业任务以及为合同物流客户提供仓储服务。金西物流公司在其场站内有明确的区域划分，具体划分为市内取派作业区和干线发运作业区。仓库分出入库理货区，托盘货架区和流通加工区。

（2）订单信息：客服人员接收到 12 笔客户以传真、邮件等多种形式发送过来的订单信息所生成的运输任务通知单。

（3）金西物流公司营业部，主要工作包括：客户开发与维护，客户接待、报价、货物称重量方、开单、跟踪查询。

2.任务分析

由营业部接待客户,进行业务受理,判断 12 个订单的有效性,确定是否受理。对确定受理的业务,填写托运单、验货司磅、开票收费。

3.任务实施

将全体同学以每 13 人为一组进行分组,轮流由一人担任物流公司客服,另外 12 人分别担任订单客户。

(1)营业部客服人员首先可以通过电话或邮件与客户进行确认订单。重点培养学生与人交流的能力。

(2)然后对货物的类型进行分析,判断其是否属于禁运物品。培养学生信息处理的能力。

(3)通过验货、司磅、量方,确定货物的计费重量,根据一次托运的货物数量,确定运营方式,选择运输车辆,规划运输线路,确定运输里程。计算运输费用,商定费用支付方式,确定是否受理托运请求,对接受托运的货物填写托运单。培养学生解决问题的能力。

4.项目结果

各组在任务实施过程中的演练表现须全程进行文字记录或视频录制,作为作业上交老师。

5.项目评价

可以先在小组内交流评比,然后在小组间进行互评,最后由老师通过使用《专业能力测评表》来测试学生所需达到的专业知识点,使用《职业核心能力测评表》来测试学生通过锻炼所达到的职业核心能力的程度(高于 80% 是 A 的为高级,高于 60% 是 A 的为中级,低于 60% 是 A 的为初级,中级为本课程对学生职业核心能力培养的目标),并集中评析和点拨。既要让学生有成就感,体验到成功的喜悦,也要让他们看到需要改进的地方,以便以后做得更好。

五、教学反馈

本门课程于 2015 上学期在物流管理 142 班首先进行了尝试,并持续改进,在学生评教中获得肯定。由于学生成为主体,学生主动性和积极性明显提高。教师也不再是一味地说教,而变成在学生执行任务过程中的引路人,在完成任务的过程中双方信任程度得到了增进,关系也更加融洽,教师也容易发现学生身上不同的闪光点,因材施教。既为企业培养了需要的应用技术型物流人才,又提高了学生的职业核心能力,更好地满足了企业的用人需求。

六、存在的问题

在实施过程中,最大的不足之处就是课时不充足,没有足够的时间为学生进行讲解相关的课程内容,学生自学起来较为吃力,效果受到一定的影响。技能部分主要是培养学生的操作技能,需要大量的时间进行练习,由于课时不足,学生只能利用课余时间进行练习,缺乏教师的指导,因此有部分学生的操作能力有所欠缺。部分学生学习的主动性有待提高,大部分的项目任务需要学生利用课余时间完成,有部分学生主动学习的积极性较差,项目完成质量有待进一步提高。

七、解决的对策探索

针对课时不足的问题建议在今后的课程学习中提高课时,增加学生与教师、学生与学生之间的讨论交流。在今后的教学中探讨更加灵活又生动的活动形式,同时将课后的学习纳入考核当中,以此来提高学生学习的积极性。在教学过程中依然有需要进一步深入的地方,学无止境,改无止境,培养出企业需要的具备职业核心能力的物流人才。

参考文献:

[1]靳荣利.高职物流管理专业课程体系改革探索[J].物流技术,2009(6):175.

[2]李芳,刘万韬.《运输管理实务》教学改革探讨[J].潍坊教育学院学报,2010(5):83.

[3]姜大源.职业教育学研究新论[M].北京:教育科学出版社,2007:146.

[4]戴士弘,毕蓉.高职教改课程教学设计案例集[M].北京:清华大学出版社,2007:92.

浅析高职网络课程之特色化建设

——以"财政与金融"课程为例

姚　丹　衷凤英

摘　要:网络课程建设是新时期高职院校教学质量工程建设的重要内容之一,它对于缓解目前教学资源紧张,及时更新教学内容,适时使用现代教学手段,从而提高教学质量和人才培养质量具有不可估量的作用。不同于普通高等院校,高职院校在学校的培养目标定位、培养对象、专业设置、教学内容、教学方法等方面都具有自己鲜明的特性,因此网络课程建设也应该呈现出高职院校自身应有的特色。"财政与金融"的网络课程建设具有以下一些特色:突出职业性,建设高素质的"双师型"师资梯队;注重先进性,使用现代化教学方法和手段;融入实用性,保持教学内容的先进性;凸显多样性,打造立体化精品教材;体现示范性,共享优质教学资源。

关键词:高职院校　网络课程　特色化建设　经验总结

网络课程建设是新时期高职院校教学质量工程建设的重要内容之一,它对于缓解目前教学资源紧张,特别是专业技能型教师的相对缺乏,及时更新教学内容,适时使用现代教学手段,从而提高教学质量和人才培养质量具有不可估量的作用。不同于普通高等院校,高职院校在学校的培养目标定位、培养对象、专业设置、教学内容、教学方法等方面都具有自己鲜明的特性,因此网络课程建设也应该呈现出高职院校自身应有的特色。本文以慈山分院"财政与金融"网络课程建设为例,浅析网络课程之特色化建设的经验和不足。

一、高职院校网络课程建设的目标和意义

课程是高职院校进行知识传授和人才培养的重要载体,课程建设是教师在教学实践过程中对教学内容、教学方法和手段进行总结、探索和不断完善的过程,它不仅涉及课程建设主体的价值观念、指导思想等,而且反映了外部社会需求的变化,适应社会技术变革的要求。

高职院校网络课程建设的最终目标是:实现优秀教学资源共享,方便教师教学的交流和探讨,服务学生的学习和社会自学者的自主学习,同时带动相关领域的教学资源开发,形成协同效应和示范效应,以进一步推动教学改革,进一步提高人才培养质量,最后再度提升高职教育的社会服务能力。

高职院校的网络课程建设目标与高职院校以就业为导向培养高技能人才的培养目标应该相一致。在当前高等教育大众化和国际化趋势日益深入的背景下,通过网络课程的持续建设,为课程改革注入新的活力,不仅可以丰富和更新高职院校的课程体系,推动相关课程群的开发和建设,而且可以采用更为先进的教学手段,更为及时地更新教学内容,融入更多更鲜明的时代特色,从而为提升我国高等职业教育专业人才培养质量,强化其社会服务能力创造必要的条件。及时和有效的网络课程建设可望使全国近千万高职在校生受益,同时也为相关产业领域在岗人员提高和更新技能,满足个人多样化的学习需求提供帮助。

二、网络课程建设与开发的基本原则

网络课程建设与开发的一个基本前提是对现代计算机网络技术发展的及时、合理和有效应用,而网络课程开发和建设的结果便是课程网络化的形成。通过网络课程的开发和建设,只要任何一所高职院校将成功开发的网络课程上网,并为社会所共享,那么它就成为社会共同的信息财富,不仅大大方便了各高职院校之间课程的交流和资源的共享,很大程度上避免了低水平的课程重复建设,而且也大大地拓宽了学生选课的范围,为开阔学生的学习视野创造十分有利的条件。因此,高职院校网络课程建设与开发应该遵循以下的基本原则。

首先,要突出选修课的课程特性。能够方便学生选课,满足学生多样化的学习需求,并且能够最大限度满足学生自主学习的需要。以"财政与金融"这一课程为例,同为高职院校的学生,毕业之后的工作岗位却是多样化的,学习的兴趣

和偏好也大不相同,因此,"财政与金融"这一课程在网络开发的过程中在注重财政与金融基本理论和基本知识讲授的同时,还要能够提供更为丰富的适应不同行业需要的一些专门的知识和技能的讲授。比如可以根据学生将来可能在金融领域工作开发一些有针对性的内容,也可以根据学生将来可能在企业的财务部门工作开发专门的教学内容。而学生在学习的过程中却可以根据自己的需要,有选择地进行学习。

其次,要凸显其互动性的优势。网络课程的开发和建设不仅用于满足课堂教学的需要,更为重要的是它能够为教师和学生在课堂教学之余提供最大程度的便利,不受时间和地点的限制,从而大大提高和加强了课程的交往性。网络课程的互动性不仅体现在教师和学生与计算机网络平台的互动方面,即教师和学生可以根据自己的需要对网络课程平台进行内容的更新,提出与解答课程相关的问题,而且这一互动过程可以不受限于时间和地点,使教师与学生之间、学生与学生之间、学生与网络课程之间、教师与网络课程之间的交互作用以及高职院校之间的课程交流与互动成为可能。

最后,要能够不断满足用人单位对学生技能所提出的新要求。一方面,依据技术领域和职业岗位(群)的任职要求,参照相关的职业资格要求,基于工作过程系统开发课程体系和改革教学内容,使之符合高素质高技能人才培养的目标;另一方面,要广泛深入调研一些相关行业的技术领域和职业岗位(群)的任职要求,参照相关的职业资格标准,构建高职理论和实践教学体系课程标准及职业资格标准,以培养学生的核心职业能力为中心进行专业方向调整及内容设计。利用网络课程建设的灵活性和及时性特征,及时跟踪不断变化的社会需求,从一些行业需求的变化中,重新寻找和定位专业的发展方向,围绕核心职业能力的调整,相应变革网络课程的内容,确保学生毕业之后能够适应和满足不断变化的市场需求。

三、"财政与金融"网络课程建设的经验总结

(一)以职业性为基础,建设高素质的"双师型"师资队伍

建设一支高素质的"双师型"师资队伍是建设好网络课程的重要前提,是实现高职院校培养目标、造就高素质技能型人才的可靠保障。教师是课堂教学的主体,所以要建好网络课程,首先要求专业教师要具备突出的职业特色,要求教

师德才兼备、专业功底深厚。慈山分院的"财政与金融"课程是会计与审计专业的主干课程,担任此课程网络建设的 5 位教师,均为讲师或副教授职称,均为"双师型"教师,为该门课程的建设奠定了坚实基础,注入了旺盛的活力。

建设一支综合素质高的"双师型"教师队伍不是一朝一夕的事,需要长时间的磨合。老教师带年轻教师,如陈永泰、姚丹、衷凤英三位教师均是副教授,其中衷凤英老师还是学院的中青年骨干教师,他们有着丰富的教学经验,就可以"传、帮、带"方式来指导范锦明、苏亚三两位年轻教师,提升整个教学团队的教学水平。如果条件许可的话,还可和一些企业合作,实行"请进来或走出去"的方式,让企业有经验的技工到学校授课或派教师到企业实践一段时间,提高整个教师团队的技能水平;也可创造条件选派一些优秀的教师到国内或国外进修或访学以提升整个教师团队的学术水平。总而言之,要采取灵活多样的方式来打造一支老中青分布合理的高素质"双师型"教师队伍,使得网络课程建设有着坚实的后备力量。

(二)以先进性为理念,使用现代化教学方法和手段

网络课程的建设也要与时俱进,要有先进的教学理念,采用先进的教学方法和手段。我院在"财政与金融"网络课程的建设中,立足教学方法的改革与创新,根据实际情况采取灵活多样的教学方法。教学主要分为理论教学环节和实践教学环节。在理论教学环节中,教师占主导地位,学生占主体地位,采用案例教学法、PPT 教学法、分组讨论法等。"财政与金融"这门课程时效性强,因此要求教师在备课过程中,除了钻研教材之外,还要经常学习财经报刊等,在教学过程中,可结合当前国内国际的经济形势,让学生分组讨论目前我国采用什么样的财政和货币政策,这样既能增加课堂的趣味性,又可充分调动学生学习的积极性,提高学生综合分析问题的能力;在实践教学环节中,以之前的理论为基础,培养学生在理论分析基础上的动手能力。最后,还应创造条件进行校企合作、订单培养,对学生实行岗前培训,提高学生的就业能力,为企业培养很快就可上岗的人才。

(三)以多样性为目标,打造立体化精品教材

高职院校网络课程的多样性还可体现在教材的多样性上。传统的一本教材用到老的模式已经过时了,跟不上时代的步伐。现在的教材多种多样,除了纸质教材,还辅之以课件。相比纸质教材而言,多媒体课件生动直观、图文并茂、信息

量大,具有纸质教材无法比拟的优势,所以,我们应打造立体化精品教材,以传统的纸质教材为主,配以多媒体课件、网络资源、案例库等,为网络课程的建设提供基本的物质保障。

综上所述,网络课程具有鲜明的时代性,随着时代的进步,网络课程建设将会有全新的理念和全新的内容。网络课程建设是一个不断变化和完善的过程,是整个教师团队集体智慧的结晶。网络课程建设需要学校创造环境和加强管理来保证其健康发展。

参考文献:

[1]李运林,徐福荫.教学媒体的理论与实践[M].北京:北京师范大学出版社,2003.

[2]李秉德.教学论[M].北京:人民教育出版社,1991.

[3]柯和平,等.基于网络课程的典型教学模式探索[J].中国电化教育,2007(07).

[4]李文莉.用行动研究法在高职院校开展基于专题学习网站的教学试验[J].中国科技信息,2005(14).

"互联网+"大数据背景下 "市场调查与预测"课程特色化 教育教学改革探析

陈永泰　　苏亚三　　林洁玲

摘　要："互联网+"大数据时代,"市场调查与预测"网络学习平台的建设及应用,是特色化教育教学的一种新模式,本文针对网络学习平台的特点、优势、成效,查找存在的问题,阐述完善网络学习平台建设的改进思路。

关键词:网络学习平台　网络课程　特色化教育教学

在"互联网+"大数据时代,传统的教学模式已经不适应当前教育教学的要求,作为网络学习平台具有数字性、动态性、交互性、循环性等特点和传统教学模式所没有的优势,比传统教学更直观、生动,能提高教师教学效率和学生的学习兴趣,更好地实现理论教学为专业实践教学服务的宗旨。2015年6月,根据泉州经贸职业技术学院布置的网络学习平台建设任务,组建了"市场调查与预测"网络学习平台建设小组,进行"市场调查与预测"网络学习平台建设。

一、"市场调查与预测"网络学习平台建设的概况

根据《市场营销(网络方向)人才培养方案》的要求,深入研究《市场调查与预测课程标准》,制定出"市场调查与预测"网络学习平台建设的方案。

首先,选定参考教材。市场调查的目的是为企业搜集市场营销的信息和资料,为企业管理者及相关人员提供决策依据,增强企业竞争能力和生存能力,为

企业的现代化管理提供重要的参考。由科学出版社出版的《市场调查与预测》(刘玉玲主编)作为网络学习平台的参考教材,该教材能够以企业的真实市场调查过程为主线,全面地、系统地阐述了市场调查与预测,深入浅出地解释各知识点的基本概念和基本原理,重点指导市场调查与预测的基本方法、技巧以及目前最新的市场调查与预测技术。

其次,确定"市场调查与预测"网络学习平台的内容。具体包括以下几个部分:课程门户(选用系统提供的门户模型作为该课程的门户);电子教材[按章节上传了科学出版社出版的《市场调查与预测》(刘玉玲主编)作为电子教材];课程标准;授课计划;教学内容;方法手段;教学课件;电子教案;教学视频(主要采用转载该课程的授课视频);考核要求;参考书目;题库(每章至少出 10 题单选或多选题、10 题填空题、10 题判断题、6 题简答题);共享资料。

二、"市场调查与预测"网络学习平台的
特点、优势及成效

"市场调查与预测"网络学习平台通过一年的建设及初次使用,显示出一定的成效,也突显出"市场调查与预测"在网络学习平台中几个方面的特点。

(一)"市场调查与预测"网络学习平台的特点

"市场调查与预测"网络学习平台的教学使用和传统的教学模式相比,"市场调查与预测"网络学习平台在实际应用过程中显示出以下两方面的特点:

在教学形式上,"市场调查与预测"网络学习平台通过以下几种形式表现出来:在各章节中插入"市场调查与预测"教学的电子书以及图片形态的电子教案或讲义,有利于学生随时随地学习使用;把老师的"市场调查与预测"讲稿做成PPT 文件上传到网络学习平台各章节中,有利于学生在学习过程中把握章节的要点、重点;同时也把教师的课堂教学录像上传到网络学习平台上,方便学生重复学习,真正掌握专业知识点。这种模式成了典型的翻转课堂。"市场调查与预测"网络学习平台的每章节都分成两个部分,一部分是教师的实际课堂授课录像,另一部分是各章节的知识点和教师的 PPT 讲稿。通过这种模式的学习,使学生对各知识点有系统性和完整性的掌握。

在教学内容上,"市场调查与预测"网络学习平台的教学目标是:让学生掌握市场调查的相关知识点,重点培养学生能够把这些知识点灵活地应用于社会实

践中。"市场调查与预测"网络学习平台以 PBL（基于问题的学习）为教学策略。在该网络学习平台教学策略中,学生掌握"市场调查与预测"的相关知识点不是通过教师传统方式的灌输,而是通过对基于市场调查的案例进行小组讨论、分析和再分析,并针对案例中的问题进行研究,找出解决问题的关键所在。案例中设计的市场调查问题都是"市场调查与预测"教学的实际领域中的真实问题。"市场调查与预测"网络学习平台强调学生作为学习主体的能动性,必须以学生的兴趣爱好、基础能力、学习经验为中介网络学习平台学习。"市场调查与预测"网络学习平台的设计,强调以学生为中心,侧重研究了学生学习情境、学习资源和学习活动的整体设计。

（二）"市场调查与预测"网络学习平台的优势

随着教学模式、教学方法和教学手段的不断改革,特别是网络的普及,移动终端的开发和使用,"市场调查与预测"网络学习平台学习模式与传统教学模式相比较更显现出其优越性。

1."市场调查与预测"网络学习平台能为学生提供更多的学习资源。传统的课堂理论教学,教师依赖黑板和粉笔来完成课堂教学任务,大量的板书,特别是案例、数据资料、图表占用了课堂的大量时间,使有限的课堂教学资源限制了信息量的传递。课堂学生记笔记同样浪费了学生大量的时间,也影响了听课的效果,降低了学习效率。有些老师通过采用挂图、幻灯片等方式来提高学习效率、扩大学习资源,起到过一定的效果。但这些方式的使用只方便老师提供非常有限的信息量,不利于学生课堂做笔记和课后复习。"市场调查与预测"网络学习平台的学习应用,解决了学生在学习过程中存在的这些问题。老师把那些重要的内容、需要花大量时间板书的案例、数据资料、图表通过 Word、Excel 和 PPT 等形式展现出来,把一些操作过程或抽象内容用现场操作视频或动画等方式播放出来,这样可以大大节省教师的课堂板书时间,可以扩充更多的学习资源,满足不同层次学习的需要,提高网络学习平台的教学效率,同时学生可以反复观看这些学习资源,方便学生随时随地课后复习,使学生在有限的课堂教学时间中学到更多的知识。

2."市场调查与预测"网络学习平台 APP 的使用,有利于激发学生学习兴趣。传统模式的学习是一件极为单调而枯燥的事情,特别是对于那些学习兴趣不高、学习中遇到问题又多的学生,形成更大的学习阻力。轻松、有趣的学习氛围,是培养学生学习兴趣必不可少的因素,使学生学习心态从"要我学"到"我要学"过程的转变,学习效果也必然是事半功倍的。传统的课堂教学模式中,老师为能激发学生学习兴趣作过不懈努力,比如采用实际案例教学或用老师的人格魅力及风趣幽默的语言来展示老师的风采。这些手段在不同程度上提高了学生的学习兴趣,许多学生因老师的精彩讲解而爱上该老师所教的学科。大多数教师要做到这一水平并非易事,而真正因老师的精彩讲解而改变学生学习兴趣的例子极为少数。"市场调查与预测"网络学习平台的应用,可以为学生提供全国名师的精彩课堂,把很多枯燥的非语言素材,如市场背景、商品形态、操作流程等通过图文并茂、声情融会、动静结合、视听并用来展示,大数据全信息"互联网＋"时代为教学效果提供生动、形象、逼真的学习氛围,学生的学习兴趣被激发出来,把被动的、枯燥地学习变成了主动、轻松、愉快的学习。在"市场调查与预测"网络学习平台的教学使用过程中,应用了动画演示市场调查的操作过程,激发了学生的学习兴趣,使他们都能主动、认真地反复观看,课堂学习气氛特别好,课后不少学生利用手机或电脑将动画拷贝,或在线反复观看,明显提高了学习兴趣。

　　3."市场调查与预测"网络学习平台便于学生对市场调查的理解。"互联网＋"大数据时代,"市场调查与预测"网络学习平台通过形、声、色、动静并用的教学特色,创造在线学习情景、营造在线学习氛围等方面有着独特的优势。在传统教学手段上有些教学内容难以表达清楚,即使老师反复讲解,学生仍然很难理解,学习效果很不理想。而"市场调查与预测"网络学习平台借助网络,充分利用大数据,运用网络学习平台,把教学内容绘成立体图形,通过立体图形的旋转、变化,使用语言难以表达清楚、学生不易理解和掌握的内容,能一目了然地展现出来。在"互联网＋"大数据时代的教学情景下,学生不但不会感到厌倦,反而会兴趣盎然地进行思考、讨论、归纳、总结,使他们的学习状态处于最佳,从而获得良好的教学效果。

　　4."市场调查与预测"网络学习平台的建设使用,培养了学生自学能力。通过"市场调查与预测"网络学习平台的学习,学生在学习过程中不受学习时间、学习空间、学习次数的限制,学生完全可以根据自己的实际情况灵活安排自己的学习时间和学习进度、完成自己的学习任务。

　　5."市场调查与预测"网络学习平台的建设使用,继承了传统函授和面授过程的所有优势,大胆使用网络资源,通过网络视频教学、老师课堂辅导、网络练习、随堂网络测试、电子书、多媒体课件等教学方式,通过网络学习培养学生的阅读能力、理解能力,从根本上提高学生学习效率和学习能力。

6."市场调查与预测"网络学习平台在"互联网＋"大数据时代背景下解决了网络传输速度慢、演示不流畅的技术瓶颈,同时还引进了心理调整的手段来强化学生的自主学习兴趣,再配合全程多维度的咨询服务措施,可以有效地帮助学生实现学习目标。网络学习平台由于突破了时间和空间上的限制,给予了学生更多的平等的学习机会,使得教学资源得到最大化的利用和共享。但是由于国家积极鼓励建设网络学习平台,因此很多好的或不好的网络学习平台相继建立起来。但是这些花费了大量的人力,物力,财力的网络学习平台并没有促进学生积极地学习,也没有很好地达到预期的教学目的。他们只注重建设,而并没有去考究是否最好地利用了这些网络学习平台。

7."市场调查与预测"网络学习平台除了通过更加便捷直观的方式演绎市场调查的流程之外,还根据网络资源空间大的特点,为广大学生准备了内容更加丰富的实训内容,使学生在掌握市场调查的理论知识的同时增长知识、拓宽视野。

8."市场调查与预测"网络学习平台设置了许多活跃学习气氛、调节学生心理状态的动画,精选了大量鼓舞学生斗志、激发学生自信的励志性语言,保留了传统教学中的手指操、眼保健操等促进学习有效进行的环节和内容。

9."市场调查与预测"网络学习平台虽然是一个相对虚拟的课堂,但是我们利用网络的优势使老师的现场讲解也同时出现在教学过程中,拉近了老师与学员的距离,缩短了网络与现实之间的差距,把网络的虚拟性消除到最低限度。

(三)"市场调查与预测"网络学习平台的成效

通过使用"市场调查与预测"网络学习平台教学,培养学生"信息加工"的能力和适应现代信息化社会发展的能力;培养学生自学的能力;培养学生与人协作的能力。

三、"市场调查与预测"网络学习平台建设中存在的问题及改进思路

(一)"市场调查与预测"网络学习平台建设中存在的问题

目前学院的网络学习平台建设才刚刚起步,"市场调查与预测"网络课程尚

存在一些问题：

从整体上讲，"市场调查与预测"网络课程存在着重教学内容的呈现与讲解、轻学习环境与学习活动的设计的问题；网络教学内容的讲解与呈现仍以大量的文字阅读为主，仍存在着文字教材搬家的现象；缺乏研究性学习的环节；缺乏协作学习的设计及组织与实施的指导和建议。

因此，我们必须转变传统的教学观念，以先进的教学理论为指导，借鉴其他院校的成功经验，再吸收、创新，更快、更好地建设符合我院的网络学习平台。

(二)"市场调查与预测"网络学习平台改进的思路

1.加强对老师网络学习平台建设的技术培训，帮助老师改变教学观念

"市场调查与预测"网络学习平台的建设过程，如学习情境创设、学生解决问题、学习策略的选择等都离不开教师的参与和指导。因此要建设高质量的网络学习平台，首先要解决的是要转变教师对新信息技术的态度问题，要消除教师对新信息技术的"抗拒"和"恐惧"意识，让教师了解新信息技术、了解网络教育，并积极参与网络教育。如果教师不能接受新的技术、新的事物，很难开发出高质量的课程，也难以实现大规模的高质量地网上教学。

2.以先进的教学理论为指导，并加强教学整体设计

"市场调查与预测"网络学习平台是一种新型的教学模式，必须以现代教学思想为理论基石，以现代信息技术为技术手段，网络学习平台的设计与开发要基于建构主义的学习理论、人本主义课程论和教学设计理论。"市场调查与预测"网络学习平台以满足需要为基石，从社会需求出发设置知识点，以人的自我实现的人格理想为网络学习平台设计的核心；要求突出网络学习平台的情意基础，将教学内容与方法植根于情意的土壤中，强调情意教学和认知教学相统一；注重课程的个性化，发挥学生的主体参与作用及社会的教育功能。教学设计时，要突出网络学习的自主性，强调教学资源用来支持学习，重视学习需求分析、教学目标分析、教学内容分析、学习效果的评价与反馈、交流，尤其注重基于网络的学习情境创设和教与学策略设计。

3."市场调查与预测"网络学习平台的表现形式必须体现多样化

(1)教学内容多媒体化和情境化。目前，"市场调查与预测"网络学习平台还停留在教学内容的"讲解"、"演示"环节，在学习平台中还只显示电子书、多媒体视频、文本、电子教案等，部分使用虚拟仿真技术的，尽可能将课程知识讲全、讲细、讲系统，且大部分教学内容皆按印刷课本章节顺序编排。随着网络带宽的拓

宽和网速的全面提升,基于 WEB 的多媒体教学将是网络教学的趋势。网络学习平台的发展方向是基于流媒体(实拍教学场景、丰富的教学辅助材料)和MUD(MOO)技术的虚拟仿真教学环境等更加人性化的教学环境。

(2)交互方式多样化。交互有在线同步、异步形式,交互方式不仅是基于文本的电子邮件、讨论区、BBS 等,还将出现基于文本和图像的电子白板、应用进程的共享等方式。

(3)导航系统便捷化。一个适于自主学习的便捷导航系统应该至少包括:课程结构说明、课程的层次或网络目录结构、学习历史与状态记录、课程和学习单元快速链接、便捷的资源检索、导航帮助等。网页的设计在布局、风格、色彩、链接、超文本等诸方面已相当专业化,基本不存在什么问题。

4.加强"市场调查与预测"网络学习平台的整体规划,注重绩效。"市场调查与预测"网络学习平台的建设必须从社会和学生角度考虑绩效问题。首先,"市场调查与预测"网络学习平台是否能服务地方经济?是否对社会的发展有用?是否满足学生学习的需要?必须根据《市场营销人才培养方案》和学院的网络资源实际情况出发,配合教育服务社会、服务地方经济发展对人才的需求,设置合理的知识体系,网络学习平台应注重科学实践教学。"市场调查与预测"网络学习平台不仅满足本学院本专业学生的学习需要,同时为其他专业或校外学生进行网上学习提供资源,实现"互联网十"大数据时代下资源共享。其次,学生通过"市场调查与预测"网络学习平台的学习获得自身的发展,包括自学能力、解决问题能力和与人协作能力等方面的发展。采取多种评价方式对教学效果和网络学习平台进行评估,不断对网络学习平台的教学内容、教学策略进行修正、调整,并对网络学习平台的结构进行调整。

利用课堂教学培养学生
职业核心能力
——以"财务管理"课程为例

黄燕梅

摘　要:培养学生职业核心能力是当前职业教育领域正在探索解决的问题,笔者利用案例教学法,在课堂教学中融合渗透职业核心能力教育,创新课堂教学一种新的模式。在这种新的教学思维引导下进行课堂教学,取得了极佳效果,培养了学生的职业核心能力。

关键词:职业核心能力　课堂

随着社会的发展,传统职业教学模式已经不能适应社会需求,具有良好的职业核心能力成为高职院校变革教学模式培育学生不得不考虑的要求。因而,如何提高学生的自我学习能力、信息处理能力、沟通能力、团队合作能力、创业创新等职业核心能力,成为当前最需解决的事情。笔者通过在课堂教学中采用案例教学法,使得在课堂内培养学生的职业核心能力成为可能。

一、职业核心能力的定义

职业能力的重要构成部分之一就是职业核心能力。职业核心能力又称为职业关键能力和职业通用能力。职业核心能力是指任何职业或行业工作都需要的、具有普遍适用性和可转移性的且在职业活动中起支配和主导作用的能力。根据我国劳动和社会保障部技能鉴定中心组织制定的试行标准,职业核心能力分为八大项:与人交流、数字运用、自我学习、信息处理、与人合作、解决问题、创新和外语应用。

二、现行高职财务管理课程教学的缺陷

长期以来,我国财务管理课程的教学普遍都是采用传统的以技能传授为主、"填鸭式"的教学组织形式。因而,不管是在教学方法、教学组织上,还是在教学考核环节中,都长期忽视学生职业核心能力的培养。具体表现为:在教学方法上,主要采用"知识满堂灌,教师一言堂";在教学组织上,主要依赖 PPT、板书的课堂讲解;在考核环节上,往往是期末考试成绩为主,平时表现为辅,而且不管是期末考试还是平时表现,都侧重于考查学生对知识点的机械性掌握情况。事实证明,这种教学方法模式偏离了我国职业教育的目标,阻碍了学生主观能动性的发挥,不利于学生发散性思维的培养及理解问题和分析问题能力的提高等。所以,我们应当改变传统的教学方法模式,根据高职教育的目标,在课堂教学中,融入职业核心能力。

三、在"筹资管理"这一教学任务教学过程中培养职业核心能力

高职教育阶段,培养学生职业核心能力的方式方法有很多,在课堂教学中植入职业核心能力是其中重要的一种。具体表现为:在课堂教学中,充分发挥学生的主导作用,教师则扮演引导、辅助的角色。比如:在筹资管理课堂教学中,我把全班学生分成 5 个小组,以小组为单位,进行教学和能力的培养。每次课堂教学都是按教学计划来进行,通过教师讲解资金筹集方式和资金成本及资金结构的相关内容后,通过学院网络学习平台发布案例资料,布置学习主题和学习任务,引导学生团队合作学习。学生利用已经学过的筹资管理的相关基础知识,并借助网络资源、教材、团队智慧等积极主动的获得完成学习任务所需资料信息。在这一系列过程中,不仅巩固了学生筹资管理的专业知识,而且培养了学生表达能力、沟通交流能力、解决问题及信息处理能力等各方面能力。

(一)课堂组织形式——沟通交流能力的培养

为了方便学生在有效的课堂时间内进行沟通交流,课堂教学的组织形式要求学生事先组好十人的团队,把三块桌子拼好,大家围成一桌,而且为了方便案

例材料的阅读讨论,要求每一组带一台笔记本电脑。这种做法的优点是:学生之间有不同的观点看法,大家能互相启发、互相讨论,而且坐成一圈也易于沟通交流,有利于培养学生与人沟通、与人合作的能力,帮助学生顺利完成学习任务。

(二)教材的灵活运用——知识点的载体、自我学习的工具

教材的重要性在于提供学习任务的载体,承载学生需要掌握的知识点,引导学生自我学习,提高学习效率。教材作为学生一种主要的知识来源,能够使学生清楚地明确自己要掌握的知识点,激发学生学习阅读的兴趣,也蕴含着学生职业核心能力的培养。在筹资管理教学课堂内,我们采用的是天津教育出版社出版的《财务管理》这本书。这本书对于筹资管理内容的讲解主要分两章、六个小节,分别介绍了权益资本筹集、债务资本筹集、资金成本、杠杆原理和资本结构。该教材所包含的内容基本能够满足学生解决企业如何选择最优筹资方案的相关问题,所以,对于教材的灵活运用可以培养学生自我学习的职业核心能力。

(三)授课过程——与人合作、解决问题、信息处理等职业核心能力的培养

1.利用案例教学法培养学生与人合作、解决问题、信息处理、与人交流等的职业核心能力

19 世纪 20 年代,美国哈佛商学院(Harvard Business School)开始倡导案例教学法,当时是采取一种很独特的案例形式的教学,而且这些案例都是来源于企业财务管理中的真实情境或事件,透过这种教学方式,能极大地克服学生只是被动地听课和做笔记的缺陷,有助于培养和发展学生主动参与课堂讨论、运用所学知识解决问题的能力。

在筹资管理的学习过程中,老师先给出案例资料:

阳光国际有限公司长期资金筹资决策

阳光国际有限公司是一家民营企业,截至 2012 年年末,公司的资产总额已达 68 412 万元,净利润为 1 292 万元,总股本为 4 659 万股。2013 年年初,公司为进一步扩大生产经营,经研究决定扩建一条生产线,经估计该生产线需投资 20 000 万人民币。公司设计了 3 种筹资方案:

方案一:发行普通股股票筹资。阳光国际有限公司拟在 2013 年 10 月末增资发行普通股,现公司股票市场价格为 13.5 元/股。

方案二:向银行借款筹资。扩建生产线项目,投资建设期为一年半(2013 年

4月1日—2014年10月1日)。市农行可以为该公司生产线项目提供二年期贷款 20 000 万元,年利率 8%,到期一次还本付息。生产线投产后,年投资收益率为 12%。

方案三:发行长期债券筹资。根据国家相关规定得知企业发行债券需满足的条件有:①企业规模达到国家规定要求;②企业财务会计制度符合国家规定;③具有偿还债务的能力;④发行企业债券前三年连续盈利,企业经济效益良好;⑤所筹资金用途符合国家产业政策;⑥公司发行债券 20 000 万元人民币,不超过该公司的所有者权益的 40%;⑦债券票面利率为 6%。

阳光国际有限公司股本结构

单位(万股)

类　别	2012 年年末	2011 年年末	2010 年年末
阳光国际法人股	4 444	3 602	3 602
募集法人股	200	200	200
内部职工股	15	700	700
总股本	4 659	4 502	4 502

财务数据	2012 年年末	2011 年年末	2010 年年末
总资产	684 121	552 455	450 430
流动资产	366 220	285 307	312 489
长期投资	10 075	10 075	10 175
固定资产	217 365	203 814	120 056
无形递延资产	90 461	53 259	7 810
流动负债	249 244	153 927	52 354
长期负债	15 515	1 748	3 547
所有者权益(除资本公积)	389 354	396 780	394 539
资本公积	30 008	0	0
主营业务收入	135 402	165 629	155 951
主营业务利润	49 114	59 120	43 583
利润总额	15 783	52 374	46 494
净利润	12 924	42 947	38 125
未分配利润	15 882	21 429	33581

净资产/总资产	61％
无形资产/总资产	13％
连续 3 年盈利	
债券/净资产	47.69％
3 年平均可分配利润	31 332

各个小组通过对该案例进行综合的分析讨论，最后确定一个筹资方案。在做出筹资决策的过程中，小组成员必然要考虑到各种筹资方案的筹资成本以及企业的财务状况是否满足各种筹资方式硬性的要求。那么在解决上述问题时，小组各成员要进行分工，包括资料查找、信息筛选、成员之间互相讨论沟通，最后才能替阳光国际有限公司找到一个最佳的筹资方案。在讨论解决方案的过程中，有助于学生与人合作、与人交流、解决问题等职业核心能力的培养。

2.解决方案展示讲解培养学生的表达能力等

实践证明，各小组解决方案通过 PPT 形式的展示讲解是培养学生表达能力、动手能力的有效形式。在我国，由于传统职业教育的不足，学生普遍存在怕上台、怕动手、语言组织表达能力差、积极性差等缺点。针对此种状况，我要求各组成员在做出筹资方案决策后，不仅要对自己的解决方案进行口头评价，还需要上台以 PPT 的形式进行解决方案的展示讲解。实行这样的要求以后，可以发现学生有明显的改变。刚开始，上台前，小组成员之间互相推托，上台后，学生普遍存在紧张、声音小、不敢抬头面对听众、语言表达能力差等状况。几分钟后，可以明显发现学生渐渐进入状态，渐渐克服了缺点，而且能够相对自如的与台下的学生进行沟通交流。所以，我觉得成果展示环节在案例教学法中，是培养学生职业核心能力不可或缺的，能够很好地锻炼学生的语言表达能力和动手沟通能力等，是提高学生的就业竞争力的有效手段。

四、收获与体会

经过一个学期的实践，《财务管理》通过在教学过程中嵌入职业核心能力培养的课堂设计后，在授过课的几个班级中，学生普遍反映这种教学模式相对于传统的教学模式而言，非常新颖灵活，增加了其学习的兴趣。虽然增加了学生的工作量，但学生通过对该课程的学习，不但能学习到专业知识，更能提高自己的各种职业核心能力。该课程教学过程的设计，一方面能够有效地克服传统教学中"教师满堂灌"的弊端，引导学生发挥主观能动性，提高学生学习的积极性，能够将所学知识用于指导实践;另一方面能够加强教师与学生之间的感情,活跃课堂教学气氛。

笔者认为:在当前形势下,我们广大职业院校的教师,在不能提供学生实践机会的条件下,一定要先利用好课堂,在课程中渗透职业核心能力,切实把课堂变成可以培养学生职业核心能力的场所。相信在我们齐心协力下,能够在课堂教学中渗透职业核心能力,在课堂内逐渐实现对学生职业核心能力的培养,从而增强学生就业的竞争力。

参考文献:

[1]李松青.基于职业能力的高职财务管理课程设计探析[J].中国管理信息化,2013(1).

[2]曹中.对创建财务管理教学方法新模式的探讨[J].会计之友,2008(14).

[3]French G.R.and Scott M.W.Giving the IDI Diesel a Fresh Start,SAE paper 850452.

"会计认识性实习"融合职业核心能力培养方案实施总结

徐　弘

摘　要:高职会计教育是培育应用型、技术型,具备职业能力的实用人才为目标。因此高职会计专业实践教学除教授基本专业技能之外,还应培养其解决问题的其他能力,以适应未来岗位的需求。由于"会计认识性实习"这门课程是一门实践性很强的实训课程,为了加强对学生学习的引导,注意对学生实践活动兴趣的培养,充分发挥和调动学生的动手积极性,有必要设计一套有趣的让学生在玩中做、做中学的可行性方案,注重培养学生自我学习、与人交流、与人合作的能力,最终使学生逐步提高职业核心能力。

关键词:课程　职业核心能力　培养　总结

一、方案概述

(一)方案背景

高等职业教育人才培养目标是培养能适应社会需要和具备基本理论知识、实践能力强、知识面广、高素质的技术人才和技能型人才。随着经济社会发展,高等职业教育的人才培养目标定位逐渐从"技术型人才"、"应用型人才"到"实用型人才"、"高技能人才"慢慢过渡,这充分体现了现代经济社会发展对高等职业教育人才培养要求在不断提高。会计认识性实习是一门具有实践性和操作性的基础课程,是高职会计教育培养高素质会计人才的目标。高职会计专业教育的改革必须适合于外部环境的转变要求,以缩小讲授与实务的差别,满足新时代对会计人员的要求。

(二)方案目标

1.培养良好的职业道德素质

会计职业道德是所有会计从业人员的核心灵魂。会计职业是市场经济发展中的一个非常重要的职业,它涉及范围广泛、政策性强。所以,会计行业要求会计从业者务必具备杰出的职业道德修养。2001年,时任国务院总理的朱镕基在访问北京国家会计学院的时候写下了"不做假账"几个字,对会计职业道德提出了具体要求。中华人民共和国财政部现行的《财经法规与会计职业道德》(会计从业资格的一门考试科目)中对会计职业道德的定义为:诚实守信、公平客观、爱岗敬业、廉洁自律、坚持原则、提高工作技能、加强管理与服务,这些都可以作为会计职业道德教育的要求与标准。

2.培养过硬的岗位操作技能水平

会计工作与手工会计记账工作要求要有很强的实践动手能力,具备簿记、文档处理和珠算能力,还要求计算机操作和会计软件应用熟练,只有掌握过硬的基本能力,才能在人才市场上容易被用人企业快速发现。

3.培养发现问题、分析问题以及解决问题的能力

"会计认识性实习"课程是一门实习性能很强的实训课程,通过对它的学习,注重培育学生发现问题、剖析问题、解决问题的本领,最终使学生逐步提高职业核心竞争力。

(三)方案思路

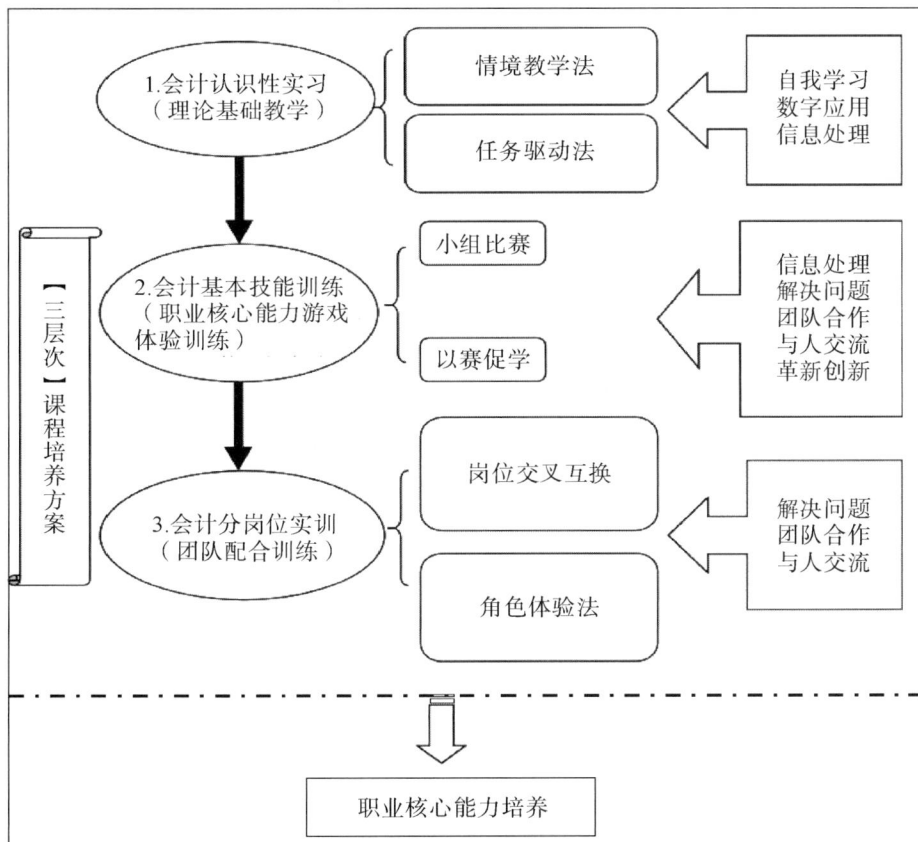

情境教学法
任务驱动法
← 自我学习 数字应用 信息处理

1.会计认识性实习（理论基础教学）

小组比赛
以赛促学
← 信息处理 解决问题 团队合作 与人交流 革新创新

2.会计基本技能训练（职业核心能力游戏体验训练）

岗位交叉互换
角色体验法
← 解决问题 团队合作 与人交流

3.会计分岗位实训（团队配合训练）

【三层次】课程培养方案

职业核心能力培养

二、方案实施

会计工作有其独特性，完全依靠社会资源完成会计实务培训难度比较大，所以高等职业院校要重点加强校内的实训基地建设。只有通过多加强和企业联系、协调，拓展校外实训基地，使得实践训练能够与实际工作完美对接。

(一)在课堂教学中渗透职业核心能力培养

在会计理论的教学中，教师应主动加强与学生的互动，发现他们的潜力和激发其主动性,从而提高他们的综合素质。教师可以利用高质量的教学资源,利用案例教学来引导学生发现问题、提出问题,鼓励学生探索解决问题的方法,引导学生解决问题。

(二)在实践教学中重视专业核心能力的培养

通过实行会计实训教学,增强学生的分析和综合判断能力,团队互助意识,锻炼学生的语言表达本领,计划能力和动手实习能力。

在教学过程中,我们选择"三层次"崭新讲授方式,使学生切实掌握会计岗位工作技能,为他们今后的工作奠定了相当扎实的基础。

1.加强基础训练

会计人员应正确、规范和流利抄写阿拉伯数字,这是一项基本功。在会计工作中注重数码字的训练,有助于会计人员素质的提高。根据财政部基本会计工作的规范提出的要求,必须清晰、整洁填写会计凭证,这就要求阿拉伯数字应该是一个一个写的。因此加强规范数码字的书写,是重中之重。建议多开展数码字书写比赛,采取适当的物质鼓励,激发学生自我学习能力。基础训练主要包括书写训练,比如阿拉伯数字书写及大写的汉字、金额大小写等;原始凭证的填制,如各种收料单、领料单,增值税专用发票,现金支票、转账支票等,还有各种记账凭证的填制及注意事项等等。

2.强化基本技能训练

"会计认识性实习"这门课对基本技能的训练主要包括:审核原始凭证;填制并审核记账凭证;账簿的建立与登记;错账的更改、对账以及结账;编制试算平衡表;编制银行存款余额调节表;编制资产负债表和损益表,以及对各种会计信息的分类、装订、归档和存储等。通过这类训练,有助于调动学生的学习潜能与培养学生的学习能力和综合职业能力。

3.采用会计分岗位综合实训

先将学生进行分组,确定小组长,再由小组长及小组成员自行商议各自担任的岗位,并以某个企业某月份发生的经济业务为主线,通过从建账到日常会计核算,最终的会计处理,模拟整个财务报告的编制过程,让学生填写原始凭证和会计凭证、登记账册、成本计算、物业盘点、编制财务会计报告等一系列实践,了解总会计、出纳、复核、会计核算等各会计工作岗位之间的业务传送及内部控制关系,这样能促使团队成员之间通过相互学习、自我判断、分析和把握项目完成任务、提出意见、相互沟通,从而培养学生学会与人沟通、与人协作、信息处理、解决问题等能力,提高学生的实践技能,进一步培养学生学习理论知识、分析现象和实践中存在的问题的能力。

三、方案成果

通过 2016 年春学期在会计 153 和会计 154 两个班级开展"会计认识性实习"课程渗透职业核心能力的培养教学,教学方式转变后,学生反映很不错,极大调动和激发了学生的学习兴趣,而且通过组成团队形成竞争意识,团队内部成员之间相互监督,互帮互助学习气氛浓厚,学生乐于接受这种教学方式的转变,不仅给出极高的评价,而且在会计系组织的数码字比赛中取得不错成绩。其中:会计 153 班的陈丽婷和陈宁两位同学分获一等奖(注明:一等奖共 3 名),会计 153 班刘小芳和会计 154 班陈蓉两位同学获二等奖(注明:二等奖共 6 名)。两班学生都认为这种融合职业核心能力教学方式应在其他相应课程也大力推广,这对培养学生发现问题、解决问题和团队合作能力的培养有很大的帮助,通过这两个班学生的反馈可知,本课题目标已经基本实现,参与培养方案的学生职业核心能力得到大幅度提升。

四、方案总结

(一)方案成果推广价值

在项目教学的引领下,引导学生完成某个具体项目,提升学生的专业技能,并培养学生的职业方法能力和社会能力,学生在完成整个项目过程中,一个是经历独立思考,自主学习能力的培养;二是培养获取信息的能力、信息处理能力;三是通过工作组的形成,培养与人合作的能力、与人沟通的能力;四是通过对项目完成的途径所遇到的问题,培养解决问题的能力。每个项目的完成都能极大地提升学生的职业核心能力。

促使教师从传统教学手段到现代教学手段的转变,开创全新的教学方式。信息时代的到来,对教师提出了更高要求,教师必须在课前做好教学情景设计、运用网络搜集教学素材,并要学会教学软件的制作、教学活动的策划,同时还要为学生提供思考情景,使学生接受传承、深入分析、进行创新和发展。

（二）方案存在的问题及措施

现在的教学班级人数普遍在 50 人以上，对于任课老师一人要看管 50 位学生进行实训教学，教师往往难以兼顾到每位学生。因此，专职实训指导教师的配备是必不可少的。一方面专职培训教师加入教师队伍来缓解困难，另一方面可以加强对每一个学生的培训指导，让每一个学生都跟上技能进步步伐。

在职业教育中，专业教师必须了解专业理论知识，必须具有较高的职业实践能力，而大部分的教师都是从学校直接进入另一所学校进行教学，往往缺少社会实践经验，实习技能相对薄弱，因此，学校应加强对教师的专业技能培训，从而提高专业技能教学的质量，只有认真组织教师学习职业教育的新理念、新方法，才能渗透到课堂，从而提升对学生职业核心能力的培养。

随着中小企业的快速发展，大批的代理记账公司、税务咨询公司等中介公司应运而生，它们的业务面广，涉及公司注册、财税记账、纳税申报等，这些商业实践环节是学校难以做到的。学校应努力探索与这些中介公司的协作，成立校外实训基地，使得学生有机会在真正的工作环境中学习，促进理论与实际相结合，使学生掌握有关的技能，职业能力得到提升。

参考文献：

[1]罗平实.会计专业职业核心能力及其培养途径[J].财会通讯综合,2011(2).

[2]高克智、王辉.会计专业核心能力及其培养路径研究[J].安徽农业大学学报(社会科学版),2011(5).

[3]施颖.基于工作过程导向的高职会计专业课程体系设计[J].合作经济与科技,2010(13).

[4]孙昱.如何加强高职院校学生职业核心能力的培养[J].科技信息,2011(24).

[5]王淑玲.基于职业能力培养的高职会计专业实践教学研究[J].会计师,2014(7).

[6]胡琼.基于职业核心能力培养的高职会计专业教学的思考[J].池州学院学报,2013(2).

[7]莫春兰.刍议高职会计人才的职业技能及其提升[J].财会教育,2014(4).

[8]蒙贞.高职会计专业职业能力培训研究——以某高职院校为研究个案.现代经济信息,2012(4).

基于职业核心能力培养的
高职英语教学

庄　帆

摘　要:职业核心能力是伴随劳动者终身的可持续发展能力,是任何一种职业都必不可少的基本技能。因此,在高职教育中培养学生的职业核心能力就显得尤为重要。外语应用能力与职业核心能力是相辅相成的关系,通过重新设置教学目标、完成师生角色转换、优化教学模式和构建合理教学评价体系等途径,将职业核心技能培养与英语教学相结合。

关键词:职业核心能力　高职英语　教学改革

随着科学技术的迅猛发展和经济发展的全球化,在世界范围内市场需求结构发生了巨大变化,推动了各国产业结构的调整和改组,大批新职业如雨后春笋般出现在社会生产和生活中。而这些新兴职业的特点是技术复核性较强、技术更新较快、智能化程度较高,所以要求劳动者不仅要善于学习、能解决实际工作中出现的问题,而且需具有改革和创新精神。此外,人们会发现不再有终生职业,工作流动加快,社会亟需要不断适应新的工作岗位的能力[1]。因此,当代的劳动者必须具备职业核心能力,树立终身学习的理念,才能在充满挑战和竞争的环境中生存下来。

一、职业核心能力的概述

职业核心能力是除人们所掌握的具体的专业技能和专业知识外,从事任何一种职业都必不可少的基本技能,是伴随人终身的可持续发展的能力[2]。

　　劳动与社会保障部于 2004 年底向社会发布了我国《国家核心能力培训测评标准(试行)》,该标准指出 8 项职业核心能力:与人合作、与人交流、数字应用、信息处理、解决问题、自我提高、创新和外语应用等能力[3]。近年来,职业核心能力的培养日渐成为高等教育中的一个热门话题,各国都在进行着积极的探索和实践。我国教育部门在政府的相关文件中十分重视职业核心能力的培养,教育部《关于全面提高高等职业教育教学质量的若干意见》(教高〔2006〕16 号)提出:"要针对高等职业院校学生的特点,培养学生的社会适应性,教育学生树立终身学习理念,提高学习能力,学会交流沟通和团队协作,提高学生的实践能力、创造能力、就业能力和创业能力"[4]。因此,强调学生的全面发展,突出其职业核心能力的培养是新形势下高职教育面临的一个新课题。

二、外语教学中培养职业核心能力的必要性

　　传统的高职英语教学以学科知识为本位,过分强调学生语言能力的掌握和知识体系的建构,忽视了语言应用能力的培养。2000 年教育部高教司制定的《全国高职高专英语课程教学基本要求(试行)》中,明确规定高职英语教学必须贯彻"实用为主、够用为度"的教学方针[5]。在英语教学中,教师除了传授语言知识,还要把职业核心能力融入教学,进行多层次教学,注重应用能力、团队协作能力和社交能力的培养。

　　外语应用能力是八大职业核心能力之一,而外语语言能力的培养反过来有利于促进其他职业核心能力的提高。首先,外语的基本功能就是人们用来交流沟通的媒介,所以外语知识体系的掌握无疑会提高交流表达能力;其次,在外语教学过程中,教师结合多种教学方法,以学生为主体促进师生和生生之间的互动,从而帮助学生提高与人合作能力;再次,外语学习过程中,学生要通过自学或者与他人协作完成各种学习任务,如写报告、写信、演讲、辩论等,实际上这就是解决问题的过程,因此,学生的解决问题能力也将得到提高。

三、以职业核心能力培养为任务的外语教学改革途径探讨

(一)更新观念,重置教学目标

传统的高职英语教学一直以教师为中心,学生被动接受教师传授的语言知识,所以学习的积极性不高,学习效果不好。因此要树立以"学生为中心"的教学观念,突出学生的主体地位。培养学生的英语交际能力,使其能运用所学英语知识解决实际工作中的问题、完成与职业相关的任务是新时期高职英语教育的目标。教师的课堂教学设计,所选择的教学方法和手段都应该围绕这一目标,结合职业需要整合教学资源,提高教学内容的实用性。例如,在教学中教师可以弱化语法、句型、词汇的地位,鼓励学生开口多说,参与讨论,在共同解决问题的过程中逐步纠正学生的发音和提高英语表达能力。

(二)完成师生角色的调试

在新形势下的高职英语教学中,由于社会地位、身份等诸多方面都发生了全新变化,教师和学生都要及时地进行角色调试,变"教师独白"为"学生对话",变"教师本位"为"学生本位",变"以传递接受为主"为"以引导探究为主",变"封闭式教学"为"开放式教学"。

教师角色转换,意味着教师原有的不适应信息时代的角色将不断地被解构,被更换,整合为新的角色,即由原来的知识学习指导教师转变为目标引领者,由文化知识的传授者转变为知识体系的建构者,由课程教材的执行者转变为课程教学的研究者,由教育教学管理者转变为综合职业能力的促进者。教师必须先认清高职英语教育的目标内容,并提醒学生进行高等职业英语教学的宗旨和市场人才需求,指导学生树立科学的学习理念;同时分析课程内容,结合就业所需的职业技能,在教学中多方面锻炼学生的职业核心能力,真正让学生成为课堂的主人。而学生也要在学习过程中,变被动为主动,积极参与到教学活动中,更好地培养自己的职业精神和社会能力。

(三)实现教学模式的优化

教学活动要"以学生为中心"开展,充分发挥学生的主观能动性进行自主学

习。首先,学习内容除了基本的听说读写基础知识,还应包括国家的文化背景和社会习俗,这样才能使学生在完成相关职业任务时,不仅能轻松灵活运用英语进行表达,还能够进行深层次的文化交流沟通。其次,高职英语教学要注重培养学生的协作精神。可以多设计谈判、协商的教学活动,让学生开展多领域的社交活动,促进其积极人生观的树立,培养良好的职业社会能力与职业方法能力。再次,高职英语教学更新传统观念,注重职业英语能力的提高,将语言知识转化为语言交流能力,根据课程要求选择以自主学习以及以学生为中心的"任务型"教学法和"合作学习"教学法结合,积极探索情景教学、实例教学、项目教学、探究式教学等教学方法,培养学生灵活处理与岗位相关的业务能力、批判性思维能力和创造性解决问题的能力。

(四)进行教学评价体系改革

根据学生认知规律以及掌握外语的实际应用能力,建立以体现职业能力为核心的考核标准、课程成绩评定标准,实行过程评价和形成性评价相结合。比如,可以采用"平时成绩+期末考成绩"的评估机制。课程考核内容包括知识、技能和态度,结合新的教学方法和设施,促使学生锻炼英语口语表达能力、团队协作能力、发现问题、解决问题等能力。这种评估机制的建立,可以为学生寻找薄弱环节,为适应考试、调整学习计划和方法提供良好的选择。

四、结语

突出学生的职业核心能力的培养是社会发展的必然要求,将职业核心能力的培养融入外语教学当中,在提高外语应用这一职业核心能力的培育过程中,同时训练学生自我学习、与人交流、与人合作的职业核心能力,将有利于职业人才的培养和提高职业教育的质量。

参考文献:

[1]人力资源和社会保障部职业技能鉴定中心、中国就业培训指导中心.什么是职业核心能力[EB/OL].[2011-10-29].http://www.hxnl.cn/a/hudong/peixunzhinan/2011/1029/345.html.

[2]童山东.职业核心能力培养探索[J].深圳信息职业技术学院学报,2006(3):60.

[3]国家职业技能鉴定专家委员会职业核心能力专业委员.职业核心能力全国统一测评大纲[EB/OL].(2009-09-19)[2013-02-13].http://www.hxnl.cn/a/notice/peixun/202.html.

[4]教育部.关于全面提高高等职业教育教学质量的若干意见.[EB/OL].[2009-09-23].http://sgy.mca.gov.cn/article/jxgz/200909/20090900038657.shtml.

[5]田晓芳.外语教学与高职学生职业核心能力的培养研究[J].高等职业教育——天津职业大学学报,2009(4):56-58.

渗透职业核心能力的"新能源汽车运用技术"课程教学改革研究

王　灿

摘　要：职业核心能力是人们职业生涯中除岗位专业能力之外的基本能力，它适用于各种职业，适应岗位的不断变换，是伴随人终身可持续发展的能力。新能源汽车是未来汽车发展趋势，本文围绕职业核心能力，针对新能源汽车运用技术课程的教学目标，结合汽车专业培养目标，提出了教学改革和实践的几点思路与措施。

关键词：职业核心能力　教学改革　新能源汽车运用技术

2015 年我国新能源汽车呈现爆发式增长，产量 37.9 万辆，同比增长 3.5 倍，中国也成为全球最大的新能源汽车的增量市场。在未来五年全国新能源汽车将达 500 万辆保有量的政策目标的预期之下，我们预计到 2020 年前新能源汽车产量将会保持大约 40％的年复合增速，未来五年继续保持高增长势头。随着新能源汽车产量与销量的增加，伴随新车市场的新能源汽车后市场的大门将逐步被打开，在汽车类专业中加入新能源汽车技术相关课程刻不容缓。

与此同时，社会科技的发展，汽车技术和产品不断更新换代，仅仅靠课堂教学是远远不够的，因此具有跨行业岗位适应性与迁移性的职业核心能力变得尤为重要。

一、汽车专业培养职业核心能力的重要性

职业核心能力又叫作关键能力、核心技能、基本技能或知行技能，是指除人们所掌握具体的专业技能和专业知识外，从事任何职业都必不可少的基本技能，

是伴随人终身的可持续发展的能力[1]。

1998 年,我国劳动和社会保障部在《国家技能振兴战略》中把职业核心能力分为八项,称为"八项核心能力",包括:与人交流、数字应用、信息处理、与人合作、解决问题、自我学习、创新革新、外语应用等。

根据本专业的人才培养目标以及学生未来的就业方向,该八项核心能力皆有用处。与人交流能力应用于与客户的沟通以及与上下级同事间的交流。与人合作能力是指培养的学生要有较强团队精神和团队协作能力,能在工作中以团队合作的形式共同解决问题,完成日常工作。数字应用能力则体现在汽车营销活动以及汽车相关咨询中能对用户的数据进行整理和分析,得到对企业有用的信息。信息处理能力是解决问题的基础,要求学生能够基于对信息的搜集和处理,对问题的解决、决策的制订提供依据;解决问题的能力是指在遇到问题时,具有良好的预见力、执行力和决策力,通过对问题的分析,能很好地解决问题,该能力是汽车维修检测、维护保养等工作的核心能力之一,处理汽车故障的成败及好坏则是对该能力强弱的一个体现。在汽车科技日新月异的时代,任何处于汽车行业的职业都需要具备一定的自我学习能力,通过课堂的学习掌握基础知识和学习方法,在未来的职业道路中能通过不断的自我学习,不断地丰富自己,提高自己的工作能力,跟上科技发展的脚步,不被行业发展所淘汰。创新能力是指能在现有的技术条件基础上,在自我学习后能够创造新的汽车技术、新的维修检测方法、新的营销方式等,逐渐成为行业某领域的带头人。众所周知,我国的汽车技术在很大程度上还不能跟上美国、欧洲、日本的很多品牌,很多技术资料、维修资料甚至维修设备的应用都需要用到外语,掌握一定的外语应用能力则能为学习最新技术知识、顺利工作打下基础。综上所述,每一个核心能力都和汽车行业里的职业息息相关,人才培养离不开职业核心能力的培养,课程的教学更离不开职业核心能力的培养。

二、渗透职业核心能力培养的新能源汽车运用技术课程教学改革与实践

(一)重构课程教学目标

"新能源汽车运用技术"课程是汽车专业设置的专业选修课程,在学习了"汽车构造"、"汽车电子技术"、"汽车电气"等课程的基础上,该门课程从现代汽车发

展的角度出发,综合分析了当前能源危机、环保危机形势下现代汽车工业的转型升级,对新能源在汽车上的运用进行剖析,通过对新能源汽车原理的论述,帮助学生掌握新能源汽车结构,掌握新能源汽车的工作原理,从而达到掌握新能源汽车的相关知识与技能的教学目标。

原有的课程教学多为老师讲学生听,课程目标重点在于教授学生新能源汽车技术的理论知识。由于本课程内容多为现代汽车发展的新技术,因此新的课程标准在授予学生新能源汽车构造原理等基础性知识的同时,重点培养学生的自我学习能力,使学生能够具有举一反三的分析力、对结构原理不断更新的适应能力。同时,还在课程的教学中渗透与人交流的能力。在新的课程标准中,增加自我学习能力以及与人交流能力的培养,采用以学生为主的教学,让学生为学习后续课程和参加专业实奠定基础,对于适应地方经济建设的应用性人才培养目标具有十分重要的意义。

(二)创新课程教学方法

为了能更好地将自我学习能力和与人交流能力的培养渗透在"新能源汽车运用技术"课程中,更好地实现课程教学目标和专业培养目标,创新地采用"大作业"、"知识讲出来"和绘制知识点树状图等多种教学方法。

1.布置"大作业"

针对混合动力汽车以及纯电动汽车章节,布置两个大作业,第一个大作业由两人为一组共同完成,以"混合动力汽车"为主题,在课堂教学的基础上,利用课余时间针对混合动力的某一款车型的特点、内外饰、混合动力系统结构及原理等进行自我学习,并将学习过程中搜集到的信息进行总结分析制作成PPT,在课堂中进行汇报展示。第二个大作业则由个人单独完成,以"纯电动汽车"为主题,同样进行自我学习,并将学习成果进行展示。在学生进行学习成果展示时,其他学生和老师可以向汇报者提问,在考量学生自我学习掌握情况的同时,也锻炼了学生的短时间组织语言进行表达的能力。第一次大作业中,很多学生在汇报时表现出了很多问题:学习重点不明确,将更多的精力放在车型外观而忽略了混合动力系统的结构与原理;缺乏思考、汇报内容逻辑性差,在网上查找资料进行学习时,没有对学习的内容进行思考和总结,以至于呈现的内容更多的是碎片化、表面化的东西;汇报讲解时,信心不够,大部分同学都出现讲话声音小、语言不流畅甚至有表达错误的情况。通过第一次作业的评定与总结,在第二次作业时,大部分同学都有了很明显的进步,在两次的大作业过程中,很多同学提高了自我学习的能力,也锻炼了语言表达能力。

2.知识讲出来

针对各类新能源汽车的结构及原理上的难点,在教学过程中,先由老师讲解,给学生一些时间对知识进行整理消化,然后再让学生将所学知识讲出来。学生进行消化和讲解的过程,是对知识点进行梳理、分析和总结的过程,其实也是在锻炼学生的自我学习能力。在这个过程中,一方面,教师可以了解学生对知识的掌握情况,另一方面通过学生的讲解失误,告诉学生学习的方法,帮助学生进行自我学习。同时在学生讲解过程中,与人交流的能力也得到了锻炼。

3.绘制知识点树状图

在一章或一节的教学内容完成后,让学生自己绘制知识点的树状图,对知识点进行自我梳理和总结,在巩固所学知识的同时,又提高了学生的自我学习能力。

(三)综合考核办法

该课程为考查课程,既要考核学生对知识的掌握情况,也要考核学生的能力提升情况,为此,将考核办法调整为过程考核和结果考核相结合的方式,强调素养和能力的评价。考核内容及比重如表1所示。考勤、课堂表现以及大作业主要考量学生的职业素养以及职业核心能力,期末考试则重点考查学生知识点的掌握情况。通过考核改革,将重点更多地放在课堂中,端正学生的学习态度,提高学生的与人交流及自我学习能力,增强学生素质。

表1 综合考核办法

考核内容	比重	评 定 办 法
考勤	5%	主要考核学生迟到、旷课、早退情况。满分为5分,全勤记5分,带早餐进课堂扣0.1分,穿拖鞋扣0.1分,请假扣0.2分,迟到或早退每次扣0.3分,旷课每节扣0.5分(注迟到、早退累计3次等于旷课一节),若迟到、早退、旷课累积达5分该门课程重修
课堂表现	15%	主要考核课堂学生回答问题、参与课堂讨论的情况,每上台进行知识讲解加0~2分,每主动参与问题回答或课堂讨论加1分,因不参与课堂活动(如:玩手机、睡觉等)而不能正确回答提问扣1分
大作业	20%	主要以两次大作业完成情况为依据,考量学生的PPT制作、知识的掌握以及学生的汇报情况,以10分制为评分标准,期末累加入期末总分
期末考试	60%	通过笔试方式进行考核。笔试时间为100分钟,根据本课程为本专业的专业基础课,主要考查基本理论知识的掌握情况

三、总结

　　高职教育需要培养出一批具有良好的专业技能以及职业核心能力的高素质技术技能人才,通过将职业核心能力的培养渗透于"新能源汽车运用技术"课程的教学实践证明,学生在掌握专业知识的同时,确实提高了相关的职业核心能力。今后,将持续深化职业核心能力在专业课教学中的渗透,不断进行改革,为学生的可持续发展奠定扎实基础。

参考文献:

　　[1]高娜娜,郭再泉.高职院校汽车类专业学生职业核心能力培养策略研究[J].无锡职业技术学院学报,2015,14(5).

　　[2]丰培洁,张鹏.高职学生职业核心能力培养教学模式研究[J].新西部,2010(12).

　　[3]何万丽,马宝成.高职汽车电器与附属设备课程改革与职业核心能力培养研究[J].科教导刊,2013(28).

　　[4].陈杰东,梁仁建等.职业核心能力嵌入式教学探索与实践[J].广东轻工职业技术学院学报,2014(1).

"印刷原理与工艺"课程融合渗透职业核心能力教学方法研究

杨婷婷

摘　要:本文以高职教育注重职业核心能力培养为背景,关注印刷专业高职教育现状,以"印刷原理与工艺"课程实践教学为例,提出渗透职业核心能力的方法,为高职专业课实践教学改革提供思路和参考。

关键词:高职　印刷　职业核心能力

一、背　景

1998 年,由我国劳动和社会保障部发布的《国家技能振兴战略》中把职业核心能力分为职业方法能力和职业社会能力,职业方法能力为自我学习能力、信息处理能力和数字应用能力共 3 项;职业社会能力为与人交流能力、与人合作能力、解决问题能力、创新革新能力、外语应用能力共 5 项。职业核心能力是一种"可携带能力",对于发展型人才来说,产业转型升级和技术发展都意味着社会岗位的变迁,这种"可携带能力"能够帮助人们尽快适应新的岗位与行业。

高职教育不同于普通高等教育,也不同于一般中等职业教育和职业培训,具有"高等"和"职业"双重属性。高等性是指承担职业型高等教育任务;职业性是指培养具有一定理论知识和较强操作能力,面向第一线职业岗位的高素质技术技能专业人才。

"能力本位"的教育观对于高职教育来说显得非常迫切。高职学生的职业核心能力在经济转型的关键时期显得尤为重要,我国不再单纯地以劳动力众多为发展优势,而是更加注重劳动力自身的素质,积极打造劳动力强国。因此,职业核心能力必将成为人才考量的重要标准。培养职业核心能力不是知识教育,而是一种养成性教育,养成性教育最好的方式是实践,即实践是职业核心能力形成的关键因素。

二、印刷行业教育现状

2014 年中国印刷业总产值为 11 334 亿元,同比增长 9%。

中国产业调研网发布的 2016—2022 年中国印刷行业发展研究分析与发展趋势预测报告显示,近年来,我国数字印刷发展速度已远高于传统印刷。以数字印刷、数字化工作流程、CTP 和数字化管理系统为重点的数字印刷,其产值占我国印刷总产值的比重 2015 年将超过 20%。

高职教育中印刷专业教育近几年来在国内全面开花,发展迅速。开设印刷专业的院校不断增多,培养出的印刷专业毕业生也为印刷行业的发展提供了一定的支持。但是学校培养出来的印刷专业毕业生与印刷行业的发展需求有一定的差距。北京印刷协会理事长任玉成表示:“我国印刷业有 356 万从业人员,而每年从正规印刷专业院校毕业的学生总数不到 1 万人,供需严重失衡,造成印刷企业招工难。”我国正由印刷大国向印刷强国迈进,印刷企业对人才的需求量较大,很多印刷企业尤其紧缺懂管理、经营和技术的高级专业人才。北京印刷协会理事会上发布 2015 年数据,2015 年相比较 2014 年北京印刷从业人员数减少了4 360 多人,减少了 8%,相信未来从业人员数量还将进一步减少,而对高素质技术技能人才的需求将不断攀升,过去几年人均创造产值不断提升,2015 年达到49 万/人,但与发达国家的差距还很大。显然,目前的印刷教育水平和层次不能满足产业发展的需求。

为了使学生在企业中能适应岗位的变换和职业的变更,实现可持续发展,我们将理论知识学习、实践技能培养、职业核心能力塑造紧密结合,让学生适应企业的需求,适应不断变化的市场需要,比如:能不断自我学习适应社会发展,能够进行信息处理并且解决问题适应市场需要,在行业不断细分的今天能够与人沟通、与人合作适应企业团队发展需要。

三、"印刷原理与工艺"课程实践教学中渗透职业核心能力培养的方法

职业核心能力的培养根据培养层面的不同可以分为如下三种策略:整体策略、专项策略和渗透策略。整体策略注重于从整体上对人才培育进行整体定位;专项策略主要从课程体系改革上入手,通过设置专项的核心能力课程进行定向培养;渗透策略主要贯穿于各门课程的教学中完成,通常把核心能力指标分解成具体的要素、要点,并通过课程设置项目加以具体化、实践化地实现,从而使核心能力的培养与评价具有针对性、可操作性。

印刷媒体技术专业是培养面向媒体传播及相关行业,适应社会需要,具有图文信息设计与处理、输出、色彩管理,印刷设备操作与质量检测控制、印品表面整饰等技能,符合产业转型升级和企业技术创新需要的发展型、复合型和创新型的技术技能人才。我们的培养目标不光关注学生在校园内的学习时间学习了什么、具备了什么能力,也关注他们进入社会、进入职业生涯后需要什么样的能力来适应在职场不断发展的需要。而能够贯穿整个职业生涯伴随一生的能力就是职业核心能力,在专业课程教学中注重职业核心能力的渗透就显得非常关键。

"印刷原理与工艺"课程是面向印刷媒体技术专业大二学生开设的必修专业核心课程。本课程注重理论和实践的结合,旨在培养学生从事印刷企业印刷生产一线工作所需要的印刷工艺设计和制定能力,印刷机的操作、故障排除和维护能力。

在职业核心能力培养上,我们在该课程的实践课程教学中采用了渗透策略并制定了如下措施:

(一)提高实践教学比重为职业核心能力培养提供课时

我们把实践教学的比重进行了提升,目的是为了在提升学生实践动手能力的过程中可以更好更进一步渗透职业核心能力的培养。当然,不是说实践课时增加了,我们的职业核心能力就提升了。实践课时的增加只是为渗透职业核心能力提供了可能,争取到的时间可以提升专业技能同时提升职业核心能力。

"印刷原理与工艺"课程注重职业技能的培养,注重实践教学,但是我们的课堂不光要模拟生产环节更应该注重模拟真实的企业需求,注重职业核心能力的培养才能实现我们的培养目标,所以"印刷原理与工艺"课程中实践教学课时由

印刷专业人才培养方案中的 16 课时提升到 34 课时。

(二)根据课程性质明确应着重培养的职业核心能力

印刷生产是一项团体活动,注重团队成员的沟通和合作及实际动手来解决问题,基于这样的课程特点,课程着重培养与人合作和解决问题两项职业核心能力。

下表是该课程校内实训室实践中三个学习情境与重点培养的职业核心能力情况:

情境	学习情境 1	学习情境 2	学习情境 3
学习情境	堆纸操作	油墨和润湿液的准备与调配	印刷准备工作与机器的调节训练
学习目标	1.熟练地完成整纸及堆纸等操作; 2.将待印纸张平整地堆放在堆纸台上; 3.会设定纸堆工作位置。	1.学会使用三原色油墨,调配间色油墨; 2.了解润湿液的配比过程及比例。	1.掌握印刷机开机顺序操作; 2.掌握印版、橡皮布的拆装操作; 3.掌握给纸机及输送纸装置的调节; 4.掌握纸张定位操作与调节; 5.了解递纸机构交接位置与交接时间的调节; 6.掌握胶印机印刷装置的组成与结构; 7.了解印刷机离合压机构的工作原理与调节方法; 8.掌握收纸装置的调节及收纸牙排咬牙咬力的调节; 9.掌握供墨、供水部分的基本操作; 10.能够对印刷设备的各润滑部位进行润滑操作
职业核心能力	解决问题	解决问题	与人合作:1 2 3 6 9 10 解决问题:4 5 7 8
学时	4	2	28
重点推荐教学方法	项目教学法、演示法、现场一对一教学	项目教学法、演示法、现场一对一教学	项目教学法、演示法、现场一对一教学
教学资源	胶印机、闯纸台、100g 或 80g 胶版纸。	黑、青、品、黄、白色油墨一套、	四开、对开、四色胶印机、多媒体演示

"印刷原理与工艺"课程实践教学各学习情境渗透职业核心能力具体方法如下:

方法一:模拟企业班组形式进行小组竞技,培养与人合作能力

企业里印刷机台操作一般是分班组的形式,有机长、一助、二助和学徒等。我们的实践教学也进行了分组,我们通常将学生分成 4～5 人的几个小组,分组方式以自愿的原则加强制性安排,这也是为了模拟真实职场。培养学生与人合作的能力,不论是不是你熟悉的,是不是你愿意的人都要求顺利完成合作。因为同学们水平差异不大,角色设定没有固定,谁是机长,采用轮流制,各组分别完成各个实践项目操作任务。其中,有些项目注重个人技能,比拼时从各组随机抽取一人代表本组进行小组竞技,竞技结果排序成为各组在该项目的基本成绩,各个成员的个人成绩在这个基本成绩上下浮动。如此荣辱与共的情境也和实际企业班组出错扣工资的关系相似,促使各个成员之间互相指导互相监督。比如拆装印版操作,装版要先上水辊,拉版要先下水辊,拆版又要上水辊,这些细节个人操作容易忽略,在小组集中训练时,小组成员需要互相提醒不要忘记细节操作,成员之间互相提醒互相监督可以很好地避免误操作。另外,有些项目注重团队协作能力,比拼时全组齐上,各个成员分工协作一起完成项目操作,竞技结果排序成为各组在该项目的团队成绩,操作过程中成员有误操作会扣团队成绩。团队比拼要想零错误需要各组在训练时成员间互相帮助,按个人情况进行有效分工,提升团队竞技能力。比如校版操作,以校左右为例,需要有同学调配润版液、整纸装纸、走纸调节、装版拉版、匀墨、试印刷、抽样分析、调节纸堆左右位置、调节侧拉规距离等操作,各组需要根据各成员特点分配任务,确保拉版操作快速高效完成。

具体评价各小组成员与人合作能力用如下表格:

与人合作能力	优	良	中	差
与个性冲突者相处				
合理分派任务				
团队执行力				
团队合作评价				
第(　)组:	总评:			

方法二:任务驱动下组长负责制,培养解决问题能力

"印刷原理与工艺"课程培养目标中包括培养学生遇到印刷故障能自己进行初步分析,有简单的排除故障能力,这就和模块中解决问题能力相关性非常大,我们也对这一方面进行重点培养。针对学院现有的印刷实训条件我们一分为二,在校内实训室重点进行单色胶印机操作实践学习,另一方面发挥虚拟仿真的强大作用,利用 shots 仿真软件进行四色机操作和仿真故障分析并进行解除故障练习。

任务驱动下组长负责制是指给各小组分配一个任务,由组长负责带领小组成员进行训练,解决训练中遇到的问题,完成任务情况以小组竞技考核结果为准。以学习情境一中堆纸操作为例,分组后布置任务,现场考评题目要求:10 分钟内顺利松纸 100 张,2 分钟内准确数纸 200 张左右。学生带着任务到各自小组划分好的指定区域进行小组训练,小组长需要留意本小组成员的练习,对练习的态度和操作准确性进行初步评分并于课后发给教师,小组长第一次由小组成员抽签产生,而后采取轮流方式,如果谁担任小组长期间不能以身作则,比如迟到早退,不服从实训室管理规定则取消小组长资格。经过课堂分小组的训练,当堂要进行一次小组竞技,每个小组将由一名成员代表本小组去比赛,排名第一的小组整体在该项目平时成绩评定时评分起点将比其他小组多 5 分,小组比赛排最后的小组负责实训室卫生清洁工作。由于不知道谁会代表小组出去竞技,所以组内成员需要通力合作,互相商量讨论练习操作,对练习过程中遇到的问题一起商量解决对策,对比赛中出现的问题也能课后反思解决方法,无形中也提升了各小组解决问题的能力。

解决问题一般流程包括五个方面:描述问题、分析问题、设计方案、做出决策、执行与监控。描述问题要求精准、清晰、简洁;分析问题要全面、逻辑、定量;设计方案研究对策时,急于求成地得出方案是不科学的;做出决策,一个问题往往有很多可行方案去解决,绝对完美的方案是不存在的,在决策时不要急于否定看起来不可能或者有缺陷的方案;方案执行与监控方案执行注意总结和反思。以上是解决问题能力培养需要注重的方面和步骤,我们实践课堂中运用的时候通常融入实训报告和案例分析中进行,具体评价各小组解决问题能力用如下表格:

解决问题能力	优	良	中	差
描述问题				
分析问题				
设计方案				
做出决策				
方案执行与监控				
第( )组总评				

(三)开拓课外资源多渠道促进其他职业核心能力的培养

课内时间有限,利用课堂外时间也可以促进其他核心能力的培养。慕课、微课和翻转课堂等热门名词,近几年一直活跃在高职专业教育里,我们的专业课教学尤其是专业课实践教学也要顺应时代浪潮,捕捉新生代高职学生的学习生活习惯,充分发掘网络时代的特征。

以润物细无声的方式,将和生活密切相关的八大核心能力的培养渗透到课堂内外,这个是我们专业课教学一方做不到的,需要配合基础课程、系办社团活动和企业共同努力,让我们有更多渠道完成职业方法能力和社会能力的培养。

方法一:借助网络学习平台,培养自我学习能力。

利用网络课程启发学生课后去自主学习从而达到自我学习的目的。网络课程中教学互动可以提升学生学习的自主性,比如教师将重要通知和作业在网络课程里发布,可以有效引导学生登录网络课程,养成在网络课程中收发通知、预习复习和上交作业的习惯,逐渐养成自我学习的能力。

方法二:借助第三方力量,培养其他核心能力。

寻找校企合作方式,让企业加入到职业核心能力的培养和评估中来,更加客观且科学的评价课程渗透职业核心能力的效果。学校的教育资源相对有限,校企合作是我们高职专业课教学尤其是实践课程教学绕不开的话题。就学生个人而言,更加应该找到适合自己的校企合作方式,做好校内的时间安排及去企业的时间安排,无论是每天课后兼职还是周末兼职还是寒暑假实践,这些都需要学生对自己的时间和学习情况以及企业要求等信息做有效评估,最后找出最合适的方式,这些生活细节其实都离不开职业方法能力中的信息处理能力。

专业课程配合基础课程和院系社团活动培养其他职业核心能力也是非常重要的手段。学院开设有专项职业核心能力训练课程,院系开展很多提升职业核心能力的活动,这些宝贵的资源和氛围无疑为专业课程渗透职业核心能力提供了参考和保障途径。

四、结束语

"印刷原理与工艺"实践教学中将专业能力的培养和核心能力的培养相结合是我们的初衷,我们课程教学的目的不一定是为接下来的专业技能鉴定获得平版印刷工这个现实利益,我们的课程教学期待的是学生在实践课堂中获得学习的动力和兴趣,获得专业学习的满足感,获得以后在职场、在人生中更为重要的与人合作和解决问题的能力。

"印刷原理与工艺"课程实践教学改革以来,非常重视职业核心能力的渗透,但是因时间不长尚无明确的成果展示,学生在企业的适应能力变化暂时还没明显出现,但是目前学生通过职业资格技能鉴定获得高级平版印刷工的比例是100%,初次就业跳槽率和次数都有所下降。

在高职教育中,专业课实践教学过程中有意识的渗透职业核心能力的培养是非常值得推广的。职业核心能力在教学环节的渗透,不仅可以提升学生的职业核心能力,也无形中更进一步提升了教师的职业核心能力。教师设计、组织、指导课堂的各个环节,若要将职业核心能力更好地融入教学内容中,就要求教师自身的职业核心能力要强。泉州经贸职业技术学院轻工系的系训是立德、明志、敏学、强技,德是排第一位的,也就是说专业技能很关键,但是德行修养更重要,我们相信通过不断努力,在教学实践改革中可以提升师生的德行修养,提升学生的职场竞争力。

参考文献:

[1]薛伟明.高职院校专业实践课程群教学模式探索[J].江苏高教,2016(1).

[2]亓辉,贾彦金,等.高职院校印刷专业学生职业能力的培养[J].广东印刷,2013(6).

[3]田文慧.浅谈国内外印刷职业教育[J].印刷杂志,2015(8).

[4]皮阳雪,郑新,等.广东地区印刷高职教育的困境与出路[J].印刷杂志,2010(10).

[5]熊传玉,徐尤华.基于职业核心能力建设的专业教育探索[J].电脑知识与技术,2016(5).

第三篇

活动篇

ERP 沙盘技能训练融合职业核心能力培养方案实施总结

郑明媚

　　摘　要:当今,各大高职院校已经充分认识到培养满足社会需求的人才,实现大学生毕业与就业的无缝对接,是学校在竞争中生存与发展的关键,而提高学生的职业核心能力就是这关键中的重点。ERP 沙盘模拟经营技能竞赛作为财会经管类专业的综合性赛事,其核心的宗旨就是培养出具有职业核心能力的综合型人才。本方案将针对目前我校 ERP 沙盘训练不系统、比赛结果不理想等问题,结合以往组织参加 ERP 沙盘技能竞赛的经验,及训练和比赛过程中对实践教学模式引发的思考与认识,探究出一套系统的 ERP 沙盘技能训练融合学生职业核心能力的培养方案,为学生技能竞赛训练和教学模式改革提供些许参考。

　　关键词:ERP 沙盘　职业核心能力　培养　总结

一、方案概述

(一)方案目标

1.培养学生的职业核心能力

沙盘教学在培养学生职业核心能力方面具有得天独厚的优势。ERP 沙盘模拟课程融角色扮演、案例分析和专家诊断于一体,其最大特点是"在参与中学习"。本方案的主要目标之一便是培养学生的职业核心能力。

该课程涉及整体战略、产品研发、设备投资改造、生产能力规划与排程、物料需求计划、资金需求规划、市场与销售、团队沟通与建设等多个方面,这就需要学生把所学的不同学科的理论知识联系起来应用于具体的问题中,可以锻炼学生自我学习的能力。

学生的学习过程接近企业实战,在企业经营竞争的模拟中,会遇到企业经营中常出现的各种典型问题,学生必须一同发现机遇、分析问题、制定决策、组织实施,这个过程可以培养学生解决问题的能力。

在进行决策时,学生需要分析市场预测和搜集竞争对手的情报,对这些信息进行处理和分析后才做出相应的战略决策,培养学生的信息处理能力。

由于整个模拟经营过程涉及众多数据,计算量大,若靠手工,效率低、准确性差,还无法集中精力做决策,因此,要利用 Excel 强大的数据处理与图表功能,建立统计模型辅助决策,理清经营过程中各种数据指标间的勾稽关系,这个过程能培养学生数字应用能力。

由于模拟经营过程,每个人各司其职,参与其中,极大地激发了学生的学习热情。同时,在教学中让学生换位思考,如主管销售的经理去做生产、主管生产的去做财务等,加强学生之间的相互沟通和理解,突显出团队的协作精神,培养他们作为企业管理者所必须具备的与人交流、与人合作的能力。

2.为 ERP 沙盘技能竞赛选拔人才

检验沙盘教学培养学生职业核心能力的成效最好的方式就是参加竞赛,以赛促学,在赛事中考验学生综合素质和能力的发挥。因为赛场上有来自不同院校的竞争对手,市场的竞争也更加的激烈,与现实企业经营环境更接近,同时比赛过程非常考验学生的心理素质,而这样的心理素质在日常的教学中是比较难以体现的,所以通过参加竞赛更能检验出教学的成果。

由于沙盘选修课程的上课课时有限,要真正理解和掌握沙盘的运作,还需要更多的模拟实战训练,所以本方案不仅仅局限于课堂上的教学与训练,更是拓展到了课外,包括沙盘协会的训练以及校级选拔赛和赛前集训,通过阶梯式地层层筛选,为最终的省级 ERP 沙盘技能竞赛选拔出优秀的人才,同时也是作为检验培养方案成果的最好标准。

（二）方案思路

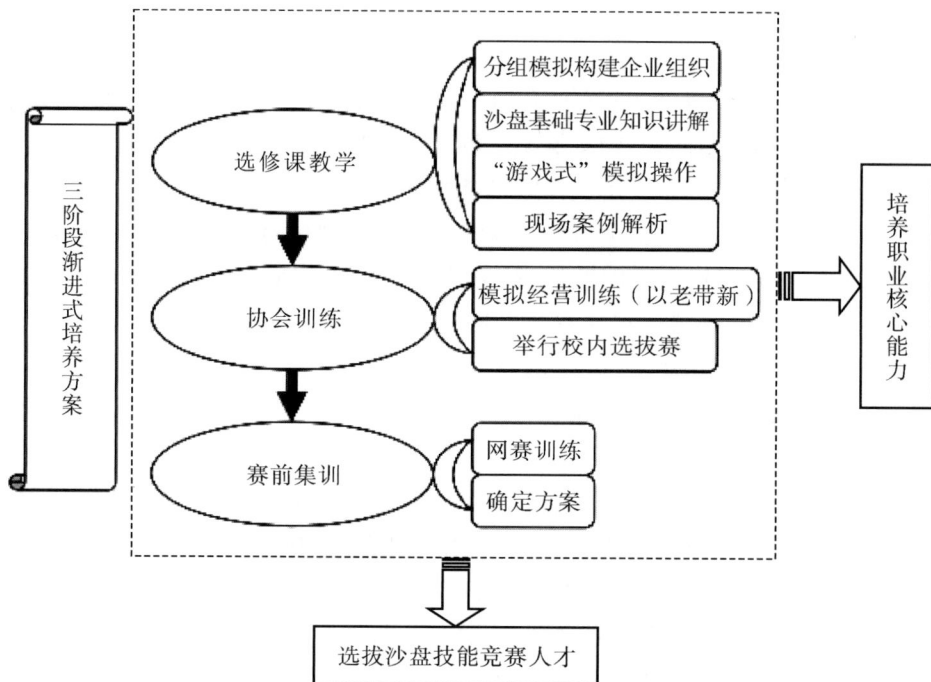

二、方案实施

（一）第一阶段——选修课教学

1.选修课开设

由于 ERP 沙盘是一门综合性很强的课程,需要具备一定的基础知识,经过大一的基础课后,将该课程的开设定于大二上学期效果会更佳。以前沙盘只针对会计系的学生,而沙盘模拟经营的企业里面需要各专业的人才,只有会计系的学生来充当角色,具有一定的局限性,所以在选课阶段,把招收范围扩大到了全校,让不同专业对沙盘感兴趣的学生都参与进来,使不同专业的学生之间能互相交流与学习,达到更好的教学效果。

2.课程内容设计

(1)分组模拟构建企业组织

ERP沙盘经营是一个团队活动,需要多人通力合作才能完成经营。教师根据选课学生的情况(假设一个班级50个学生),分成10个小组,每个小组5个成员,最好是由不同专业的学生组成,分别担任模拟企业里面的不同角色,主要包括CEO、财务总监、生产总监、营销总监及采购总监。

分组认领角色后,可以在几个经营年度后,进行角色互换,从而体验角色转换后考虑问题出发点的相应变化,学会换位思考。同时,由于团队是由不同专业的学生组成,有利于知识互补、互相学习,培养学生自我学习、与人交流、与人合作的能力。

(2)沙盘基础专业知识讲解

虽然沙盘教学更注重学生的实践,但在具体操作实践前还要有基础专业知识的支撑。可能学生在其他课程已经或正在接触相关的专业知识,比如企业战略管理、市场营销、会计学、财务管理、采购学等,但如何将这些课程的相关知识联系起来应用,学生的能力还是比较欠缺的,所以需要教师系统性地讲解,来揭开企业的经营之道。

这个环节的讲解主要包括两个步骤:一个是企业经营基本情况的描述;另一个是市场规则与企业运营规则的讲解,主要围绕往年的沙盘技能竞赛规则来讲。

老师在讲解完每一个知识模块后,就让每个小组的学生参与讨论,并在物理沙盘桌面和商战平台系统上进行相应的操作,遇到不理解的问题可以及时解决,让学生在参与中学习,互相探讨,培养学生自我学习、与人交流、与人合作的能力。

(3)"游戏式"模拟操作

在教师讲解完沙盘基础专业知识后,学生就可以开始"游戏式"的模拟操作了。每个团队代表一个企业,从事6个会计年度的经营活动,具体如下表所示:

阶段	任　　务	备　　注
年初	年度规划,广告投放,参加订货会,长贷	7项工作
四季	贷款及采购,生产任务,交货及开发	18项工作,每季度重复一次
年末	年末付款,关账	5项工作
特殊工作	紧急采购,出售库存,贴现,厂房贴现	4项工作,紧急时采用,可随时进行

　　沙盘模拟经营在每一会计年度的决策与运营过程中，都涉及大量的数据，通过数据预算不断优化方案，确保经营战略和决策的可行性，此时单靠手工计算是行不通的，所以还要利用 Excel 来辅助操作。一方面能提高沙盘运作的效率；另一方面，有助于培养学生利用相关知识和工具解决问题的能力，也就是数字应用能力。

　　在模拟运营前，每个小组要制订出企业运营规划，要分析每一年的市场预测，搜集竞争对手的情报，从而做出相应的对策，该过程能很好地培养学生的信息处理能力。

　　在模拟对抗中，学生们将遇到企业经营中常出现的各种典型问题，他们必须一同发现机遇、分析问题、制定决策，保证企业流畅运转。同时，学生们把课堂理论学习中存在的疑问带到沙盘模拟中加以验证，达到理论与实践相结合，进一步增强了分析问题、解决问题的能力。

　　（4）现场案例解析

　　现场案例解析是沙盘模拟课程的重要组成部分。根据每年的经营结果，各组要具体分析自己企业经营的成败得失，考察竞争对手的情况，对企业战略进行必要的调整。教师结合课堂整体情况，找出大家普遍困惑的问题，对现场出现的典型案例进行剖析。

　　通过第一阶段的沙盘选修课，达到培养学生的自我学习、与人交流、与人沟通、信息处理、数字应用、解决问题等职业核心能力，同时在授课班级中发现ERP 企业沙盘人才，作为技能竞赛型人才库的资源储备。

（二）第二阶段——协会训练

　　ERP 沙盘模拟实训相对比较复杂，每个会计年度的经营操作至少要一个小时的课时，选修课时有限，没能让学生参与更多次完整的模拟经营，达不到良好的教学效果。组建沙盘协会，可以有效改善这一情况。协会成员可先从历年参加省级沙盘技能竞赛的选手以及学过本课程的学生中选取，并将沙盘协会按照部门组织结构来建设，由培训部门、支撑部门、宣传部门和裁判部门四个组成。

　　培训部门是最核心的部门。教师只要教会协会中的主要负责人，由他们再向其他协会成员授课培训，以老带新，极大地提高了教师的工作效率，同时促进了各专业学生的交流与沟通，学生们可以相互学习、互换角色，更好地理解企业经营管理的内涵，培养协会成员的自我学习、与人交流、与人合作、解决问题的能力。

支撑部门的学生要懂得通过 Excel 修改制定订单,再导入系统,为平时训练及比赛提供保障。这个过程可以培养学生熟练掌握 Excel 等办公软件,同时通过订单数据的推测制作,更好地理解市场需求,有助于培养学生数字应用的能力。

宣传部门主要负责通过 qq 群、易企秀等渠道发布网赛信息,做好网赛组织宣传及相关活动的新闻报道。由我校协会自己组织举办网赛,邀请其他高校来参与,促进了不同高校学子的交流学习,提升了学生的自我学习、与人交流、与人合作的能力。

裁判部门作为网赛时的裁判者,负责发布任务,解决出现的紧急情况。通常网赛需要从早到晚一整天的时间,很考验裁判的耐心。此外,在网赛过程中经常出现系统出错或抢单跳单等紧急情况,需要裁判随机应变。这一过程能提高学生解决问题的能力。

经过一个学期的选修课教学以及沙盘协会训练,已经逐渐培养了一批具有职业核心能力同时掌握沙盘技能的人才。在期末举行校内选拔赛,通过比赛激烈的竞争氛围,考验学生的应变能力,检验职业核心能力的培养效果,同时通过比赛的形式,选出优秀的学员作为高校职业技能竞赛的人选。

(三)第三阶段——赛前集训

这个阶段是在校选赛的检验下,从选修课和协会里挑选出具有较好职业核心能力和沙盘技能的学生 12～15 人,集中训练一个月。通过与其他高校打网赛,还原和分析别人的方案数据,取长补短,锻炼参赛选手的抗压能力、应变能力,加强信息处理、数字应用、解决问题能力,让这些学生达到省级技能竞赛的水平;最后,再经过多轮的竞赛选拔,在这些人中选出 5 名参加正式比赛的学生,不断总结完善比赛方案,为省赛做好准备。

三、方案成果

经过一年的实施,课题目标已经基本实现,参与培养方案的学生职业核心能力得到大幅度提升,参加技能竞赛的成绩也得到突飞猛进的提高。

1.对于选修课学生——培养了职业核心能力

实施前	实施后	能力
只和自己班级的学生熟悉,局限于自己所学的专业	认识不同专业的同学,互相交流学习	自我学习
害羞,不懂得组织语言	敢于在众人面前发表自己的想法,逻辑清晰	与人交流
各做各的事,效率低下	团队分工合作,取长补短,提高效率	与人合作
遇到问题喜欢抱怨,干着急	遇到问题能寻找多种方案来解决,用行动代替抱怨	解决问题
凭感觉做事	excel 的应用能力得到进一步提升,通过资金预算懂得用数据说话	数字应用
凭感觉做决策	懂得收集多方面的信息来进行决策	信息处理

2.对于沙盘协会学生——培养兴趣,提前感受企业氛围

实施前	实施后
对企业的概念很模糊,缺乏实践,不清楚自己擅长的地方	提前感受企业氛围,角色扮演更清楚自己未来适合的岗位

3.对于参赛学生——为校争光

实施前	实施后
2015 年沙盘技能省赛,第 23 名,三等奖	2016 年沙盘技能省赛,第 3 名,一等奖;2016 年沙盘技能国赛,第 2 名,一等奖

4.对于教师——探索新的教学模式

实施前	实施后
传统教学模式,形式单一	集角色扮演、案例教学、专家诊断于一体的体验式教学模式

四、方案总结

(一)方案成果推广价值

1.体验式教学模式可应用于其他课程

本方案的 ERP 沙盘商战系统提供仿真企业的业务流程处理环境,可使学生自觉去思考、规划,主动加入群体活动完成训练,这是 ERP 沙盘教学本身具备的一个优势。加上选修课的形式,吸收了不同专业的学生参与,让他们能够真正根据自己的专业和兴趣来进行角色扮演,采用体验式教学模式,让学生的学习效果更好。这种教学模式也可以应用于其他实践性较强的课程里,调动学生的主动性,更好地培养学生的职业核心能力。

2."三阶段渐进式"培养方案适用于其他技能竞赛训练

本方案的思路是"三阶段渐进式",包括选修课教学、协会训练和赛前集训三个阶段,把课堂教学和课外协会紧密结合,相辅相成,再加以赛前的压力集训,达到学以致用、以赛促学的效果。其他的技能竞赛也可以采用这样的模式进行人才的选拔,达到双重目标,即学生职业核心能力的培养和技能竞赛人才的选拔训练。

(二)方案存在的问题及措施

1.师资队伍不足

目前沙盘的指导老师只有两个,而且相对年轻缺乏经验,沙盘涉及多个学科的专业知识,需要更有经验的不同专业的老师加入,共同探讨教学内容。

2.训练过程分工不明确

沙盘分组操作,每组一般五个成员、一台电脑,所有的岗位操作都需要用到电脑的辅助,学生因为岗位角色的执行步骤不同需要频繁更换人来操作电脑,通常为了方便会造成最后只由一个学生在操作,导致训练过程分工不明确,所以需要每组多增加电脑数,进行合理的任务划分,严格限制岗位权限,每个角色缺一不可。

3.协会运作不成熟,成员流失严重

由于沙盘协会和其他社团性质不同,偏向学术型,需要学生沉下心、动脑筋来学习沙盘的知识和操作技能,开始相对枯燥,很多学生难以坚持,导致协会成

员流失严重。应多与其他学校沙盘协会交流;多举办活动,吸引更多人参与;同时,做好激励措施。

4.选课机制存在缺陷

在选修课堂上,有很大一部分学生并不知道沙盘为何物,仅冲着名称好玩而来,导致接触后发现与自己的期望不同,不能很好地进行学习,造成选上的学生不感兴趣、感兴趣的学生选修不上课程的矛盾局面。所以选课前应该先进行选修课介绍,使学生充分了解后再做选择。

参考文献:

[1]吴威."三层递进式"ERP企业沙盘技能竞赛人才训练组织模式探究[J].漳州职业技术学院学报,2014(3).

[2]阳红梅,罗欣.高职院校运用ERP沙盘模拟实训教学的思考[J].教育教学,2010(10).

[3]陈国霖.开展ERP沙盘教学,培养应用型人才[J].长春理工大学学报(高教版),2007(9).

[4]陈朝晖.ERP沙盘模拟对抗教学方式探索与实践[J].实验室研究与探索,2009(1).

[5]吴秋红.ERP沙盘在会计实训中的应用分析[J].长沙铁道学院学报,2014(5).

[6]陈春蕾.基于ERP沙盘模拟的实践教学模式研究[J].商业经济,2011(1).

[7]李锐.职业技能竞赛与高职人才培养相融合的研究[J].职业时空,2012(7).

[8]姜桂冬.浅析高等职业教育引入沙盘教学模式的必要性[J].黑龙江史志,2009(18).

[9]杨立功.通过ERP沙盘模拟实训来培养学生的综合能力[J].职业与教育,2009(24).

融合职业核心能力的高职技能竞赛在专业教育中的实施探索

——以多媒体专业的"二维动画制作"项目为例

颜杰群

摘　要： 职业技能竞赛是深化高职教育内涵，提升专业教育水平的有效手段之一。而职业核心能力作为职场能力中除岗位专业技能外的基本能力，对高职学生的素质能力拓展也有着很好的促进作用。本文认为将职业核心能力有效地融合在高职技能竞赛项目实施中，可以有力地提升专业教育效果。

关键字： 职业技能竞赛　职业核心能力　专业教育　探索

引　言

高等职业院校不同于普通本科院校的以理论教学研究为主的教育模式，它更侧重于实践技能教育，为当前不断提高生产力水平的社会及行业培养适合市场实际需求的高技能、高素质人才。近年来国家也越来越重视职业教育。为此，在教育部于 2010 年 7 月 29 日正式发布的《国家中长期教育改革和发展规划纲要(2010—2020 年)》中明确指出：要把提高质量作为职业教育发展的重点，并将开展职业院校技能大赛作为提高教育教学质量的重要方式之一。可以说当前社会各界职业教育人士已经对定期举办职业技能大赛达成了共识。

当前全国各地也已经兴起了一股举办职业技能大赛的热潮，这对高职教育来说无疑是一项利好，但是经过调查却发现很多高校在参赛过程中往往忽视了学生的另一项重要技能——职业核心能力。职业核心能力作为职场能力中除岗位专业技能外的基本能力,是一种可持续发展的基本职业素养能力,能适应各行各业中不断发展变化的岗位能力需求。在当前高职教育体系中,过于重视专业技能培训而忽视职业发展所需的职业核心能力往往会使学生在从自然人转化为职业人、社会人时出现能力支撑卡位现象。

基于此,泉州经贸职业技术学院极其重视职业核心能力教育,提出将职业核心能力全面融入高职专业教育中,并确立了一系列相关研究课题。本文的撰写正是基于将职业核心能力融入二维动画技能竞赛课题研究内容探索而来。

一、职业核心能力

职业核心能力作为一种可持续发展、能适应各行各业不断变化的岗位需求的基本职业素养能力,在职教体系中有着重要的作用。为此,劳动和社会保障部于 1988 年在《国家技能振兴战略》中把职业核心能力分为八项核心能力,主要涵盖了:与人交流、数字应用、信息处理、与人合作、解决问题、自我学习、创新革新和外语应用等能力。

在 21 世纪初,新知识、新技术不断涌现,它们在冲击传统产业结构的同时催生了一些新的行业。同时革新的"互联网+"技术也极大地激发人们的需求并改变其消费方式。在这种情况下,大批技术更新快、复合面广、智能化程度高的新职业犹若雨后春笋般迅速地出现在社会生产和生活中,这些新职业岗位工作的完成更加强调劳动者学会自我学习、善于团队协作、注重改革创新以及最终解决问题的能力。

掌握好职业核心能力对于即将踏入社会进行就业的毕业生来说,能促使他们加快适应社会岗位的变化需求,学会自我调整、与人相处,更加善于自我学习、提升技能,主动推进改革创新、解决问题,保持可持续发展的个人能力来适应更高层次的职业和岗位要求。

对于学校来说,将理论联系实际,以促进就业为导向,培养适应我们当前社会发展的人才需求是职业院校的办学宗旨。但是当前学校的教学培养与企业对人才的能力要求仍有一定差距。因此将职业核心能力融入日常教学教育中,全方位提升学生在知识技能和职业素质方面的能力水平是提高办学宗旨、完成教育目标的有效手段。

对于用人单位来说,知识与技能是第一生产力。而作为知识的载体——人才,对于企事业来说是极其重要的。拥有一批高技能、高素质,有良好职业道德和职业素养,善于学习思考、团结协作、不断创新的企事业员工,将能让用人单位的生产水平、生产效率得到保障,促进其朝更高层次发展。

可见,职业核心能力在教育、经济、社会生活中有着重要的内涵意义。如何有效提升学生职业核心能力水平将是职业院校接下来重点探索的方向之一。

二、在多媒体专业"二维动画制作"项目上的应用操作

二维动画制作能力是多媒体专业学生必修的核心技能之一,它要求学生掌握素描、写作、flash 动画制作、影视动漫设计与制作等相关课程的相应知识。通过比赛动画制作项目不仅可以对学生掌握专业知识的情况进行检阅,也能衔接福建省职业院校技能大赛的"二维动画制作"项目,更是符合教育部提出的《国家中长期教育改革和发展规划纲要(2010—2020 年)》中有关职业教育的精神。为此,信息技术系课题组对比赛方案进行思考并结合职业核心能力理念进行设计,具体流程见图1。

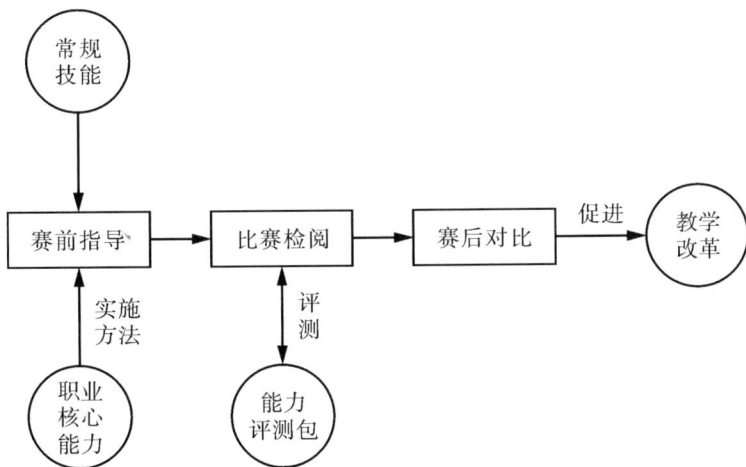

图 1   方案流程图

(一)赛前指导

"工欲善其事,必先利其器",为了能让学生理解比赛的内涵并迅速融入比赛项目中,达到二维动画技能竞赛的知识和技能要求,在赛前对学生进行针对性培训就显得尤为重要。这里能力模块方面的培训主要是专业技能和职业核心能力方面的训练(见图 2)。

```
┌──────────┐      ┌──────────────┐   ┌──────────┐
│ 专业技能  │  +   │ 职业核心能力 │───┤ 与人交流 │
└──────────┘      └──────────────┘   └──────────┘
                                     ┌──────────┐
                                     │ 与人合作 │
                                     └──────────┘
```

图 2　能力模块图

其中根据比赛项目特点,职业核心能力方面主要是训练学生"与人交流"、"与人合作"的能力。同时按照二维动画制作流程的顺序,把培训分为以下五个阶段(如图 3):

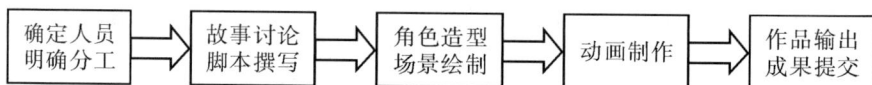

```
┌──────────┐   ┌──────────┐   ┌──────────┐   ┌────────┐   ┌──────────┐
│ 确定人员 │──▶│ 故事讨论 │──▶│ 角色造型 │──▶│动画制作│──▶│ 作品输出 │
│ 明确分工 │   │ 脚本撰写 │   │ 场景绘制 │   │        │   │ 成果提交 │
└──────────┘   └──────────┘   └──────────┘   └────────┘   └──────────┘
```

图 3　动画制作流程图

在上面每个阶段培训时都要充分考虑专业技能和职业核心能力的特点,充分把两种能力进行分解、组装与融合,使之紧密结合在一起,让学生充分领悟。如第二阶段——故事讨论和脚本撰写阶段(如图 4):

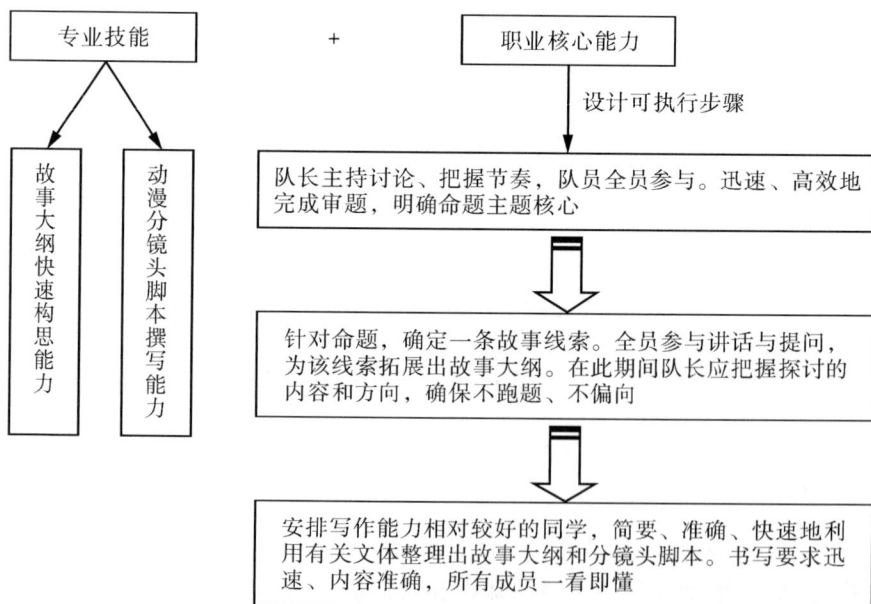

```
┌──────────────┐              ┌────────────────┐
│   专业技能   │      +       │   职业核心能力  │
└──────────────┘              └────────────────┘
                                      │ 设计可执行步骤
   ┌───┴───┐
 ┌────┐ ┌────┐          ┌──────────────────────────────────────┐
 │故事│ │动漫│          │ 队长主持讨论、把握节奏,队员全员参与。 │
 │大纲│ │分镜│          │ 迅速、高效地完成审题,明确命题主题核心 │
 │快速│ │头脚│          └──────────────────────────────────────┘
 │构思│ │本撰│                        ▼
 │能力│ │写能│          ┌──────────────────────────────────────┐
 │    │ │力  │          │ 针对命题,确定一条故事线索。全员参与讲 │
 └────┘ └────┘          │ 话与提问,为该线索拓展出故事大纲。在此 │
                         │ 期间队长应把握探讨的内容和方向,确保不 │
                         │ 跑题、不偏向                           │
                         └──────────────────────────────────────┘
                                       ▼
                         ┌──────────────────────────────────────┐
                         │ 安排写作能力相对较好的同学,简要、准确、│
                         │ 快速地利用有关文体整理出故事大纲和分镜 │
                         │ 头脚本。书写要求迅速、内容准确,所有成 │
                         │ 员一看即懂                             │
                         └──────────────────────────────────────┘
```

图 4　能力分解图

在培训中充分把专业技能分解成相对独立的知识块,再依据职业核心能力中"与人交流"能力的特点设计出较易执行的操作步骤进行针对性训练知识块,使同学能有的放矢,有效地掌握相应技能。

(二)比赛检阅

"纸上得来终觉浅,绝知此事要躬行",再好的理论,如果没有实践检测,那么都将成为一纸空谈。在这里我们以《福建省 2014 年职业院校技能大赛(二维动画项目)方案》为蓝本,按照我院计算机应用(多媒体方向)专业学生的特点设计出一套融合专业技能和职业核心能力的比赛方案。其中为新加入的职业核心能力设计出一套评价标准(评测包),大致内容如下:

1.学生比赛阶段

(1)每 4 人为一单元组,在小组内自行分工安排队长、剧本脚本写作、角色造型、场景设计、动画制作、作品合成等岗位,其中各个岗位可以交叉、重叠。

(2)在规定时间、规定地点、指定设备的条件下完成作品创作。其中选取学院一间多媒体机房,每 4 台电脑两两相靠组合成一组,让每个小组在抽签决定的相应电脑组中以 8 个小时的时限内完成一部命题动画。

(3)按方案设定的文件提交要求内容提交作品。

2.老师评判阶段

每个比赛场地设置 2 名裁判和 2 名职业核心能力考评员。

职业核心能力考评员在现场每个动画阶段制作中依据学生职业核心能力表现情况参照事先设定的评测包进行现场打分。这里以第二阶段"故事讨论、脚本撰写"为例,自制的评测包内容如表 1 所示。

表 1　评测包

竞赛内容	专业技能考核与职业核心综评	分值
故事讨论 脚本撰写	**专业技能:** 　各小组能独立创作出剧本、分镜头脚本。在从剧本到分镜头脚本转化中,充分把文字故事转化为图像情节。内容叙述完整、清晰,符合动画镜头撰写要求	10 分
	职业核心能力: 　队长能主持小规模的讨论,话题始终围绕主题参与交谈和探讨——1 分;团队成员能全员参与并理解对方谈话的内容,准确辨明态度和意图,并予以相应回答——2 分;团队能根据工作任务和要求选择相应文体,撰写故事大纲及分镜头脚本,要求逻辑清楚、主题突出、内容明了——1 分	4 分

比赛结束后,将收回的作品交由专业老师对其表现进行专业技能方面的评分。其中专业技能考评和职业核心能力综评所占比例如图 5 所示。

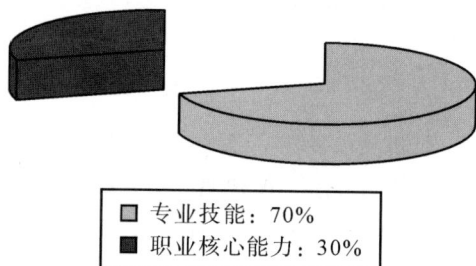

　□ 专业技能：70%
　■ 职业核心能力：30%

图 5　成绩考评比例图

(三)赛后对比

为了验证职业核心能力对二维动画制作技能的促进作用,在这里我们选取两份样本进行分析。我们抽取计算机应用(多媒体方向)专业 2012 级和 2013 级两个班进行参照对比。其中,计应 121 班为常规二维动画技能培训班;计应 132 班为试点,融合职业核心能力的二维动画技能培训班。以各个动画制作阶段平均耗时(分钟)和平均得分为统计依据,主要数据如表 2 所示。

表 2　对比表格

项目\班级	人员分工		剧本创作		人物、场景		动画制作		作品输出		总耗时	总评
	时间	得分	时间	得分	时间	得分	时间	得分	时间	得分		
计应 121	7	8.3	15	6.8	189	20.8	239	30.6	20	7.5	470	74
计应 132	10	8.0	22	8.3	177	23.6	221	33.5	16	7.5	446	81

相应的图形显示如图 6、图 7。

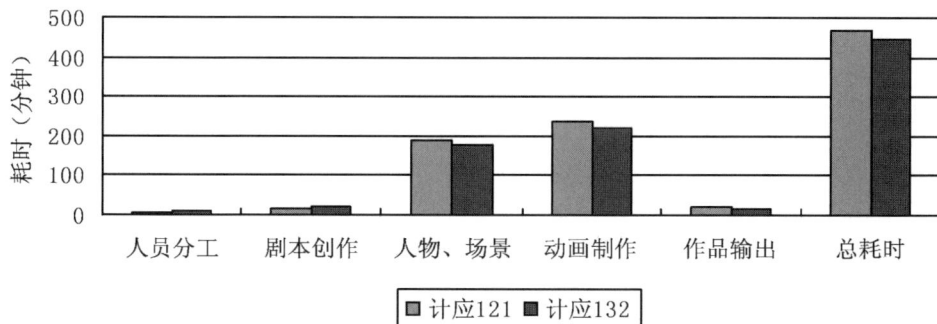

图 6　耗时柱状图

从图 6 可以看出,融合了职业核心能力中"与人交流"、"与人合作"模块的训练,计应 132 班在整个动画制作项目上有更多交流互动和更好的团队协作。虽然在人员分工和剧本创作上稍微费了一点时间,但在后期各个环节则运作流畅,从而提高了效率,节省了时间。因此总耗时相比计应 121 常规训练班有了较大的提高(节省了 24 分钟)。

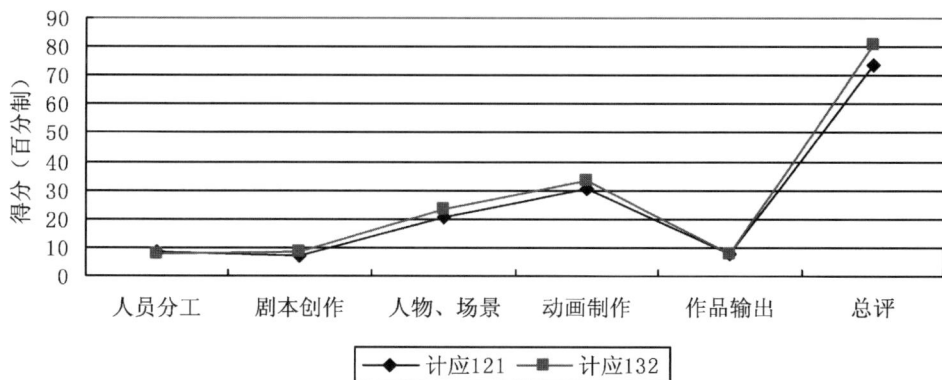

图 7　得分折线图

在得分环节,得益于充分的与人交流沟通、融洽的团队协作,在剧本创作、人物场景、动画制作阶段,计应 132 班的表现均好于计应 121 班(总分提高了 7 分)。

三、总结

职业核心能力作为职业的内在基本能力,它与专业技能是可以互相促进、共同提高的。如何把职业核心能力合理地融入专业教育中是提升当前高职教育水平的有效手段之一。为此,专业技能教师在课堂授课的时候也应注意把握这一点,合理地加以应用。由于本课题仍然处于研究阶段,对职业核心能力进行考评的评测包建设仍然在不断完善中,因此仍有较大的研究空间。同时受篇幅所限,本文内容撰写仅涉及与人交流、与人合作模块,余下的六个职业核心能力模块并未有涉及。

参考文献:

[1]教育部.国家中长期教育改革和发展规划纲要(2010—2020 年)[Z].2010-7-29.

[2]赵云.职业学校技能竞赛的发展现状及对策研究[D].苏州大学,2011.

[3]童山东.职业核心能培养探索[J].深圳职业技术学院学报,2006(3):60-68.

[4]李怀康.职业核心能力开发报告[J].高等职业教育(天津职业大学学报),2007(1):4-8.

[5]陈高锋,何国荣.充分发挥技能竞赛对高职学生培养的促进作用[J].中国职业技术教育,2013(29):43-45.

[6]靖德云.高职学生职业核心能力培养研究——以山东省为例[D].山东大学,2012.

[7]欧文婷.湖南省技能型人力资本需求与职业教育发展的相关性研究[D].湖南师范大学,2012.

[8]史文生.论职业教育技能竞赛的功能及其发展[J].教育与职业,2010(33):20-22.

以社团活动为载体构建高职学生
职业核心能力培养模式
——基于电子商务协会的探索与实践

赵思思

摘　要:职业核心能力是除岗位(专业)特定能力以外,所有岗位、任何人、一生都需要的通用能力。加强对高职学生职业核心能力培养,有利于培养高素质技术技能人才,增强学生的就业竞争力。而学生社团作为学生自我教育、自我管理和自我服务的学生组织,可以延伸课堂知识,同时成为训练学生职业核心能力的有效途径。本文以泉州经贸职业技术学院电子商务协会为例,探寻以职业核心能力为导向,以社团活动为载体的新型高职学生社团,探索培养高职学生职业核心能力的新途径。

关键词:社团活动　职业核心能力　培养

一、电子商务专业学生培养职业核心能力的必要性

近年来,随着全球电子商务的高速发展,我国电子商务行业每年以数倍GDP的增速快步发展。作为新型产业,电子商务人才存量不足,各电商企业对于人才的竞争将日趋白热化。随着电子商务的持续升温,大量传统企业转型电商使得未来电子商务的人才需求更加趋紧。同时,由于电子商务是一个多学科交叉、复合型的新兴学科,全面涵盖了经济学、管理学、计算机科学、信息管理等众多学科,其快速更新的知识结构和理论、实践并重的特点与传统人才培训模式之间存在矛盾,学生综合素质不高,缺乏通用能力,也形成电商巨大的人才真空。

因此,电子商务的人才培养除了基础和专业知识的传授,还需要侧重学生的职业核心能力。

职业核心能力是职业能力的一个重要组成部分,在职业活动中起支配作用,是就业、再就业和职场升迁必备的能力,也是提高高职在校生就业竞争力的重要手段。根据电子商务行业的特点,其从业人员需具备的职业核心能力主要为以下七项:与人交流、数字应用、信息处理、与人合作、解决问题、自我学习、创新革新。这些能力的培养,除了第一课堂的理论传授外,还需要依托第二课堂的延续与补充。而电子商务协会作为学生社团组织,可以视为辅助电商教学的第二课堂,通过协会活动,全面提升学生专业实践能力和通用能力,使教育人才培养的供给满足企业实际需求,为电子商务行业输出更多的复合型人才。

二、以电子商务协会为依托培养职业核心能力的意义

学生社团是由部分拥有共同兴趣、爱好的学生,按照一定的组织程序自发组织起来通过开展各项有益的社团活动,实现自我教育、自我管理和自我服务的群众性学生团体。它能对学校课堂进行有效的延伸,学生通过社团活动各方面能力得到提升。而职业核心能力则是从事任何岗位工作都应当具备的可迁移、一般性的能力。从表面上看,职业院校学生社团与职业核心能力尚未存在明显的联结点,但通过"AE 五步训练法",即包括目标(object)、任务(task)、准备(prepare)、行动(action)、评估(evaluate),通过在课堂上对学生进行专项训练的体验式学习以达到提高职业核心能力的效果。这种训练方式虽起到一定的效果,但由于课程设置与课堂时间有限,参与学生与活动地点固定,因此在职业核心能力训练上还存在一定的局限性,它无法达成完全真实自然的训练,而学生社团的活动则正好可以弥补这个缺陷。高职院校学生可以在在校期间内根据自己的专业、兴趣选择参加不同类型的社团活动,参加不同类型项目的训练,在第一课堂学习之外去不断提升自身的职业核心能力。此外,社团的开放性使得不同专业、年级的学生因为共同兴趣爱好结识,在组建社团、开展协会活动中会有频繁的交流与合作,既有社团内部成员、社团之间,也有与学校部门、校外团体之间的交流与合作,更符合真实的社交环境,有助于锻炼学生与人交流、与人合作的能力。以我院的电子商务协会为例,电子商务具有多学科交叉、复合型的特点。协会成员涉及全院不同专业不同年级。协会跨系、跨专业、跨年级的交流合作,既可以增加与人交流的机会,也可以发挥每位会员的专业所长,增强团队协作能力,全

面提升学生职业核心能力。可见,社团的自主参与性和开放性更有利于学生在学期间对职业核心能力全过程地训练。以社团活动为载体成为拓宽职业核心能力培养的有效渠道之一。

(一)社团是培养学生职业核心能力的有效渠道

社团主要以实践性活动为主,更有利于学生职业核心能力的训练与巩固。以电子商务协会的活动为例,在协会活动中,通过协会官方微博每天推送关于电子商务行业新闻向协会会员普及电子商务知识;通过主题线上线下讨论学习会增强协会会员自我学习能力;定期开展专业知识培训讲座,讲述电子商务基本知识、管理、网站技术、电子商务安全等电子商务相关的专业技能,加强协会会员的专业知识和自我学习能力;通过实战培训、实训、社会实践和电子商务应用竞赛增强学生职业核心能力,在讨论和实践中增强与人交流、与人合作、解决问题的能力,在调查报告、项目报告的撰写中增强学生数字应用、信息处理、自我学习、创新革新等职业核心能力等等。这些与专业相关的相应性实践锻炼,实质上延伸了第一课堂的内容,既巩固了理论学习,又做到理论实践相结合,让学生从填鸭式教育转向自主探究。

(二)职业核心能力培养有助于明确社团目标定位

目前大多数职业院校社团存在的主要问题就是社团定位不清,精品项目缺乏,管理不到位。社团的创建之初是由于学生共同的目标,这个目标可能是共同的兴趣,也可能是共同的特长、爱好、志向或理想,目标决定了社团今后发展的方向。然而,仅仅依靠这些因素,很难维持社团的可持续发展,职业核心能力目标的出现为学生社团的发展指明了方向。以社团活动或项目为载体,培养学生与人交流、与人合作、信息处理、数字应用、创新革新等职业核心能力,既明确了学生社团发展的方向,强化了社团的育人功能,又与促进学生健康、全面的发展目标相呼应,促进了职业院校可持续发展。而通过学院团委、各级团组织及社团老师的有效指导,可以在一定程度上使得协会运作更有方向性和持续性。

(三)职业核心能力培养有助于促进社团良性发展

社团活动有助于促进社团成员之间在交流中学习,还有助于与校内其他学生社团、各种社会组织进行交流与合作,可以在各种活动的策划与组织中训练学生的职业核心能力。通过能力的锻炼,进一步培养学生干部素质,使协会得以高效管理。比如,在电子商务协会的纳新活动中,通过纳新方案的策划、场地审批、道具硬件租借等,可以锻炼社团成员自我学习、解决问题等能力,社团内部成员通过学习交流,学会反思自己与其他社团成员之间的优势与不足,能够客观审视社团活动开展情况,在实践的基础上进行总结与反思,不断提高社团的工作效率,扩大社团的校际影响力。同时,通过协会成员共同讨论协会活动,探索协会活动新模式、新方法,既发挥学生主观能动性,又能促进学生创新革新能力,推进协会精品化活动的发展。

三、以职业核心能力培养为导向构建新型学生社团的几点建议

(一)转变思路,顶层设计,为新型学生社团建设明确发展方向

高职院校学生社团不但是构成校园文化的重要组成部分,而且是高职学生提升自己各项能力素质的重要平台。学生社团是高职生求学问道的第二课堂,学生根据所参与社团活动的不同,获得相应的知识、技能或素质。从职业核心能力训练角度来看,学生社团是学生获取职业核心能力的重要途径。因此,在学生社团的总体发展思路上,除了文艺体育方面的社团建设外,学校应该转变理念,将职业核心能力训练融入社团建设发展中,明确社团建设思路,制定鲜明的工作目标和切实可行的解决方案。通过学生自主组织、参与的社团活动,培养学生自我学习、信息处理、数字应用、与人交流、与人合作、解决问题、创新革新、外语应用等职业核心能力,促进学生通用能力的养成及综合素质全面发展。同时,学校可以通过鼓励、支持、发展特色鲜明的具有实践意义的学生社团,凸显学校的团学文化和办学特色,体现教学改革成效,提升学校影响力和知名度。

(二)导师制与自主管理相结合,推进学生社团建设长效发展

学生社团以学生自主管理为主,但应该落实社团指导老师的配备。以学生为主体,以指导老师为主导,一方面发挥导师专业特长,着重于职业核心能力的训练;另一方面发挥学生自主性,积极参与到职业核心能力训练中。在师资选择上,除了专业性社团所属的专业课教师外,还应该配备有职业核心能力中、高级指导师和考评员作为指导老师。一方面,指导老师可从全局把握协会发展,指导学生为社团制订出切实可行的协会活动计划,同时可以督促指导学生完成任务、

总结成果、发现不足,不断提高协会活动创办水平;另一方面指导老师作为考评员和指导师,在活动顶层设计上,可将职业核心能力的能力点融入学生活动中,同时对学生活动表现做出测评,帮助社团学生在完成社团任务的同时进行自我的职业核心能力训练。通过导师制与学生自主管理这种方式管理社团,教学相长,形成良好的师生互动关系,避免"一言堂"和"放羊式"管理,既锻炼学生能力,也能让年轻教师从中更了解学生群体,获得实践经验,作用于今后课程教学以及职业核心能力的训练上。

(三)建立机制,完善管理,为培养学生职业核心能力提供制度保障

协会在导师制和学生自主化管理机制相结合的基础上,采用协会制度化管理,建立架构清晰的协会组织,同时学校团委要配备专职团学干部对学生社团给予工作指导,后勤、财务等部门要给予学生活动经费、场地等方面的支持,共同为社团的发展营造一个良好的发展环境。以电子商务协会为例,可设立会长团及下设策划部、宣传部、技术部和外联部的学生干部团队,在学生干部内明确职责,规范工作流程,要求干部各司其职又协作配合,设立激励机制和反馈机制,建立正规的协会会员录用、试用、辞退等管理制度,建立规范的会员、部长团、会长团的工作考核制度,通过有效的奖励与约束制度,最大限度地调动协会干部和会员的积极性。通过制度的建立可以不断为协会的稳定发展和活动开展营造良好氛围,促进协会可持续发展。另外,通过建立并完善协会规章制度,既可以加强对社团干部的培养,又可以增强全体协会成员的凝聚力,有意识地提高协会成员的主观能动性,提高协会成员团队意识,可以促使协会运行机制发挥最佳效益,为训练职业核心能力营造良好氛围。

(四)丰富内容,落实活动,促进学生职业核心能力的切实提升

在协会活动方面,必须充分发挥学生社团开放性和实践性的特点,引导学生自主交流,逐渐融入团队,形成社团目标共识、知识共享、团结合作以及文化认同,理论与实践相结合,全面提升学生的综合素质水平,提高学生适应社会的能力,帮助学生成长成才,对接企业人才技能要求。在活动设计中,可以选取人力资源和社会保障部职业技能鉴定中心组编的《职业社会能力》、《职业方法能力》中级训练手册为培训教材,根据学校办学特点及专业人才培养目标,设置特色化、专业化的训练内容。特别是可以融入混合式教学,通过线上渠道自主学习,线下仿真互动实践,达到更好的训练效果。此外,学校及系部可以整合优势资

源,重点扶持具有特色的学生社团,开展校企合作,引进企业项目或开展企业顶岗实训,向企业输送协会优秀成员,让企业在获利的同时向学生社团提供相应的设施与设备,谋求校企共同发展。这样既可以丰富学生社团活动内容,又可以进一步培养和巩固学生职业核心能力的训练效果。

参考文献:

[1]人力资源和社会保障部职业技能鉴定中心组.职业社会能力训练手册[M].北京:人民出版社,2011:2.

[2]陈学凤.高职生职业核心能力提升与学生社团发展的双效互动探析[J].宁波职业技术学院学报,2014(2):11.

[3]杨彦名.以职业核心能力培养为导向构建职业院校新型社团组织[J].职业,2011(12):56-58.

[4]邓波.高校学生社团发展困境及出路[J].山西大学学报(社会科学版),2009(36):150.

[5]李安祥.地方高职院校学生社团建设的调查、问题与途径[D].湖南:湖南农业大学,2010:26.

[6]刘庆.以课外活动为载体培养中职学生职业核心能力的实践研究[D].四川:四川师范大学,2015:12.

[7]李扬清.课外活动对学生能力培养的研究[D].云南:云南师范大学,2006.

[8]周伟.职业核心能力培养途径及其教学方法研究[J].高等职业教育,2012(4).

[9]杨克林,吕卫华,杜立刚.高职学生职业核心能力系统化培养途径探究[J].中国职业技术教育,2012(18).

活动渗透职业核心能力培养探索

——以汽车运用与维修技术专业为例

庄紫玮

摘　要:2016 年是"十三五"时期的开局之年,国家"十三五"规划纲要明确提出要实施制造强国战略,推动传统产业改造升级和支持战略新兴产业发展。汽车产业作为国民经济支柱性产业,必将成为产业战略转型的先驱者。汽车行业的巨大变革必将带来社会职业结构和岗位人才需求的变化。这就要求从业人员面对未来复杂的局势能够具备不断适应新岗位的基础能力。因此,本文以泉州经贸职业技术学院探索实施"三全"(全人员参与、全过程渗透、全领域覆盖)培养学生职业核心能力为例,探索汽车运用与维修技术专业"以赛促学"教学模式改革新途径。

关键词:高职院校　职业核心能力　以赛促学

一、职业核心能力在汽车产业的必要性

2016 年是"十三五"时期的开局之年,国家"十三五"规划纲要明确提出要实施制造强国战略,推动传统产业改造升级和支持战略新兴产业发展。汽车产业作为国民经济支柱性产业,必将成为产业战略转型的先驱者。近年,汽车产业不断进行技术革新,汽车后市场借力"互联网＋"风起云涌,互联网保险、二手车电商、O2O 上门保养等多元化模式层出不穷;新能源汽车政策被政府拟为战略新兴产业,纯电动车涨幅高达 248％,销量呈井喷式增长;汽车维修业在新规范文件推动下基本完成从规模扩张型向质量效益型的转变,规范汽车后市场运作模式,更加强调以人为本、服务至上。

汽车行业的巨大变革必将带来社会职业结构和企业人才需求的变化。这就要求从业人员面对未来变幻莫测的局势能够具备不断适应新岗位的基础能力，运用已有知识解决未来行业新问题，整合各类资源协调团队工作，善于与人沟通提高顾客满意度。高职院校人才培养方案强调以能力为本位，紧紧围绕专业核心技能、职业核心能力，构建并形成能力本位课程体系。职业院校与企业紧密合作，人才培养的定位主要依据企业的需求，因此，泉州经贸职业技术学院探索实施"三全"，大力培养学生职业核心能力，为汽车运用与维修技术专业教学模式改革提供行之有效的新途径。

二、"以赛促学"培养学生职业核心能力的策略

为迎接 2016 泉州市大学生创新创意作品大赛，引导大学生树立创新意识、培养创造能力、锻造创业精神，启发学生主动提升专业实践能力，面向 2014 级汽车运用技术专业学生遴选参赛选手，最终以自荐和推荐相结合的形式成立汽车智能安全控制工作室。汽车智能安全控制工作室以培养学生职业核心能力为主线，以泉州经贸职业技术学院构建的特色化教学改革为指导精神，以大学生技能大赛为导向，整合企业生产项目，推动全面提升学生综合能力。

(一)创设情境,组织合作

汽车行业经济的繁荣发展离不开团队成员的紧密配合，培养大学生与人合作的职业核心能力，有助于大学生快速完成校企角色转换，大大缩短适应周期，提升个人效能。结构合理、优势互补的团队是能有效合作的保障，汽车智能安全控制科研小组采取以学生为主体、教师为主导的教学模式，教师以竞赛任务为指导，列明设计背景、设计目标、设计原理、造型设计、任务实施计划等 5 条大纲，组织学生采用头脑风暴的方式依次补充具体内容方案。例如，在任务实施过程中教师布置当日任务，小组成员需在限时内完成作品焊接工作。每名成员需要自发合理找准自身定位，确定在团队中扮演的角色。在作品制作之初，大部分成员自发担任分析设计图纸、工具管理、作品焊接工作时，仍有几名学生感到无所适从，不知从何下手，只能在一旁四处观摩。此时教师引导学生不断自我调节，积极寻找空缺岗位角色，摆脱从众意识，提高与人共事时团队协作的主动性。

(二)勇于探索,开拓创新

　　创新能力是国家进步的灵魂,也是企业发展的源泉,更是个人提升的基石。培养创新型人才是高校的重要任务之一。传统高校课堂以教师讲授式为主,学生被动地接受知识,创新思维和独立思考能力较为薄弱。因此汽车智能安全工作室采用启发式教学,强调对学生实践创造能力的培养。小组两件作品均由学生充分发挥想象,利用身边毫不起眼的材料优化作品造型设计,例如,参赛作品内部电路板的电子元器件的摆放经过组员多次试焊调试,利用七巧板的原理,尽可能缩小整体尺寸。外壳的选用完全由学生自主设计,教师只提供对不同材料的处理工艺指导。学生依靠线上线下平台,积极挖掘身边可用的材料,参观泉州高校大学生创新作品展览。通过网络图片或实物展示进行小组商议,其中不乏网购用品包装盒、茶叶罐、肥皂盒等等都列入考虑范围。第二代成品在第一代基础上主要进行外形升级,第二代 DJY-2DP 选用家庭常见儿童玩具大黄鸭作为原型,再由学生独立完成剪切、粘胶过程。第二代 DJY-2 的塑料外形材料全部来自学院教室、宿舍升级改造期间,学生从废弃物处理堆捡回装修工人废弃的材料,主框架由教室废弃开关外壳构成,底部截取破裂的亚克力板边角部分,学生用刀片反复割磨成小正方形,最后用塑料焊枪将透明板和外壳粘接而成。在制作的过程中学生享受到把想法变为现实的成就感,同时提升了实践动手能力,掌握了工器具的正确使用方法。

(三)独具匠心,解决问题

　　解决问题的职业核心能力是指能够准确把握事物发生问题的关键,利用有效资源,提出解决问题的意见或方案,并付诸实践进行调整改进,使问题得到解决的能力。问题的种类多种多样,覆盖学习与生活,对于汽车运用与维修技术专业的学生而言,汽车维修企业最大的需求在于员工应具备独立,故障诊断与解决问题能力。如今在传统机械式汽车制造的基础上融入自动化和"互联网＋",大大提高设计难度。机械零件的故障与配合是可视的,但是电路元件却相对虚拟。完成作品时需要耗费大量的时间进行调试,学生在测试时常常发现设备无法正常执行或瞬时反应慢,却无法一眼从现象判断哪处电路故障。教师指导学生使用专用的工具、仪器、设备和软件,对汽车故障进行检测排查、分析判断,从而查明故障成因,以数字化、集成化和智能化的诊断设备为辅助手段,以现代信息技术为依托。要求学生掌握分析故障现象、查找故障原因、实施解决方案、验证解决方案、反思故障原因五大模块训练解决问题的职业核心能力。从常见易错点着手检查,如故障不能排除则要求学生利用工具一丝不苟的对每条线路和元件的电压电阻进行检测、调试。一个焊接点的松动就能造成设备无法正常工作,一处正负极反接就能导致设备短路烧毁,一点拧紧力度过大就能使得传感器扭曲变形。第一次调试就花费了一晚的时间找出错误点,此后学生对于工匠精神有了更深刻的理解,不论在制作或者改造期间,更加注重对每个操作步骤锲而不舍地追求极致,对设计作品精益求精。

三、完善"工作室"教学模式

职业教育离不开企业,实践技能训练更离不开企业。高职教育不只是为企业的今天培养人才,更是为企业的未来培养人才。传统汽车实训项目大多来自教材,与企业实际工作环境不够吻合,汽车运用与维修技术专业模拟企业场地布置,为学生提供一个真实的工作环境。汽车智能安全控制工作室按照企业模式采取教学与实践相结合的多样化培养模式。汽车运用与维修技术 2014 级参赛选手正处于大二下学期,刚刚学习完汽车维护保养中汽车 4S 店管理制度。汽车智能安全控制工作室按照企业管理制度规范严格要求学生,在最醒目的地方悬挂企业 5S 工作制展板。

(一)要与不要,一弃一留

整理(Seiri)制度要求学生在工作现场区别要与不要的东西,只保留工作室内有用的工具设备,比如台式电脑、电工工具、电源设备、胶枪、各类耗材。撤出不需要的物品,严禁在工作室内进食。

(二)科学布局,取用快捷

整顿(Seiton)要求把要用的东西按规定位置摆放整齐,严格划分电气设备区、操作台并做好标识进行科学管理。目的是为了方便操作,快速选择工具,规范工作室安全生产操作。在安排学生对工作室进行整顿前,教师会按照汽车维修企业设备管理规范及仓储管理的原则对学生进行基本培训:

1.同类零件摆放到相应区域;

2.长而扁的零件竖直摆放;

3.常用零件放在易于取放区域;

4.遵循重物下置原则；

5.每个零件号码要有一个相对应的货位；

6.可视化的异常零件数量管理；

7.焊接操作台远离易燃设备。

(三)清除垃圾,美化环境

清扫(Seiso)的目的是清除工作场所的脏污,使设备永远处于完全正常状态,以便随时可以使用。学生在进入工作室开始工作时,必须彻底打扫保持工作室场地干净,检查工作室设备能否正常使用,若设备故障需要填写设备维护保养登记表并立即报修。同样的,在完成工作室每日任务后,积极清扫现场的废弃耗材,将使用过的工具归还原位。

(四)洁净环境,贯彻到底

清洁(Seiketsu)是一个努力保持整理、整顿、清扫状态的过程,防止任何可能问题的发生。一个整洁的工作环境,能够使工作人员保持良好的情绪,并保证稳定的产品品质。

(五)形成制度,养成习惯

高职院校以行业输送技能应用型人才为培养目标,要求培养出不仅掌握专业知识和技能,还具有较高职业修养的复合型人才。修养(Shitsuke)是通过仿真模拟使成员具有优良意识和良好习惯,严格遵守工作室岗位规范;勇于承担责任,积极主动解决问题消除影响;在拥有较高专业技能时对客户仍保持谦逊。

四、成果展示

经过为期四个月的专业活动训练,汽车智能安全控制小组喜获2016泉州经贸学院首届创新创意作品大赛特等奖、一等奖殊荣,并代表泉州经贸职业技术学院参加2016泉州市大学生创新创意作品大赛荣获科技创造发明类一等奖、优秀奖,在泉州市16所参赛高校中脱颖而出。因此,只有立足于专业实际,构建完善的实践创造环境,用科学严谨的态度积极探索优化教学模式,注重人才培养方案与行业实际结合,才能使职业核心能力在教学过程中达到全员参与、全程渗透、全方位覆盖,提高学生综合竞争力。

参考文献：

[1]刘冬梅.高职院校职业素养教育融入专业教育对策研究[J].经营管理者，2015.11.

[2]余丽娟.初论职业核心能力的"非教育化"培养思路[J].重庆市工贸高级技工学校，2015.

[3]张士刚.以赛促学提高高职学生岗位实践能力的研究[J].南方职业教育学刊，2011(4):32-35.

[4]唐爱萍，项建华.高职学生实践创新能力培养的研究[J].常州大学学报，2014(5):122-124.

[5]张士刚.谈职业核心能力中解决问题的能力[J].南方职业教育学刊，2010(3):5-10.

电子技能竞赛融入职业核心能力
培养的特色教学改革实践

吕晓磊

摘 要:本文从泉州经贸职业技术学院应用电子技术专业,参加福建省职业技能大赛电子产品设计与制作竞赛的组织、选拔、培训和参赛的过程,通过专业核心技能培训融入"与人交流"、"与人合作"和"解决问题"等职业核心能力培养的实践经验,探索高等职业院校特色教学改革方法,从而促进学生职业能力素质的全面提升。

关键词:竞赛 专业核心技能 职业核心能力 特色教学改革

职业核心能力是人们在日常工作岗位上,除了岗位专业技能以外的基本能力。职业核心能力可分为职业方法能力和职业社会能力两大类,职业方法能力包括了"自我学习"、"信息处理"、"数字应用"等能力,职业社会能力包括了"与人交流"、"与人合作"、"解决问题"、"革新创新"和"外语应用"等能力[1]。职业核心能力是各行各业工作都需要的一种能力,不会随着岗位的变化而变化,它会伴随着人们职业生涯的发展而发展,是人们取得事业成功的基本能力素质[2]。专业核心技能所指的是某一个专业的学生通过专业知识学习、训练后具备的关键技能,是其他专业的学生无法取代或者不具备的一项技能,是高职院校培养就业岗位的技能,是学生走向专业就业的关键能力[3]。

近年随着社会经济的不断发展,在全世界范围内引起了市场需求结构的巨大变化,必然要求中国经济结构进行调整和优化升级[4]。在新的经济形势下,现代企业对人才的培养提出了更高的要求,除了掌握专业知识和专业技能外,还必须具有较高的职业核心能力,即具有"专业核心技能与职业核心能力"(双核心)

并重的高素质技术技能型人才（如图 1 所示）。因此推动高等职业院校在着力培养学生专业核心技能的同时，融入职业核心能力培养的特色教育改革，符合现代企业的人才培养要求，同时对高职院校和学生都具有重要意义。

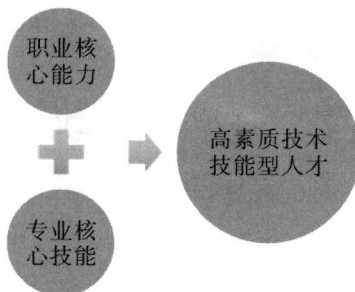

图 1   高素质技术技能型人才所需能力

一、电子技能竞赛融入职业核心能力培养的可行性

　　福建省职业院校技能大赛是由教育厅、人社厅、农业厅、卫计委、总工会、团省委、省中华职教社共同主办的赛事，其中"电子产品设计及制作"竞赛的主要内容是模拟真实的工作条件，要求三人一组在 1 天的工作时间内（2016 年之前的比赛规则为 2 天）完成电子产品开发设计中的原理图与 PCB 图的绘图设计、电子产品的焊接组装与调试、单片机程序设计和撰写电子产品设计文档等，检验了学生对电子制作工具的应用、电子设计辅助软件的开发设计、电子产品软硬件的调试能力、现场问题分析与处理、团队协作和创新能力、职业素养、安全环保意识等[5]。

　　"电子产品设计及制作"竞赛强调的创新能力、团队合作、问题分析与处理、职业素养等能力，与职业核心能力的培养要求不谋而合，同时该项比赛又注重应用电子技术专业核心技能的实践应用，其中包括电子辅助软件的应用、电子工艺技术应用、电子产品的组装与调试、单片机编程等。由此可见电子技能竞赛、职业核心能力和专业核心能力三者是相互交叉融合的（如图 2 所示）。这三者的关系也体现了在实际工作中，对具有"专业核心技能与职业核心能力"（双核心）并重的高素质技术技能型人才培养要求。因此以电子技能竞

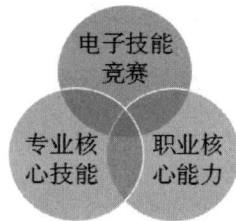

图 2   电子技能竞赛、专业核心技能和职业核心能力三者关系

赛为平台,探索在专业核心技能培养中,融入职业核心能力培养的特色教改,具有天然的适应性,是高职院校特色教学改革的重要研究方向。

二、电子技能竞赛人才培养方案

福建省职业院校技能大赛 2016 年之前是在每年春学期的 4 月份举行,2016年改成秋学期 12 月～次年 1 月举行。高职院校应用电子专业一般为三年制大专,由于秋学期正处大一新生刚入学,不具备专业基础知识;大二学生刚开始学习专业课程,专业知识薄弱;大三学生 12 月底期末考试,考完离校参加毕业实习,学习任务繁重[6]。因此制定一个可行、高效的电子技能竞赛人才培养方案就成了各个参赛院校的艰巨任务。

针对福建省职业院校技能大赛应用型人才培养的要求,我院制定了一个从吸引人才,到引导人才,再到选拔人才,再到培训人才,最后检验人才循序渐进、密切配合、相互促进、循环往复的 5 个阶段的电子技能竞赛人才培养方案(如图3 所示)。

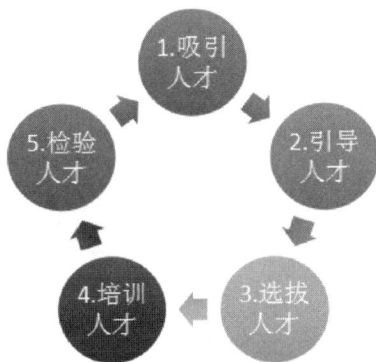

图 3　5 个阶段的专业核心技能培养方案

具体方案内容如下:

(一)吸引人才

主题:优秀电子作品展示。活动目的:使学生了解应用电子技术专业的专业核心技能,提高电子专业学习的兴趣,同时更为关键的是吸引电子制作爱好者加入电子兴趣小组,为电子竞赛人才选拔奠定基础。活动时间:安排在 9 月初新生入学时。活动地点:东教学楼一楼大厅。活动形式:由应用电子专业教师指导部分二、三年级学生将历届优秀电子作品放到东教学楼大厅展示介绍,同时开展电子兴趣小组纳新活动。

(二)引导人才

主题:电子兴趣小组活动。活动目的:把电子制作爱好者团结在一起,引导电子制作爱好者动手实践、相互讨论,相互学习,及时解决遇到的问题,保持电子技术学习的积极性,营造良好的学习氛围,为电子竞赛培养人才。活动时间:9月份至次年1月份,整个秋学期。活动地点:应用电子技术专业的各个电子实训室和专业教室。参加对象:电子兴趣小组成员。指导老师:应用电子专业全体老师。活动形式:电子兴趣小组的管理运作以"老师引导,学生自治"为原则,在专业老师的指导下,学生内部自主管理、自主运作。具体实践:邀请应用电子专业老师,在每月上旬或中旬为电子兴趣小组成员开设讲座、设立课题和指导等,如9月职业核心能力讲座、10月电子产品安装与调试讲座、11月引导学生参加各级电子竞赛、12月单片机程序设计讲座、1月指导学生完成电子产品的设计与制作等。

(三)选拔人才

主题:校级电子产品制作调试比赛。活动目的:通过公平竞争选拔参加福建省职业技能大赛学生。活动时间:10月份。活动地点:电子工艺实训室。参加对象:应用电子专业学生。具体实践:第一步,先经过教研会讨论、确定竞赛时间与题目;第二步,采购竞赛相关套件,系部对比赛进行宣传,号召学生积极参赛;第三步,对参加比赛的一年级新生进行必要培训,使新生掌握基本工具的使用和识别常用的电子元器件,具备参赛的基本能力;第四步,在电子工艺实训室进行电子产品制作调试比赛,赛后评选出一等奖(10%)、二等奖(20%)、三等奖(30%)并颁发获奖证书。

(四)培训人才

主题:电子产品设计与制作竞赛培训。活动目的:按照福建省职业院校技能大赛电子产品设计与制作竞赛要求,增强参赛学生的专业核心技能培训,主要包括原理图与PCB图的绘图设计、电子产品的焊接组装与调试、单片机程序设计和撰写电子产品设计文档,提高参赛学生的各方面职业能力素养。活动时间:10

月份至 1 月份。活动地点:应用电子专业实训室和专业教室等。参加对象:校级
电子产品制作调试比赛优胜学生。指导老师:应用电子专业全体老师。活动形
式:

1.分组与分工

按照福建省电子产品设计与制作比赛的模式,将学生每 3 人分为一组,每组
选定一人担任组长,同时根据学生的特长进行分工,一人负责电路绘图设计,一
人负责 C 语言程序设计,一人负责焊接、安装与调试。

2.培训内容

由于秋学期为大一新生刚入学、大二学生刚接触专业课程、大三老生开始离
校实习,因此将培训重点放在大二学生。我们制订了从基础专业核心技能培训
再到综合专业核心技能培训的培训计划,主要分为三个阶段。具体内容如下表:

培训阶段	培训时间	培训内容	备注
阶段一	10 月至 11 月课外时间	基础专业核心技能培训,主要培训单片机原理与编程、Protel 电路设计与制板、电子工艺实训、数模电路技术等课程	
阶段二	11 月至 12 月课外时间	综合专业核心技能培训,主要是历届竞赛题目与综合项目训练包括:2013 年、2014 年、2015 年福建省电子职业技能大赛题目与各类模拟训练题	
阶段三	1 月停课培训	竞赛前准备,巩固复习培训知识,解答学生疑点知识	

(五)检验人才

主题:2016 年福建省高等职院技能大赛电子产品设计与制作竞赛。活动目
的:通过此项目竞赛,为学生提供一个能力展示的平台,提高学生对电子产品的
设计和制作能力,展现高职学生的专业技能和动手操作能力,同时检验学生的专
业核心技能和职业核心能力培养效果。活动时间:2016 年 1 月。竞赛地点:福
州信息职业技术学院。参加对象:3 名应用电子专业学生。指导老师:2 名应用
电子专业老师。活动的形式:按照 2016 年福建省高等职院技能大赛 G—12"电
子产品设计及制作"赛项规程进行比赛。

三、职业核心能力培养

在职业核心能力培养方面,我们选取与人交流、与人合作和解决问题三个模块进行系统培养(如图4)。并将它们渗透融入整个电子竞赛技能培养过程之中。

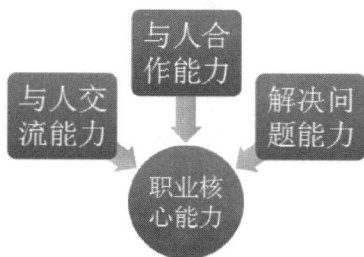

图4　3模块职业核心能力培养

(一)与人交流能力的培养渗透

我们将与人交流核心能力培养渗透在优秀电子作品展示、电子兴趣小组活动和电子竞赛培训过程中,培养学生与人交流中交流讨论、当众发言、阅读获取资料和书面表达等四个方面的能力。具体做法有以下方式:在优秀电子作品展示中,我们组织三年级学生来设计作品展示方案,指导学生讨论参展的作品选择、编写参展作品使用方法、海报设计和作品展时间与地点等各个细节,同时让学生担当解说员介绍各个作品,培养学生交流讨论能力。在电子兴趣小组活动中,我们除定期开展讨论交流会,集中讨论在电子产品制作过程中出现的问题,积极的引导学生与学生、老师与学生之间的交流讨论;同时引导学生从网络、课本和图书馆书籍中阅读获取资料,解决技术问题。在电子竞赛培训中,根据福建省电子产品设计与制作竞赛的规则要求,我们的每个训练项目都会指导学生完成工艺文件、设计文件和使用说明三个文件的填写,逐步提高学生的书面表达能力;并且在完成书面文件后,指导学生答辩策略和进行模拟答辩,培养学生的当众发言能力。

(二)与人合作能力的培养渗透

我们将与人合作职业核心能力培养主要渗透在电子兴趣小组活动和电子竞

赛培训过程中。在电子兴趣小组活动和电子竞赛培训中,学生每3人一组,每组学生根据各自的特长进行分工,主要有:电路设计员、程序设计员和电子工艺技术员。学生之间分工明确、相互配合,共同完成电子产品设计与制作。随着项目的开展,学生充分理解与人合作的重要性,并且在老师的指导下逐步掌握如何解决合作过程中的分歧,高效的协同配合,确保设计项目的完工。因为在电子产品设计中的每一个分工都是相互联系的,而不是孤立的,一个分工的差错直接影响电子产品使用效果甚至导致设计的失败,没有彼此的配合工作是无法制作出成功的电子产品的。例如:电子时钟的制作中,电路设计员使用的共阳极数码管,程序设计员不能写成共阴极数码代码,电子工艺技术员不能使用共阴极数码管,彼此之间都是相互联系的,只有相互配合工作才能完成设计项目。

(三)解决问题能力的培养渗透

我们将解决问题职业核心能力培养主要渗透在电子竞赛培训过程中。在电子产品设计与制作过程中,只要有一个细节问题的出现都可能导致产品的失败,因此提高学生独立自主解决问题的能力异常关键。为此我们从简单到困难,将解决问题能力的培养分三步完成。

第一步,在电子竞赛培训过程前期,我们根据学生分工,由老师直接指出学生各自分工常见的问题和解决此类问题的方案。如:电路绘图设计中的封装错误如何解决;程序设计中的语法错误如何解决;电子工艺技术中的电路检测等等。

第二步,在电子竞赛培训的中期,我们逐步提高学生解决问题的能力。当电子产品设计与制作出现问题时,指导老师并不会代替学生解决问题,主要是引导学生如何发现问题和如何通过查阅资料解决问题,此时主要是半自主的解决问题。例如在液晶显示项目中,出现液晶无显示问题,引导学生检测电路设计、软件设计是否正确;检测电路焊接是否与设计一致,是否存在虚焊、漏焊等问题;如何通过简单的测试程序,查出问题出现的原因;如何通过软件修改或硬件修改等多种方案解决问题。

第三步,在电子竞赛培训后期,我们主要培养学生独立自主解决问题的能力。为此我们组织多次模拟竞赛,模拟省级电子竞赛模式,让学生3人一组,在没有老师指导的情况下独立完成电子产品设计与制作,3人分工合作,遇到问题协同合作、交流讨论解决问题。

四、特色教学改革成效

　　在经过一学期的特色教学改革实践活动后,我们主要通过参加福建省职业院校技能大赛电子产品设计与制作竞赛,来检验特色教改培养成效。同时采样参加特色教改实践活动的学生与往届未参加特色教改的学生同期成绩进行比较分析,其中参赛小组组长成绩分析图如图5。

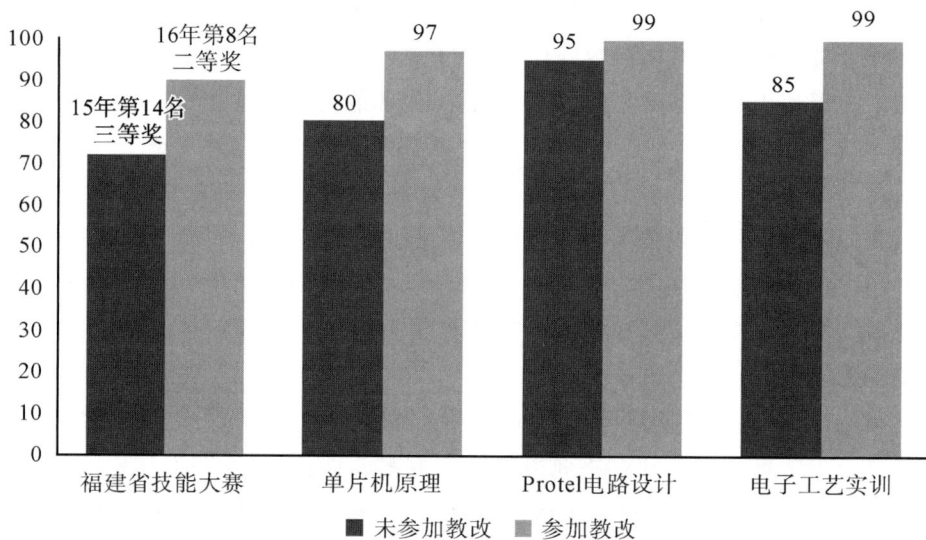

图 5　特色教改成效分析图

　　由上图可见,在福建省技能大赛电子产生设计与制作竞赛中成绩取得了显著的提高,获奖等次从三等奖提升到二等奖,取得质的飞跃,名次从原先的第14名提升到第8名。单片机原理、Protel 电路设计和电子工艺实训三门核心课程的成绩也都取得显著提高。由此可见,本方案在培养学生专业核心技能和职业核心能力方面取得一定成功,但方案实施过程中也存在不足之处,今后我们会继续改进和完善培养方案。

五、结束语

　　综上所述,电子竞赛中融入职业核心能力培养的特色教改,不仅能够培养学生的专业核心技能,而且能够培养学生与人交流、与人合作、解决问题等职业核心能力[7]。我们应当以职业技能大赛为契机,加快实训场地建设,加大理论与实践教学改革力度,以适应现代企业对高职人才的培养要求,将"专业核心技能与职业核心能力"双核并重的培养模式融入高职院校教育的各个环节与过程,切实提高高职学生的职业能力[8]。

参考文献:

[1]童山东.职业核心能力培养探索[J].深圳信息职业技术学院学报,2006,4(3):60-68.

[2]何建铵.职业核心能力在电子技术应用专业教学中的渗透[J].科学咨询(科技·管理),2015(01):62-63.

[3]杜方敏,李法春.论高职院校学生专业核心技能的培养[J].高教探索,2010(05):131-132.

[4]雷娅.浅谈电子专业学生的职业核心能力培养[J].科学咨询(科技·管理),2015(12):113-114.

[5]韦瑞雪.以电子技能竞赛为契机的电子技术专业教学改革思路[J].大众科技,2014(03):151-152.

[6]黄靖.大学生电子设计竞赛促进CDIO教育改革的研究[J].实验室科学,2011(06):385-387.

[7]张湃,刘康声.高职学生职业核心能力培养的意义及实践[J].哈尔滨职业技术学院学报,2011(06):31-32.

[8]肖春花.从电子产品装配与调试竞赛看学生职业能力培养[J].科技咨询,2013(05):191-192.

基于校园文化活动平台强化高职院校学生职业核心能力培育

姚素月

摘　要:职业核心能力的培养,顺应社会发展趋势,符合高职教育发展要求,也是高职学生个体发展、价值实现的源泉。本文从职业核心能力的内涵及重要性谈起,阐明了校园文化活动的内涵,分析了校园文化活动为职业核心能力的培育提供了新视角,提出了基于校园文化活动平台强化高职院校学生职业核心能力培育的新方法。

关键词:校园文化活动　职业核心能力　培育

一、职业核心能力的内涵及重要性

职业核心能力,也称为职业关键能力,是指人们在职业生涯中除岗位专业能力之外的基本能力。它适用于不同职业、不同岗位,契合岗位的不断变换,在职业生涯中可迁移、可携带,具有普遍适用性,是伴随人终生的可持续发展能力[1]。职业核心能力从根本上说是一种社会能力和方法能力的综合体现,对人的成长成才、终身发展具有深远影响。

我国劳动和社会保障部将职业核心能力归纳为自我学习、与人交流、与人合作、解决问题、数字应用、信息处理、创新革新和外语应用八项内容[2]。我国在 20 世纪 80 年代引入国外有关职业核心能力的理论和实践。2010 年《国家中长期教育发展规划纲要》中再次强调了职业核心能力的培养。

如今,很多高职院校已经步入职业核心能力培养探索、实践、总结、反思的道路,积极构建各种平台、途径、渠道,为职业核心能力的培养提供坚实基础和强有力保障,摸索出适合学校发展需要的模式,并取得很多的理论研究成果和实践经验总结。职业核心能力的提出具有重要意义,其发展具有必然性:

(一)当今社会发展的必然趋势

现在的社会已经属于经济全球化、信息技术爆炸发展、知识经济到来、社会竞争极其激烈的状态,人们的生存、生产、生活方式发生着巨大的改变,重视职业核心能力的培养,提升人们的综合能力,已经成为社会发展的现实要求和必然趋势。

(二)高职教育发展的必然选择

我国职业教育发展迅速,培养一批批技术技能型人才。但如今,劳动力市场对人才的要求已发生变化,职业核心能力越来越成为重要考量标准。加强职业核心能力培养,提高人才培养水平和质量,让所培养的毕业生符合社会需求,能够实现良好就业,具备较好综合素质胜任不断发展变化的工作,已经成为高职教育发展的重要课题和必然选择。

(三)高职院校可持续发展的保障

高职院校人才培养的目标是不断为社会输送适合需求的高素质人才,在职业核心能力极其重要的今天,它已经成为就业市场选人、用人、提拔人非常重要的标准,职业核心能力的培育在高职院校中的地位日益突出。加强职业核心能力的培养,是我国高职院校现在以及未来人才培养的重要发展趋势,是高职院校可持续发展的重要保障。

(四)学生个体发展、价值实现的源泉

职业核心能力对于每个人来说都是非常重要的能力,加强职业核心能力培养,能够帮助学生个体拥有良好的综合素质,获得比较称心的工作,在不断变换的工作环境下学会调整自我、攻克困难,适应更高标准的职业发展要求,帮助学生个体获得适应社会、成长成才的可持续发展能力,实现人生价值。

二、校园文化活动的内涵

校园文化是全体学生与教职员工直接参与和创造的精神财富,是学校的性质、个性和精神面貌的集中体现,是富有学校特色的物质文化和精神文化的整合[3]。高职院校校园文化活动是高职院校具有校园特色的文化活动,涵盖教学、管理等多个行为主体的群体文化活动。其以学生为主体、以校园环境为空间、以课外活动为重要内容,是高职校园文化最活跃、最重要、最丰富的组成部分,是高职学生第二课堂活动的重要内容[4],满足了广大青年学生生理、心理、学习、能力发展的需要。

高职院校校园文化活动是校园文化建设的主要内容,是融教育、管理、服务为一体的平台,涵盖思想教育、科技创新、文化体育等广泛内容,充分展现大学生的才华、发展大学生的个性、增强大学生潜能的重要舞台。

校园文化活动具有教育激励、规范引导、约束支配等功能,是优化知识结构、丰富校园生活、提升综合素质的有效途径。高职院校校园文化活动既体现了学校办学特色和办学效果,也体现了师生实践和运用思想、知识、能力的水平,是学校精神和教育品位的重要体现。

三、校园文化活动为高职院校学生职业核心能力培育提供新视角

(一)校园文化活动为高职学生职业核心能力的培育提供了新方向

杜威提出的"从做中学"原则,认为人掌握得最扎实的知识都是关于如何"做"的知识,人天生对活动感兴趣,"从做中学"就是"从活动中学",可以在实践经验中获得成长和发展所需的牢固的知识[5]。对高职学生职业核心能力的培育就是遵循杜威"从做中学"的思想,让学生参与到校园文化活动中去,在校园文化活动中长知识、习技能、强素质,真正获得职业核心能力。

(二)校园文化活动为高职学生职业核心能力的培育提供了实践平台

校园文化活动对大学生具有较强的号召力,学生可以在活动中独立思考、自

我学习、集思广益、献计献策;学生能够在活动中获得信息、选择信息、处理信息;学生可以在活动中表达想法、倾听意见、沟通交流;学生能够在活动中精诚合作、和谐共处、实现共赢;学生可以在活动中发现问题、解决问题、创新革新等。校园文化活动是职业核心能力培养的必由之路,学生可以在活动中总结、在总结中实践、在实践中成长。

(三)校园文化活动是高职学生职业核心能力培育的强化剂

学生在学校所进行的学习,不仅包含正式课程的学习,也包含各种校园文化活动中的学习,甚至在校园文化活动中可以学到课堂上无法学到的知识,校园文化活动对学生素质的提高产生着潜移默化的影响。良好的校园文化活动是高职院校职业核心能力培养的重要着力点,是高职学生职业核心能力培育的强化剂。

四、基于校园文化活动平台强化高职院校学生职业核心能力培育

我国对于职业核心能力的研究和探索已经进入发展的重要阶段,不少高职院校努力探索职业核心能力培养的规律和模式,取得一定成果。根据文献研究,目前对职业核心能力的研究和实践更多是以课程教学为主的第一课堂为方向,本文针对这一现实并结合工作实际,充分发掘校园文化活动与职业核心能力培育的密切关系,以校园文化活动为平台,打造理论培训、互助提升、活动实践三位一体的培养模式,有目标、有计划、多层次的培养学生的职业核心能力。

(一)理论培训

首先对学生进行职业核心能力相关知识理论培训,让学生知道职业核心能力是什么、有什么作用、有哪些途径可以培养。让学生从理念上开始重视职业核心能力的培养、提升,并愿意通过校园文化活动平台主动寻找提升欠缺的核心能力的机会,愿意主动表达、寻找帮助、解决问题,愿意在校园文化活动平台上进行学习、实践、总结,最终提升职业核心能力。

(二)互助提升

校园文化活动主要依托各种学生社团、组织、团体实行。倡导学生积极加入校园各种学生社团、组织,建立成员自我提升、同个学生社团或组织互助提升、不

同学生或社团组织共同提升的模式。鼓励学生刻苦钻研、自主创新、团队协作，让学生跨专业、跨系别、跨部门、跨社团学习，以互助提升的方式，达到提升职业核心能力的目的。

（三）活动实践

遵循职业核心能力八大模块内容，有针对性的设计和组织相应校园文化活动。遵循职业核心能力训练的 OTPAE 五步法，即目标（Object）、任务（Task）、准备（Prepare）、行动（Action）和评估（Evaluate）：首先是要明确训练的目标，然后制订计划，进行相关的准备，再实施计划，最后进行总结评估。学生通过不断强化，对五步法形成习惯性的条件反射。通过校园文化活动，让学生"在做中学，在学中做；在经验中成长，在成长中总结经验"。

职业核心能力培育依托的校园文化活动主要有：

1.常规校园文化活动

常规校园文化活动主要指团委、学生处以及各系部等常规开展的校园文化活动，主要有知识类、文艺类、体育类、技巧类、创作类、政治类、服务类等。

2.素质拓展训练

举行以训练和培育学生职业核心能力为主题的学生素质拓展训练。通过素质拓展训练，把思想疏导与实践教育紧密结合，增强教育的针对性、时效性，有意识地通过多种形式培养学生的与人合作、与人交流、解决问题、信息处理、自我学习、数字应用、创新革新等职业核心能力。

3.暑期社会实践

通过暑期社会实践活动提高和检验学生的职业核心能力，侧重于职业核心能力的养成和巩固。从行动层面进一步推进学生的自我学习、与人交流、与人合作、解决问题、创新革新、数字应用、信息处理等职业核心能力。

（四）职业核心能力的培育对高职校园文化活动提出了新要求

校园文化活动的性质和功能决定了它在高职院校职业核心能力培育中的地位和作用，为职业核心能力的培育提供了新视角、新方向、新平台、新途径，同时也对校园文化活动提出了新要求：

一是校园文化活动与职业核心能力培育具有十分紧密的关系，但校园文化活动应是经过精心设计、周密部署、精准实施、可操作、可衡量的活动，对于学生职业核心能力的培育有直接的帮助或者影响作用；校园文化活动不仅仅是几项活动的拼凑和组合,而是高职院校培养学生职业核心能力的一种特有活动模式,能够在校园文化活动中渗透职业核心能力内容。

二是校园文化活动是高职学生职业核心能力培育的重要平台,高职院校要充分发挥这个平台的作用,营造良好的实践氛围,开展各类校园文化活动,将职业核心能力的目标、任务、内容、要求有机地融入各种校园文化活动中,让每位学生都积极主动参与到活动中来,而不仅仅是让有特长的学生参与其中。

三是校园文化活动是高职学生的"隐形课堂",对高职学生职业核心能力的培养具有潜在的、无形的影响[6]。校园文化活动的成功开展需要学校各部门、各方力量共同合作,一个领导支持、部门合作、教师指导、学生主体的良好的工作体系对校园文化活动的组织、实施、总结、反馈至关重要。

职业核心能力是每个人都需要的能力,是影响人终生可持续发展的能力,培育学生的职业核心能力是社会、教育、学校、学生的必然选择和必由之路。校园文化活动是实施职业核心能力培育的重要阵地,基于校园文化活动平台,以主题鲜明、形式多样、内容丰富、生动活泼的校园文化活动为载体,让学生自觉、自愿、积极、主动地参与、感受、体验,以"从做中学"的方式达到教育的目的,培育、强化高职学生的职业核心能力。

参考文献:

[1]童山东,钟华,吕革新,等.职业社会能力[M].人民出版社,2011.

[2]童山东,钟华.与人交流能力训练手册[M].人民出版社,2011.

[3]傅琪.浅谈高校校园文化品牌创新建设[J].科技信息,2009(1):191.

[4]陈煦.高职院校校园文化建设探析[J].中国西部科技,2008(14):12.

[5]唐黎丽.杜威"从做中学"理论对职业教育的启示[J].商情,2014(50).

[6]马艳波.高职院校应加强校园文化建设与人文教育[J].湖南大众传媒职业技术学院学报,2008(2):18.

多媒体专业社团对提高学生职业核心能力作用的研究

——以创艺多媒体工作室为例

陈晓燕

摘　要：职业核心能力需要长期的培养和潜移默化的养成，专业社团活动是培养学生职业核心能力的重要载体。文章分析了多媒体专业对学生职业核心能力的要求，以信息系创艺多媒体工作室为例，探讨专业社团活动对提高多媒体专业学生职业核心能力的作用。

关键词：专业社团　多媒体专业　职业核心能力

职业核心能力是人们职业生涯中除岗位专业能力之外的基本能力，它适用于各种职业，适应岗位的不断变换，是伴随人终生的可持续发展的能力。职业核心能力的培养，是优化学生能力结构、提升学生职业综合能力的重要路径。课堂教学是培养多媒体专业学生职业核心能力的一个重要途径，但是由于受到时间和地点的限制，学生的各方面能力未能得到充分的施展，作为专业教学的补充，在专业社团活动中有意识地把职业核心能力融入其中，拓宽了培养学生职业核心能力的渠道和途径，为其职业核心能力的形成塑造良好的环境[1]。

一、多媒体专业对职业核心能力的要求

多媒体专业的人才培养目标为：培养德、智、体全面发展的具有计算机及多媒体技术等理论知识，掌握计算机操作技能及多媒体设计与制作技术的高素质技术技能型专业人才。毕业生一般在企事业单位、社区及各类院校从事多媒体

技术工作,包括图形图像、音频视频素材采集、处理、合成,承担广告、动画、动漫、教学课件的设计与制作等工作。多媒体专业的人才培养目标决定了该专业的学生应至少具备以下 6 种职业核心能力:

(一)与人交流能力

多媒体专业的就职岗位多为设计类的岗位,该类岗位经常需要将自己的设计与客户进行交流沟通,多方修改比较之后才能达成双方都比较满意的作品。很多设计最后不了了之,被客户否定,其实多半也是沟通的问题。此外,当作品最终呈现在客户面前时,也需要设计人员现场讲解,以便自己的设计精髓可以更直观、更容易地展现出来,提升设计的魅力值。因此,与人交流能力在多媒体专业中就显得尤为重要。

(二)信息处理能力

多媒体专业的就职岗位多与各种信息(主要是多媒体素材)接触,在瞬息万变的信息时代,学生要从海量素材信息中挑选出与客户需求一致的素材进行创作设计,将客户的要求变成实际的文字或产品设计,将公司的设计理念传达给客户,做这些事情必须要具备一定的信息处理能力。多媒体专业的信息处理能力主要是指通过日常不断搜集素材和模板并分类建立相应的素材库,以电子数据的形式储存,在进行新的设计时找出对应客户需要的素材和模板进行创作。

(三)与人合作能力

以多媒体专业中常见的微视频拍摄为例,一个微视频成功制作的背后是一整个团队的协同合作。从早期的微视频剧本的撰写、演员的选择、镜头设计和场地选择到中期的拍摄、录音再到后期的剪辑制作和文字特效处理等都不可能由一个人从头到尾完成,每个环节都要有人承担,这就要求学生具备与人合作的能力,在分工明确的前提下,根据工作的需要,与队友相互配合工作,调整合作方式,不断改善合作关系,以期最终顺利完成作品。

(四)解决问题能力

对于多媒体专业而言,在实际的工作中,每做一个设计,都应该计划能够解决一个问题,对于创作的人而言,这就是这份工作的价值所在。学生在设计的过程中,可能会进行许多场景的假设,但无论最后的成果如何,我们首先考虑的应该是我们成功解决了什么。对于客户提出的问题进行深入研究和分析,运用所学的各种知识,寻找解决问题的途径,这就是多媒体专业对学生解决问题能力提出的要求。

(五)自我学习能力

对于多媒体专业学生而言,平常接触最多的都是设计类软件,这类软件的学习,如果仅是依靠教师有限的课堂上课时间和上机时间是完全不够的,学生必须在课堂外依据书本和网络视频等学习材料进行自我学习,从而做到熟能生巧。此外,设计类软件更新速度很快,同一款软件新旧版本之间的差异、入职后在工作中需要掌握在学校中未接触过的软件,以及以后可能会出现的新型设计软件等,都要以学生的自我学习能力为基础。

(六)创新能力

创新能力是多媒体专业职业核心能力中最关键的能力。创意是很多优秀的多媒体设计作品的灵魂。没有创新,就没有创意,也就没有竞争力,在行业中就无法立足。多媒体专业的创新能力主要是指在作品中提出新的思维、新意境、新方法、新形象的能力。有创新,才能创作出独特的作品,一经表现,作品就会形成一种强烈的感召力,促使顾客震撼,从而满足顾客的需求。

二、多媒体工作室活动对学生职业核心能力的培养

职业核心能力需要长期的培养和潜移默化的养成,专业社团活动是培养多媒体专业学生职业核心能力的重要载体。下面结合信息系创艺多媒体工作室在培养学生职业核心能力方面的实践来进行分析。

信息系创艺多媒体工作室于2011年成立,主要成员为信息系多媒体专业学生,由系部老师和多媒体专业教师指导,对内负责系部网站、宣传展板、海报、电子报的制作和系部各类团学活动的图片拍摄、视频剪辑,对外负责承担学院要求的迎新晚会、校运会、寒暑假社会实践活动、各类讲座、培训、安全演练的拍摄和剪辑工作,同时以工作室为单位组队参加省、市、院、系各级多媒体竞赛活动(如摄影比赛、电子报比赛、微视频比赛、微动画比赛、剧本创作比赛、动漫人物绘画比赛、广播剧比赛、中英文配音比赛、海报设计比赛等)。

由学生共同意愿结成的多媒体工作室，在培养学生的信息处理能力、解决问题能力、创新能力、与人合作能力、与人交流能力方面具有积极的推动作用。

(一)提升数据搜集、提炼与处理能力

以撰写活动策划书为例，活动策划书的撰写包含活动主题、活动形式、活动内容、活动流程、人员安排、活动经费及赞助商收益等，每一部分的撰写都要求策划人事先要进行大量的资料搜集工作，这就锻炼了学生提炼信息的能力。此外，每学期末各部门内部都要对成员的工作表现进行考核，由于成员的分数由自评、部门内其他成员对其平均评分及部长评分组成，在统分的过程中就要求部门干部必须具备一定的数字应用能力。再者，为方便部门内部成员沟通，很多部门都有自己的 QQ 群和微信群，如何将系部老师和学院下发的详细通知以较为简练的方式在网络平台上发布，同样对成员的信息处理能力提出了要求。

(二)明确分工，加强团队合作

多媒体工作室在实际运营中，不管是各部门还是部门中各成员都有明确的分工，为了实现共同的工作目标，通常都会需要成员之间的全力协作和相互配合。以承接信息系广播剧微剧比赛为例，从接到系部老师通知开始，多媒体工作室负责人首先召开各部门部长会议，对各部门在本次活动中承担的工作进行分工，明确以视频拍摄部为主体，其他部门作为辅助部门与之配合。视频拍摄部内部同样对组员要进行明确分工，从广播剧微剧剧本的撰写，配音员的选择，配音场地选择到中期的录音再到后期的降噪处理，背景音和配乐的增加，特效处理，成剧的剪辑制作等每个环节都要有人承担，这就要求成员具备与人合作的能力，在分工明确的前提下，根据工作的需要，与队友相互配合工作，无疑使成员的与人合作能力得到充分的锻炼和提高。

(三)促进学生间互相交流

多媒体工作室是除班级之外多媒体专业学生相互沟通、相互交流的有效阵地。首先各部门就是一个交流的整体，部门成员参与策划部门活动、制订部门规章制度、进行部门聚会等都是部门内交流的表现。其次工作室各部门之间联合举办活动或比赛，亦需要各部门成员间进行事先沟通交流，有利于部门间建立友谊。再次，工作室纳新时，为在众多院系级社团和团学部门纳新中吸引优秀的成员加入，现有成员需向新生做部门宣传，同样也考验成员与人交流能力。此外，

工作室并不是一个独立的群体,与其他组织的沟通交流同样不可避免。以场地借用为例,工作室举办的各类活动需要用到学院多媒体教室,在与学院电教中心借用教室的过程中,就需要相关的申请程序,不但需要系办辅导员老师和分管学生工作的副书记同意,还要和学院电教中心以及实训楼管理人员接触,仅通过借用场地,就能培养成员与人交流能力,这一能力正是用人单位看重的主要职业能力。

(四)在活动中锻炼解决问题能力

解决问题能力是非常重要的职业核心能力。多媒体工作室是一个模拟的职场,在开展活动的过程中,必然会出现各种各样的问题,这些问题可能是技术层面上的,也可能是管理或是沟通层次上的问题,需要学生去想办法解决。从遇到问题、分析问题到解决问题,每一次解决问题的过程都是锻炼成员能力的过程。以多媒体工作室平面设计部发起组织的"父亲节电子贺卡设计比赛"为例,在活动中遇到了各种问题,如经费问题、作品格式问题、贺卡用纸问题、打印色差问题等等,最终,经过工作室全体成员的努力,寻找到可以提供帮助的人员,同时对某些贺卡格式进行重新设置,所有问题迎刃而解,确保所有贺卡在父亲节前分发到参加比赛的同学手中。而这个过程,也锻炼了成员解决问题的能力。

(五)在活动策划中培养创新能力

创新能力包括突破传统,敢于改革、勇于开拓的能力。当今社会需要有创新头脑的人,多媒体工作室同样重视对成员创新能力的培养。创新有多方面的表现,可以是制度上的创新、活动形式上的创新,也可以是活动理念的创新、活动内容的创新。一个活动从策划到准备再到成功实施,工作室成员一起集思广益,成员间不断进行思想的碰撞,对活动方案不断改进和完善的过程就是成员发挥创新精神的过程,个人的创新能力也得到了锻炼。

通过多媒体工作室活动对学生职业核心能力培养的研究,我们可以看出专业社团已经成为培养学生职业核心能力的一个新平台。在专业社团中,学生进行自治管理,有效开展各类活动,通过这个平台,充分培养和锻炼自身的职业核心能力,使自身的才华得到充分展示。多媒体专业应重视专业社团建设,引导学生积极主动参加专业社团活动,在丰富学生校园文化生活的同时,也提升了学生的综合素质,对于进一步推进校园文化建设,促进学生全面发展具有重要的意义。

参考文献：

[1]潘文莉.职业核心能力第二课堂培养模式探索与实践[J].企业科技与发展,2014(19):68-70.

[2]陈学凤.以社团为载体培养高职生职业核心能力的实践路径[J].长春工业大学学报(高教研究版),2013,34(3):66-68.

[3]王雪芳.专业社团对培养高职学生核心能力的——以湖北职业技术学院七彩印艺协会为例[J].湖北职业技术学院学报,2014,17(4):89-91.

体育"第二课堂"活动融合渗透
职业核心能力的培养探析

——以气排球活动为例

李彩娥

摘　要: 采用文献资料法、问卷调查法、实验法、数理统计法等多种方法,通过体育"第二课堂"活动的各个环节融合渗透职业核心能力的培养,探析对学生技术成绩和职业核心能力的影响。结果表明:重构教师角色、采用互动式教学、建立"学—练—教"教学过程等方式,对学生的技术成绩和职业核心能力具有显著性影响,学生的平均技术考核成绩优秀,职业核心能力明显提高。

关键词: "第二课堂"活动　融合渗透　职业核心能力　培养　探析

一、引言

当代国际职业教育与人力资源开发的主流趋势是培养学生的职业核心能力,职业核心能力的培养与提升是一项系统工程,是提高高等职业教育质量的重要途径,也是增强高职学生就业竞争力的关键措施。职业核心能力又称为职业关键能力和职业通用能力,是指任何职业或行业工作都需要的,具有普遍适用性和可转移性的,且在职业活动中起支配和主导作用的能力。我国人社部界定为:与人交流、与人合作、解决问题、信息处理、数字应用、自我学习、创新革新、外语应用等八大方面的职业核心能力模块。[1]气排球运动是我国自创的一种排球衍生项目。由于它健身性强、运动强度适当且具有浓厚的趣味性,近年来逐步在青年人和学校中推广。[2]气排球技术简单易学,入门快,不易受伤,一般会发球和传球就可以进行比赛等特点,得到学生的喜爱和认可,而它的娱乐、健体、判断、应变、协作、团体意识等功能体现了职业核心能力的特性。所以,有意识地把气排球活动融合渗透职业核心能力的培养,能够有效地提高学生的气排球成绩和职业核心能力。

二、研究对象与方法

(一)研究对象

泉州经贸职业技术学院慈山分院体育"第二课堂"活动参与气排球活动的学生。气排球活动的学生为实验班 30 人,教学班级 5 班为对照班 180 人。

(二)研究方法

1.文献资料法

通过搜索中国知网(http://www.cnki.net)的论文库,检索出相关论文 30 篇,参与培训全国高等院校就业能力训练课程系列教材。同时了解和观看与本课题有关的职业核心能力的一系列视频与讲座,深入了解职业核心能力的内涵及评价方法。

2.问卷调查法

网上搜索体育"第二课堂"活动和学生职业核心能力自我评价的问卷调查表,根据学校、老师、学生的实际情况,设计问卷调查表。为了保证问卷的效果,将采用特尔斐法对专家进行函询;为了保证问卷的信度,采用重测法,将对同一批学生进行相隔 14 天的两次调查,对问卷进行了信度检验。

3.实验法

实验前对两个班进行体质测试,根据实际情况进行删减,使实验班与对照班学生体质无显著性差异,实验班与对照班均由作者本人进行教学,教学内容及教学时数、场地一致。实验班融合渗透职业核心能力的训练,对照班按传统教学方法进行教学。

4.数理统计法

采用 Excel2003 和 SPSS19.0 软件进行统计分析,对实验和问卷结果进行统计及方差检验。

三、结果与分析

(一)气排球活动融合渗透职业核心能力训练

1.准备活动融合渗透职业核心能力训练

准备活动是每次活动课的开始部分,主要是克服人类身体的惰性,提高神经系统的兴奋性,促使学生产生积极参与的意识,发展人体各肌群和关节、韧带的灵活柔韧性,提高身体机能的协调性及工作能力,是体育教学、运动训练、体育竞赛和自我锻炼中不可缺少的重要环节。[3]准备活动以自我学习能力融合训练为主,与人交流、与人合作、解决问题等能力为辅。老师布置任务,要求符合4个或8个节拍、至少6节,内容和形式不限,学生可自主学习、也可合作学习,带领准备活动,每人至少一次。带完准备活动后,老师及时评价,肯定学生的努力。这样,不仅促进学生的自我学习能力,也增强学生的自信心。

2.学习技术动作融合渗透职业核心能力训练

近年来,气排球运动的开展态势越来越好,气排球技术动作包含排球的大部分技术,但由于其球体轻、击球面大,在运行中易受气流的影响,从而产生"晃动"、"下沉"和"变线"等现象,因此,技术要求更显示出独特的特点。学习技术动作以融合训练自我学习能力为主,与人交流、与人合作、解决问题能力为辅。通过图片展示、视频观看、教师或学生示范讲解,让学生自主学习技术动作,对学习过程中存在的问题进行交流解决,以达到学习正确技术动作的目的。通过学生间的配对练习,相互观摩学习、交流、纠正错误动作等。通过异质分组练习,提优辅差,帮助和指导本组同学,提高发现问题和解决问题的能力。通过教学比赛,促进学生之间的合作与交流。

3.复习技术动作融合渗透职业核心能力训练

技术动作只有通过反复的练习、纠错、再练习,才能达到动力定型的效果。复习技术动作以融合训练解决问题能力为主,自我学习、与人交流和与人合作为辅。两人一组,自练、一抛一练、对练,或分组练习,小组成员轮流或配合练习,或教学比赛等,通过互相观摩、提醒、学习技术动作要领,找出同学练习过程中存在的技术问题,通过分析问题,找出解决问题的方法,加强练习。

4.综合练习融合渗透职业核心能力训练

综合练习是气排球的技术综合练习和战术配合练习。综合练习以融合训练与人合作能力为主,自我学习、与人交流和解决问题能力为辅。学生2～5人一组,气排球的发、垫、传、扣球等技术综合练习,一传、二传、扣球、拦网等战术配合练习,学生可自主选择合作对象,或同组异质合作练习,通过练习提高学生与人合作的能力,与同组异质,学生互相学习,提高自我学习、与人交流、解决配合中存在的问题的能力。

5.比赛过程中融合渗透职业核心能力训练

气排球比赛中融合训练了自我学习、与人交流、与人合作、解决问题等能力。通过图片展示、视频资料,让学生自主学习比赛进攻和防守站位、轮换、配合等。通过一局比赛,让学生观察每个对手的发球、防守、进攻的特点,根据对手的特点,交流讨论如何配合应对。让学生分析比赛中存在的问题,进行交流分工,提出解决方案,并在下一局比赛中实施。

6.结束活动融合渗透职业核心能力训练

活动结束部分是以融合训练解决问题能力为主。通过教师、师生、同学间的正误动作对比示范,特别是同学普遍存在的错误,让学生发现错误动作中存在的问题,相互交流、分析、纠正,从而提高解决问题能力。

(二)"第二课堂"活动融合渗透职业核心能力的特色训练

1.重构教师角色,建立民主、合作、平等的师生关系

改以教师为主导,变以学生为主体,教师为主持,学生为主角的角色变换,建立民主、合作、平等的师生关系。教师通过布置教学任务、提供学习资料、创设教学情景,引导学生自主学习、通过交流与合作,发现问题、分析出解决问题的方法;通过提示动作要领、指导学生互相学习正确的动作;通过评价,肯定学生的学习情况,针对存在的问题,指导学生分析总结。

2.采用行动导向教学法,以任务驱动、案例分析完成互动式教学

行动导向教学法是以学生为主体、以活动为中心、以能力培养为主线,强调在活动中学习的一种教学方法,它依靠任务驱动和行为表现来引导学生进行能力训练。任务驱动是设置相应的情景任务,让学生自主学习、训练、通过与人交流和合作,解决存在的问题来完成任务。案例分析是设置相应的案例情景,让学生自主思考、交流、提出问题、分析问题和解决问题。

3.改变教学过程,建立"学—练—教"融合职业核心能力训练教学过程

"学—练—教"是以活动为中心,以融合职业核心能力训练为主线,注重学生的主体性和教师的导向作用,将各种能力的训练融合渗透在各个活动环节中,实

现能力养成和知识技能习得的双赢。学是设置学习任务;练是训练内容,包括训练、点评、纠错、讨论、总结;教是活动反馈,包括教师提示、点评、分析、总结。这三方面都融合渗透着职业核心能力的训练。

(三)气排球活动融合渗透职业核心能力训练成效

1.气排球活动融合渗透职业核心能力训练对技术成绩的影响

调查显示(表1、表2,图1):实验班气排球各项技术的成绩均值高于5个对照班的均值,传球成绩最好、垫球次之、发球最差;各个技术成绩标准差差距比较大,实验班传球的标准差最低,对照班发球标准差最高,说明实验班传球的技术学得最好,学生掌握传球技术的情况差距不大;对照班三个技术动作标准差均较大,说明学生的技术动作掌握程度参差不齐,发球的差距最大。在5个对照班中,会审152班垫球最好,会审151班发球较好,会审154班和营销154班传球成绩最高,说明每个对照班均有各自的技术优势。无论是方差相等,还是方差不等,显著值0.000<0.01,实验班与对照班的各项成绩存在着非常显著性差异。

表1 实验班与对照班气排球技术测试成绩均值比较

	班级	N	均值	标准差	均值的标准误
垫球	实验班	30	92.900	9.1970	1.6790
	对照班	180	70.980	16.4310	1.2250
发球	实验班	30	87.100	6.1100	1.1160
	对照班	180	66.800	21.1800	1.5790
传球	实验班	30	97.830	4.4960	0.8210
	对照班	180	80.200	17.5250	1.3060
平均成绩	实验班	30	92.603	3.0364	0.5544
	对照班	180	73.203	11.1527	0.8313

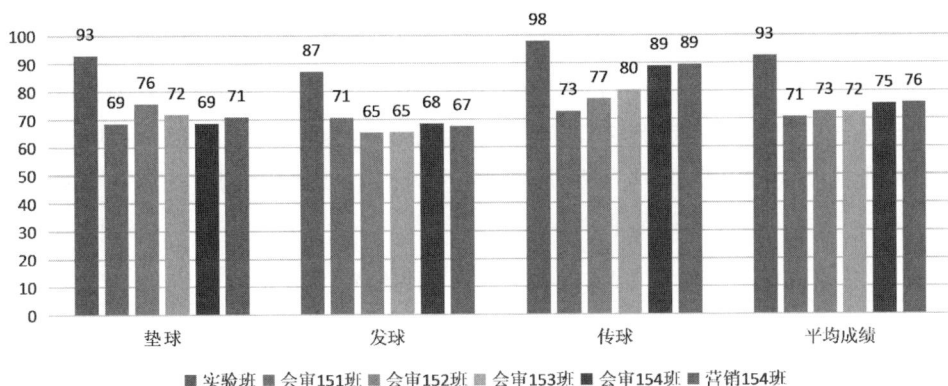

图 1　实验班与 5 班对照班气排球技术成绩比较图

表 2　实验班与对照班气排球技术测试成绩 T 检验表

		方差方程的 Levene 检验		均值方程的 t 检验						
		F	Sig.	t	df	Sig.（双侧）	均值差值	标准误差值	差分的 95% 置信区间	
									下限	上限
垫球	假设方差相等	1.907	.169	7.115	208	0.000	21.9220	3.0810	15.8480	27.9970
	假设方差不相等			10.548	65.081	0.000	21.9220	2.0780	17.7720	26.0730
发球	假设方差相等	24.740	.000	5.204	208	0.000	20.3000	3.9010	12.6100	27.9900
	假设方差不相等			10.502	158.478	0.000	20.3000	1.9330	16.4820	24.1180
传球	假设方差相等	25.758	.000	5.471	208	0.000	17.6330	3.2230	11.2790	23.9870
	假设方差不相等			11.430	177.473	0.000	17.6330	1.5430	14.5890	20.6780
平均成绩	假设方差相等	16.432	0.000	9.452	208	0.000	19.4000	2.0525	15.3536	23.4464
	假设方差不相等			19.416	168.234	0.000	19.4000	0.9992	17.4275	21.3725

2.气排球活动融合渗透职业核心能力训练对学生职业核心能力的影响

表 3 显示:职业核心能力训练前后的均值、标准差、标准误,从直观上看,学生与人交流、与人合作、解决问题、自我学习等能力是有差异的。表 4 看出 30 个学生训练前后结果自由度为 29,双尾显著性水平均为 0.000＜0.01,说明学生职业核心能力训练前后的差别具有显著性差异,与人交流、与人合作、解决问题、自我学习等能力训练效果是显著的。

表 3 职业核心能力配对 T 检验描述统计量

		均值	N	标准差	均值的标准误
对 1	与人交流前	84.53	30	3.441	0.628
	与人交流后	94.93	30	1.596	0.291
对 2	与人合作前	84.07	30	3.930	0.717
	与人合作后	93.90	30	2.398	0.438
对 3	解决问题前	84.47	30	2.063	0.377
	解决问题后	93.60	30	3.410	0.623
对 4	自我学习前	84.27	30	2.864	0.523
	自我学习后	94.97	30	2.205	0.403

表 4 职业核心能力配对 T 检验结果

		成对差分					t	df	Sig.(双侧)
		均值	标准差	均值的标准误	差分的 95% 置信区间				
					下限	上限			
对 1	与人交流前—与人交流后	−10.400	3.988	0.728	−11.889	−8.911	−14.284	29	0.000
对 2	与人合作前—与人合作后	−9.833	3.905	0.713	−11.291	−8.375	−13.793	29	0.000
对 3	解决问题前—解决问题后	−9.133	3.598	0.657	−10.477	−7.790	−13.903	29	0.000
对 4	自我学习前—自我学习后	−10.700	2.680	0.489	−11.701	−9.699	−21.867	29	0.000

四、结论与建议

体育"第二课堂"活动的各个环节融合渗透职业核心能力的训练,对学生技术考核成绩产生显著性的影响。参与"第二课堂"活动的学生技术考核平均成绩比体育与健康课程教学的学生高,并存在着非常显著的差异,优秀率达100％。学校应加强教师专业知识能力的培训,带领教师走出去,开阔视野,改善教学设施,优化教学设备;教师应自觉学习,强化课程意识,优化课程体系,夯实教学实施过程,加强自身综合素养,把职业核心能力训练融合渗透到体育教学过程中,提高教学成绩和学生职业核心能力。

体育"第二课堂"活动融合渗透职业核心能力的训练,学生自我学习、与人交流、与人合作、解决问题等能力得到很大的提高,参与前后存在着非常显著的差异。学校应加强教师职业核心能力的培训,熟练掌握职业核心能力各个模块的训练方法,提高教师的职业核心能力指导能力;教师应自觉优化整合教学内容,改革教学方法与手段,构建"能力本位",体现能力训练目标,在教学中融合渗透职业核心能力的训练,从而提高学生职业核心能力,增强就业竞争力。

参考文献:

[1]人力资源和社会保障部职业技能鉴定中心组编.全国高等院校就业能力训练课程系列教材[M].北京:人民出版社,2013.

[2]高松龄,方儒钦,陈上越主编.高等院校体育与健康[M].厦门:厦门大学出版社,2013.

[3]韩衍杰.浅谈准备活动在体育教学中的作用[J].当代体育科技,2014(4):125-127.

基于职业核心能力培养的会计
顶岗实习教学改革

吴秋红

摘　要:职业核心能力是就业者一生可持续发展的综合能力,只有不断提高会计专业学生的职业核心能力,才能使毕业生适应工作岗位和就业环境的变化。但现今高校轻职业核心能力的培养现象普遍存在。因此,本文以会计顶岗实习教学环节为切入点,研究如何将职业核心能力的培养融入顶岗实习中,使学生在培养会计专业能力的同时提高自身的职业核心能力,成为真正的高技术技能会计专业人才。

关键词:会计　顶岗实习　职业核心能力　教学模式

一、背景

在"互联网＋"时代,技术日新月异,信息层出不穷,用人单位对人才提出了更高的要求,不仅要求职员具备高级会计技能,还要求职员具有职业核心能力。2010年,《国家中长期教育发展规划纲要》提出了高校应加强学生职业核心能力的培养,着力提高学生的学习、实践、创新等能力,使学生掌握专业知识技能的同时职业核心能力也应有所发展。将职业核心能力的培养融入日常教学中,是实现高职院校培养目标的重要途径,是促进学生全面可持续发展的内在要求,也是树立学生终生教育观的需要。但就高校会计专业的培养现状来看,轻培养职业核心能力重培养专业核心能力的情况普遍存在,导致会计毕业生的就业适应度差,后续发展缓慢。因此,如何将职业核心能力的培养渗透入专业教学中是一个亟待解决的问题。本文以泉州经贸职业技术学院会审系 2016 届 38 位会计专业毕业班学生为对象,以顶岗实习为环节,结合"订单式"培养模式,将职业核心能力的培训渗透入学生的顶岗实习中,试行专业核心能力和职业核心能力双核培养的教学模式,历时 12 个月(2015 年 9 月～2016 年 8 月),力求形成一套操作性强的高效双核培养模式。

二、会计专业顶岗实习面临的困境

对于高校会计专业的学生来说,顶岗实习阶段是在校教学的一个延伸,学生能够在实践中审视自己专业理论水平的高低,同时提高自身的实践动手能力。但就本系近三年的实习情况调研分析,会计实习阶段面临诸多的困难:

(一)学校建立专业对口的实习基地困难

我院每年会计专业毕业生在 650 人左右,由于会计岗位的排他性,要找到能够容纳数量众多学生的专业对口的校外实习基地较为困难。其次,会计工作具有较强的商业机密性,企业出于保护自身利益考虑,不愿让学生知悉其商业秘密,导致完全对口的实习基地难建设。再者,企业是以营利为目的的单位,接受学生的会计顶岗实习,会给企业带来额外的实习指导成本,降低其工作效率,进而降低企业效益,因此,企业对实习基地的建设并不热衷。现实中,本系原有的实习基地对参加顶岗实习的学生培养效果也并不明显。

(二)实习指导教师疏于指导

虽然本系每个学生均配备一名实习指导教师,但由于经费有限且对教师的监督机制较宽松,导致指导老师往往只是挂名,任由学生自行安排实习单位和实习内容,疏于对学生的专业实习指导、管理和监督。学生缺乏有效的专业指导和训练,也就难以达到顶岗实习教学预期的效果。

(三)缺少对学生顶岗实习的评价机制

学生在进行顶岗实习时,学院一直处于被动的状态,缺乏对学生顶岗实习的质量制定详细的评价标准,指导教师只能根据印象给学生打分,评价结果有失合理和公平。另外,在指导教师和顶岗实习单位方面,没有专门的机构和人员对其进行有效的监督,也没有相关的评价系统。由此,学生、教师和实习单位三方均缺乏有效的评价机制,学生的顶岗实习往往就流于形式,也难以提高实习的质量。

(四)缺乏对学生职业核心能力的培养

随着社会对人才需求的转变,培养学生的职业核心能力已成为高校教学的必要内容。但是,目前许多高校虽然认识到学生职业核心能力培养的重要性,但没有明确的培养方案和教学模式。其次,具有职业核心能力教学经验的老师紧缺。再者,缺乏评价学生职业核心能力的专业机制。

三、顶岗实习双核培养模式的教学设计

(一)采用"订单式"实习模式在双核培养教学设计中的必要性

基于对我系近三年的实习情况分析的基础上,得出一个有效的实习行为必须保证实习内容的专业性、指导教师的密切跟踪性和一个有效的评价机制。"订单式"顶岗实习模式刚好能够满足以上三点要求。

所谓"订单"培养,是经过学校和企业协同对人才进行教育,根据实际就业需求来采取相应的教学计划培养人才的模式。学校完成理论教学,企业完成操作技能培训,是课堂与企业教学相结合、以企业需求为导向的教育模式。该模式于1969年起源于德国,2013年被欧盟和OECD树为国际典范,称其为"解决青年失业和技术工人短缺问题的有效措施"。2012年6月,我国教育事业发展第十二个五年规划明确指出"要促进职业教育与经济社会发展有机结合,着力推进政府主导、行业指导、企业参与的办学机制建设,落实各方主体责任。大力推行校企合作、订单培养的顶岗实习人才培养模式,创新职业教育人才培养体制",为职业教育办学模式的改革确立了方向。自此,在德国成熟的"订单"培养模式下,我国高校的"订单"培养、校企共育人才的办学模式蓬勃发展起来。

"订单"培养模式自2012年12月在本院开展以来,以学生自愿报名为原则,每届平均吸收10%的毕业生参加"订单班"顶岗实习,累计已为企业输送150多名一毕业即可胜任岗位的会计高技术技能人才。该模式已日趋成熟,为职业核心能力的渗透培养提供一个良好的平台。

(二)顶岗实习双核培养模式的教学目标

顶岗实习双核培养模式将职业核心能力的培养融入"订单"培养模式的顶岗实习中,力求在校企共育人才的过程中使学生获得会计实操能力的同时具备职业核心能力。"订单"培养模式主要实施阶段是学生大学生涯最后一个学期——实习期,在进入实习期前,学生已在校内经过两门会计实训课程的演练,对会计的模拟操作较为熟悉,该期间的教学目的是将模拟操作真实化。而会计岗位作为企业众多岗位中的一个,学生在学好会计实操的同时如何与会计工作相关人员协同合作成了他们的另一实习任务。因此,本模式的目标定位在锻炼教师的创新能力和培养学生的解决问题能力。当然,出于会计专业的特点,学生的自我学习能力、与人交流能力、数字应用能力、信息处理能力等能力的培养也是本模式职业核心能力附带培养的目标。

(三)顶岗实习双核培养模式的具体教学设计

1.基本事项

我们从泉州选择一家实力雄厚的会计记账公司——宏兴代理记账公司为合作企业,双方签订培养合同共同研讨、共同执行订单培养顶岗实习模式。该模式的主旨为企业与学校、理论与实践、毕业与就业、教学管理与岗位管理四互通。

(1)企业与学校互通(2015.9.1—12.31):校企共同探讨人才培养方案、共同制订教学计划、共同撰写教材、共同执行教学任务,同心合力培养具有高素养的会计高级应用型人才。在这过程中,学校导师与企业培训员就学生的知识结构特点和现代企业对会计人才的需求进行充分沟通,主要锻炼教师"会计顶岗实习"流程和内容的科学性和熟练度,在职业核心能力上锻炼教师的创新革新能力,附带锻炼教师的数据处理能力、与人交流能力和与人合作能力。

(2)理论与实践互通(2016.01.04—3.31):订单培养的具体内容分为两个模块,分别是手工账套和电脑账套。由企业提供真账和培训员,一对一指导,负责学生处理手工账务和电脑账务,学校导师进行全程监控。在这过程中,学生必须主动应用已有的理论知识,先自行处理账务,碰到解决不了的难题才请教培训员,学习结束,应与同组成员互相交流心得,形成实习总结。该阶段,在专业知识培养上主要是企业财务会计核算,技能上为会计实训中的填制和审核会计凭证、登记账簿、编制报表三个会计核算技能以及税务申报一个技能。在职业核心能力的培养方面主要为解决问题能力,附带培养学生自我学习能力和与人交流能力。

（3）毕业与就业互通（2016.04.01—05.31）：学生在近 3 个月的封闭式训练后，对工业、商业、服务业的手工账和电脑账已较为熟悉，在账务处理及其他工作事项上的解决问题能力也已较高，公司将选用其中部分学生留用，其余学生推荐到其他企业上班。为了使学生的就业有个好的开端，这阶段，学生应结合就业现状和前景做充分的评估，并进行自我剖析，向导师提交职业生涯规划。在导师的指引下，成功做好人生的初次就业。这期间，培养学生在择业方面的解决问题能力，同时与导师充分交流，锻炼他们的与人交流的能力。

（4）教学管理与岗位管理互通（2015.09.01—2016.08.31）：学院指派导师负责召集学生参加"订单班"学习，并与企业共同制订培训计划，跟踪学生学习过程，定期向学校反馈培训情况。学生应每日做好工作日志，每三天向导师汇报培训心得，导师根据学生的学习情况向学校汇报培训情况。在这过程中，导师和学生的数据处理能力和与人交流能力都能得到很好锻炼。

2."订单"培养流程

"订单"培养模式具体培养过程见下图：

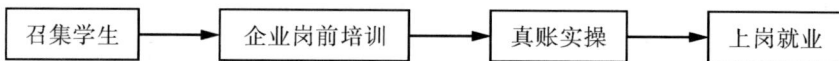

```
┌─────────┐   ┌─────────────┐   ┌─────────┐   ┌─────────┐
│ 召集学生 │ → │ 企业岗前培训 │ → │ 真账实操 │ → │ 上岗就业 │
└─────────┘   └─────────────┘   └─────────┘   └─────────┘
```

（1）召集学生（2015.11.01—12.31）：本校专项负责老师向学生讲解订单式培养模式的基本操作过程、学习内容、学习效果、学习时长和学习收费等具体事项，学生自愿报名，组织小班化一对一指导。

（2）企业岗前培训（2016.01.04—01.31）：学生在导师的带领下入驻企业，开始为期一个月的会计岗前培训，培训内容为工业账套训练、商业账套训练、会计电算化训练和地税、国税申报系统训练。培训方式为集中训练，企业提供近期的真实账务为培训教材，并安排公司的高级培训师为指导老师，手把手辅导学生账务每个环节的具体操作，当面解决学生的疑问。

（3）真账实操（2016.02.01—03.31）：在岗前培训结束后，学生对企业的日常账务已有全面的认识和较为熟练的操作。在接下来的 2 个月中，宏兴公司为每一位学生配备指导老师，让学生在老师的监督下独立处理公司业务下代理记账企业的当期账务，处理中及时与老师交流，保证账务处理的准确性和完整性。学生在真实的账务处理中，轻松掌握企业账务处理从审核原始凭证到编制记账凭证再到登记账簿最后形成会计报表的整个操作环节，熟练处理会计电算化和纳税申报业务。

(4)上岗就业(2016.04.01后):经过 3 个月的培训后,学生在财务岗位上可独当一面,能够处理企业的常见业务,实现理论与实践相互贯通。培训结束,公司为每位学生评分,并与学生交流就业意向。学生开始人生的初次就业。

四、顶岗实习双核培养模式的教学效果

顶岗实习双核培养模式经过一年的测试和修正,经用人单位、学校、教师、学生四方评价,效果良好:

(一)优化了课程设置

会计专业的高职教育是以培养适应生产、建设、管理、服务第一线的高素质技术技能人才为根本任务,应主动适应行业和区域经济社会发展需求,把学生职业核心能力的培养融入人才培养的全过程。经本方案的设计实施,成功地将创新能力、解决问题能力、自我学习能力、与人交流能力、数字应用能力、信息处理能力等职业核心能力的培养渗透入会计顶岗实习中,实现专业核心能力和职业核心能力双核培养效果。

(二)促进了会计专业实训基地的建设

出于会计专业的特殊性,实训基地的建设一直是高校会计专业教学发展的短板。如今,通过双核培养顶岗实习模式,强化了学校实习指导老师对学生实习过程的监督,分担了顶岗实习单位的人才培养负担,提高了校企合作意愿,实现了学生顶岗实习的预期良好效果。

(三)形成了科学的顶岗实习评价机制

在本顶岗实习培养模式中,经实践检验,形成了一套多元的顶岗实习评价机制,主要包含以下几个评价指标:

《教师顶岗实习指导工作考核指标》,考核人为校企双方;《学生会计知识和会计技能监督记录考核表》,考核人为校企两方的指导老师;《学生职业核心能力监督记录考核表》,附设"解决问题能力证据"、"自我学习能力证据"、"与人交流能力证据"、"数字应用能力证据"、"信息处理能力证据"等多个职业核心能力指标考核体系,考核人为校企两方的指导老师。该评价机制的建立,避免了学生顶岗实习放任自由的现象,保证了顶岗实习的预期效果。

参考文献：

[1]周列平,章理智.会计专业顶岗实习问题现状分析的调研报告.高等教育.2014(05).

[2]蒋书良,欧亦兰.高职院校会计与审计专业学生职业核心能力培养策略.当代经济.2015(32).

[3]唐志贤,赵红英.高职院校会计专业人才培养方案实施及其效果的思考.广东交通职业技术学院学报.2016(3).

[4]赵静.我国高职会计专业学生职业能力培养.教育与职业.2016(1).

浅谈高职生毕业设计中自我学习能力的培养

赵芳云

摘　要：通过服装设计专业毕业设计活动，教师引导学生主动思考、创新思维，培养学生自主学习的意识，促使学生在教学活动中自主探索、思考，培养自我学习的能力，更好地完成毕业设计。

关键词：自我学习能力　毕业设计　培养

目前，我国许多高职院校正不断地进行教育教学改革。提高人才培养质量，是高等学校面临的一项重大课题，也是高等教育要完成的重要任务之一。职业院校历来十分重视实践性教学环节的加强与拓宽，毕业设计无疑是培养学生知识、能力、素质提高的重要环节。围绕当前影响高等学校人才培养质量的突出环节——毕业设计，积极进行改革探索，对于培养适应新世纪需要的综合素质职业劳动者具有重要意义。毕业设计是实现这个培养目标的重要环节，是对高职院校学生三年知识、能力、素质整体水平的重要总结和综合汇报，同时也培养和检验学生自我学习能力的效果。

一、提高高职生自我学习能力的意义

自我学习能力是指在学习、工作中能够运用自己所学知识，去探索、获取新的知识，提升自己解决问题的能力，不断地调整学习计划和学习目的，不断提高自己综合能力。自我学习能力是职业核心能力中的重要能力之一，是评价一个人能力强弱的重要标准。信息化社会的今天，自我学习能力是个人立于不败之地的重要能力。

自我学习能力以终身学习为主要特点,以良好的学习习惯为手段,它是在原有知识的基础上,通过教师的引导,主动参与教学过程、主动思考、创新性的思维方式。培养学生自主学习的意识,促使学生在教学活动中自主探索、思考,强化学生的自我意识。

二、高职学生毕业设计存在的问题

当今社会,知识总量膨胀速度快,知识更新快,学生所学理论知识陈旧快,所以要求学生必须不断学习才能跟上知识更新的速度,但学生学习能力普遍不强,学生依赖学校所学知识完成的毕业设计创新不够;再加上高职生面临着就业问题,很多学生对毕业设计不够重视,且设计目标不明确,主观能动性不够,过于依赖教师、网络,设计出来的作品可想而知。高标准地完成毕业设计,必须在培养学生自我学习能力上入手,强化学生自我学习能力,保证知识的前沿性,保证毕业设计高质量完成。

三、在毕业设计中培养学生自我学习能力的有效途径

学生主动参与毕业设计,是提高毕业设计质量的有效途径。因此,通过毕业设计作品从无到有逐步完成的过程,激发学生主动思考、主动学习,从而培养学生自我学习的能力,真正提高毕业设计质量。

(一)确定毕业设计目标任务,引导学生合作学习

毕业设计创作准备阶段,首先要抽签分组,一般情况是一组三位同学,一个设计方向、一个工程方向和一个营销方向,然后同组员达成共识,选择能够信任的指导教师,根据毕业设计大主题,同组员商量确定本组设计方向。不同的专业方向组合,使不同专业方向学生能够合作共赢,创作出最终的效果。不同专业方向的合作,激发学生的竞争意识和合作意识,从而激励每一个专业方向的学生,利用自己所学专业知识去探索、发现,独立思考,发表见解,确定毕业设计目标任务,并倾听其他同学的不同意见,在小组同学之间交流、合作中达到共同获取知识、发展能力的目的。

(二)制定毕业设计时间任务,给予差异化指导

通过合作学习,整组同学共同决定设计方向和设计任务,在这个任务前提下与所选择指导老师讨论,教师对本组的设计方向和任务给出相应的建议。学生的能力是有差异的,有的善于思考、有的善于动手等等,因此要因人而异,对于不同学生确定的设计主题的类型,教师可以采用多元智力理论,根据学生提供的设计内容,发现学生设计擅长的方面,再以该智力方面为切入点,提供相应开阔的设计思路,引导学生投入其擅长、感兴趣的方向。然后根据毕业设计大赛的时间进度,来制订本组的设计任务进度。这个环节是学生自己所学知识的综合运用,是调动学生内在力的重要环节。

(三)引导学生运用所学专业知识提升自主学习能力

毕业设计过程中,引导学生主动操作。学生把学到的知识运用到毕业设计实践这个"大课堂"中去解决实际的问题,让学生在项目设计实践中去探索、去历练,激发他们的主体意识,提升他们自主学习的能力。信息搜集是进行毕业设计活动的首要任务,通过各种渠道去了解自己不知道的知识。有了信息内容,在设计过程中,才能根据自己的分析,与本组同学和指导老师交流,从而形成整体设计思路,这一过程训练了每个成员的学习能力。

(四)引导学生掌握毕业设计学习方法

在毕业设计活动中,设计方法的运用,更多的来源于课堂知识的积累和方法的掌握,老师引导学生运用平时设计课的方法内容于设计中。一般情况下采用突出造型基型扩展和同形异构法,结合加减法、仿生法、组合法、追踪法及变更法等的综合设计,灵活运用在毕业设计这个主题内容中。设计过程中学生学到的知识运用到毕业设计实践中,学生体会到在实践中自己会学比学会更加重要,从而提升会学习的能力。

(五)启发学生认识自我,主动学习

在毕业设计的过程中,学生自己不清楚什么样的设计是自己需要的,不清楚怎样修改才能达到想要的设计效果。所以老师要注重学生的自我认识,而自我评价是学生自我认识的基本手段,老师根据学生的设计内容,努力营造氛围激发学生质疑问难,灵活地向学生提出探索性问题,启发学生查找问题,自我判断。

自我评价有利于学生认识自己的设计问题,激发学生继续深入探究的兴趣,不断提高自我学习能力。

(六)引领学生运用网络手段高效学习

网络技术引发了学习的深刻革命,打破了传统单一的校园教育,追求更高的灵活性、效益性;学习策略也由被动的机械性的学习,转向了主动、开放式综合性教育;网络资源的不断丰富,为大众的专业能力发展创造了良好的平台。教师要引导学生学会运用网络手段进行相关的设计流行资讯搜集,培养学生搜集资料、整合资源丰富自己设计内容的能力,拓展设计思路,完善设计效果,促进自我学习能力的提升。

(七)要求协调设计整体,突出重点

毕业设计进行到这个阶段,需要反复推敲整体设计,力求明确设计的主次,保证设计重点的主体地位,协调设计各个元素。然后再次回归设计整体,落实设计任务的完整性。学生对自己的毕业设计应有整体性的认识,不断地提高自我的认同感,其次是不断提高自己对设计作品的认同感,通过对比寻找差距,不偏离最初的设计思路,最后完成作品。

(八)建立形式多样的评价方式提高学生综合能力

学生完成毕业设计并展示设计成果,既是对学生专业知识学习情况的检验,也从侧面展示学生自我学习能力的培养情况。设计中,教师的引导、启发是"药引子",而学生主动参与、主动思考、主动学习、自我完善才是设计中的灵魂所在。学生毕业设计成果的展示,是对设计过程中自我学习能力培养的强化。对学生毕业作品评价,是对学生设计能力的检阅,教师不应以结果评价学生,而应建立多样式的评价方式,注重过程性评价,注重学习能力和效果。

毕业设计是高职学生三年所学知识的一次系统运用,教师是指导者,而学生才是学习的主体;学生可以通过毕业设计检验自己所学,并在教师的引导下,不断提高自我学习、主动发挥的能力。随着学生自我学习能力的提高,能较高质量地完成毕业设计任务,取得更好的学习效果。

参考文献:

[1]杨海晖.高职学生自我学习能力培养的思考[J].社科横,2012,27(12):169-169.

第四篇

其他篇

"双核心"融合的职业能力及其
综合评价研究

许毓坤

摘　要：本文构建了二维数理模型，分析了专业核心技能和职业核心能力培养在学生职业能力发展中的关系，认为职业能力发展具有动态特性。因此提出了适合于职业能力发展特点的"双核心"融合的职业能力综合评价体系。

关键词：高职教育　职业核心能力　综合评价体系

一、引言

世纪之交，美国学者 Benson 提出"新职业主义"（New Vocationalism）概念。美国国会很快接受了这一整体性改革概念框架，并最终将其理念纳入美国国家职业教育改革法案，从此掀起世界性的教育改革浪潮。"双核心"能力融合的高职人才培养模式改革，正是源于在美国所新兴的"新职业主义教育改革思潮"所进行的诸多探索之一，也是高职人才培养，在面对当前经济和就业不景气的新形势下，所做的供给侧改革。

"双核心"是指专业核心技能与职业核心能力，两者融合是当前我国高职教育教学的一项重要改革内容。在高职教育过程中，不仅强调专业核心技能的培训，更重视职业核心能力的培养。这种"双核心"融合的职业能力[①]，其目的是使

---

① "三素质双核心"人才培养模式是泉州经贸职业技术学院在办学过程中摸索出来的高职教育教学改革特色项目，其中"双核心"指专业核心技能与职业核心能力。

学生具有就业竞争力、岗位迁移能力和职业可持续发展能力。"双核心"融合的职业能力教学改革中,主要采用"模块教学"、"活动训练"、"课程渗透"等教学方式来融合两种核心能力,其效果和反应都很明显和积极。

二、"双核心"融合的职业能力模型

"双核心"融合的职业能力是专业核心技能与职业核心能力的总和。专业核心技能是指能体现专业的特殊知识技能,在高等职业教育中主要包括在专业核心课程的教学内容中。职业核心能力主要是工作和生活中除专业岗位能力之外取得成功所必需的基本能力,主要包括自我学习、信息处理、数字应用、与人交流、与人合作、解决问题、创新革新、外语应用等八项职业核心能力。"双核心"融合的职业能力可以用以下函数式表示。

假设:$W = f(X;Y)$

$$= f(x_1, x_2, x_3 \cdots x_n; y_1, y_2, y_3 \cdots y_n)$$

其中 W 是"双核心"融合的职业能力,是专业核心技能 $x_1, x_2, x_3 \cdots x_n$ 和职业核心能力 $y_1, y_2, y_3 \cdots y_n$ 的函数。w、x 和 y 三者之间的关系,见图 1。

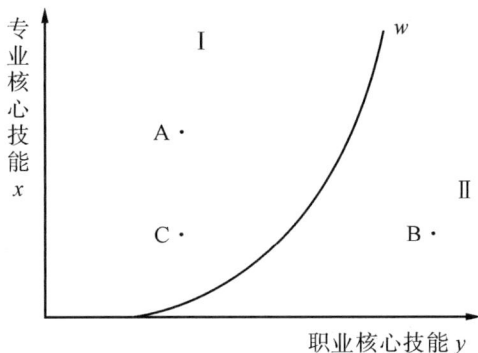

图 1 "双核心"融合的职业能力

w 是职业能力曲线,代表着理想的职业能力,其专业核心技能与职业核心能力相互匹配。w 将整个图形空间分割为两个区域,分别为 I 区域和 II 区域。其中,I 区域的点,说明专业核心技能水平高于其应该相匹配的职业核心能力,这样的学生其专业技术能力很强,但是职业核心能力较弱,比较适合做技术技能型人才。在 II 区域中的点,说明职业核心能力高于其应该相匹配的专业核心技能水平,这样的学生其专业技术能力虽然较弱,但是职业核心能力很强,管理组织应变能力较好,对于非技术型的工作适应能力好。

就 A 和 C 点比较,A 点和 C 点的职业核心能力一致,但是 A 点的专业核心技能更高点,这点可以从学生的专业课程成绩单上看出来。就 B 和 C 点比较,C 点和 B 点的专业核心技能一致,但是 B 点的职业核心能力更强,显然,B 点的学生与 C 点的学生毕业成绩单虽是一样的,但是其适应职业工作并在未来的职业发展过程中将获得更多的机会。

高职院校推行职业核心能力教学改革,将专业核心技能和职业核心能力相互融合。所谓"双核心"能力融合的职业教育改革,就是及时的弥补一直以来的职业能力培养的短板,让学生在高职教育过程中获得更多的职业能力,为将来就业和职业发展奠定基础。

通过以上分析,不难得出学生在高等职业学习过程中,随着学习进展,其两种核心能力掌握水平不断提高,职业能力不断发展。因此,在"双核心"能力融合的职业教育改革中,必须思考更为合适的职业能力评价方法,这种方法还必须能够进程性的反映学生在校期间的职业能力发展状况。

三、典型的职业能力评价方法与问题

(一)职业资格证书

当前,我国现有的高等职业教育体系中,关于职业能力的评价方式主要是专业核心技能成绩和职业资格考试成绩,也就是现在高等职业教育通行的毕业证加职业资格证的评价方式。

然而,职业资格并不等于职业能力。职业资格是"完成职业任务需要满足的要求",核心是可观察的职业技能,一般用职业等级的方式确定。职业资格考试是一项以职业技能水平为基准的考核活动,属于标准参照型考试。鉴定内容主要包括职业知识、操作技能和职业道德等三个方面。显然,职业资格评价是静态的,只是一种职业领域的准入标准而已,不能反映学生职业能力不断提高的趋势和潜能。所以,用职业资格证书来证明高职学生的职业能力是不恰当的,也是不合适的。

(二)传统的专业核心技能评价

在高等职业院校中,关于专业核心技能的评价方法,主要采用传统的"纸笔测验",也可能包括了学生的实习实训成绩、平时学习表现和作业情况等评价,即凭一张期末试卷和综合成绩判定学生一学期的学习效果。可见,现行高职教育评价体系与普通高校评价体系基本一致,实行在德、智、体等方面的综合量化评价体系,未能很好地与高职人才培养目标相契合,其职业核心能力等职业拓展性素质指标在评价中没有凸显。评价结果与学生择业、就业联系不甚紧密,从而在调节和引导高职教育教学和学生素质发展上失去引导作用。企业人才招聘往往看中能力高而不是成绩高,这是学生毕业后屡屡受挫的主要原因。

(三)如何正确评价学生的职业能力

职业资格证书作为一种静态的职业资格评价标准,只是更多地反映学生的专业核心技能和一般性的职业道德等方面,并不能很好地反映学生的职业能力,更不能体现学生未来的职业发展情况。而传统的专业核心技能的评价虽然可以动态地反映学生在校期间的专业学习情况,但是也不能体现出学生的职业能力情况。

不同于职业资格证书和专业核心技能评价,职业能力是与职业相关的核心认知能力,旨在完成某项职业任务所需要的主观能力的潜力,很难被客观衡量。在高职学院中,对学生职业能力测评则是采用特定的测评技术,就学生完成某一典型工作任务时所应具备能力的测量和评定。其评价方法,主要采用题库测验包和教师综合性评价相结合的办法。

两种核心能力相互融合,接受者都为学生个体,但是测评方法不一样,显然这样评价存在着片面与欠缺。教育教学研究中,亟待选用一种恰当的综合性的方法来测评高职学生"双核心能力"学习成效。

四、"双核心"融合的职业能力评价体系构建

根据高职教育的特点,可以分为两种评价体系,一种是三年的累计的综合成绩水平,另一种是在毕业前对学生进行的职业能力综合评价[①]。本文主要探究

---

① 可以参看例如德国不莱梅大学和德国科委发起的专门针对职业院校学生的能力评估计划——KOMET 职业能力与职业认同感测评项目。

第一种综合评价体系。

(一)构建原则

关于"双核心"融合的职业能力评价的基本原则,应该包括以下四点。

1.评价内容在充分体现专业知识能力的同时,关注学生的素质和职业能力,不强调对知识的死记硬背,但强化思考过程内容。例如:参与课堂讨论情况、撰写课程论文情况、提出专业领域新问题等等。

2.评价方式上转变传统纸笔检测的做法,根据学科特点采用灵活多样的检测方式。例如:增加学生课堂积极情况、作业完成情况等等。此外,应注重定量与定性相结合。职业核心能力往往采用定性评价方式,定性评价选择等级制。例如:优秀、良好、达标和未达标,或字母 A、B、C 等表示评价等级。定性评价应设计好相应数值,并与定量成绩给予相应的合理权重,最终可以统计为综合性的职业能力数值。

3.评价途径上增加企业实习实训评价成绩。增加企业实习实训的评价成绩,是为了从需求方的企业视角来评价学生的责任心、协作精神、沟通能力、实际动手能力、创新能力等职业素质。也可以增加学生对自身评价方式,自评价者按一定的评价指标体系,对自己的情况进行评价,实现评价目的。

4.评价分阶段,体现职业能力培养进程。高职学生的职业能力成长和发展是动态的,因此其评价应该采取过程性评价。可以遵循高职学生学习特点分为三个阶段,对不同阶段的学习特点和职业能力培养水平,确定重点关注的职业能力评价标准。评价内容应使兼顾"双核心"融合的职业能力分阶段相对应,并以通用的职业标准为要求。详见表1。

表 1　"双核心"融合的职业能力分阶段评价标准

年级	专业核心技能	职业核心能力(侧重培养)	能力成长特点
一年级	专业基础课程学习	自我学习,信息处理,数字应用	全新专业环境,职业目标多变
二年级	专业核心课程学习	与人交流,与人合作,解决问题	拔节提高,升华素质
三年级	专业核心课程与实习实践	职业规范,创新创业	收获阶段,查漏补缺

(二)方法与手段

"双核心"的职业能力是一种二维的能力模型,其综合评价是结合专业核心技能与职业核心能力两者各自的评价成绩,综合得出该学生的职业能力水平。可以参看表2。

对于专业核心技能,可以根据文化课、专业基础课、专业核心课程、实习实训课程等,各赋予一定的权重来反映其课程在专业核心技能上的重要性,将其各课程成绩乘以权重得到最终专业核心技能评价。同样的,为了与传统的专业核心技能评价相互融合,职业核心能力的评价方法也应该采用量化的方式。因此,职业核心能力的模块学习成绩再给予定性评价等级后,必须赋予一定的分值。最后,再根据"双核心"能力的不同权重,来计算综合成绩。

(三)综合评价指标体系

评价指标体系由二维的"双核心"的职业能力——专业核心技能与职业核心技能两指标体系所组成。详见表2。

表2　"双核心"的职业能力综合评价指标体系

评价项目	一级评价指标	二级测评指标	三级测评指标	四级测评指标
"双核心"的职业能力	专业核心技能	专业基础性课程	文化基础课程	各文化基础成绩
			专业基础课程	各专业基础成绩
		专业核心性课程	专业核心课程	各专业核心课成绩
		专业实习实训课程	校内实习实训课程	实习实训成绩
			校外顶岗实习课程	实习实训成绩
	职业核心能力	职业社会能力	与人合作	各与人合作课程成绩
			外语应用	各外语应用课程成绩
			与人交流	各与人交流课程成绩
			创新革新	各创新革新课程成绩
			解决问题	各解决问题课程成绩
		职业方法能力	数字应用	各数字应用课程成绩
			信息处理	各信息处理课程成绩
			自我学习	各自我学习课程成绩

五、结 论

　　在职业教育大力发展的今天,高职院校在不断关注用人单位的人才需求的同时,开展职业教育的供给侧改革,关注专业核心技能的同时注重职业核心能力培养,积极探索人才培养新模式。"双核心"融合的职业能力培养指向提高就业能力的教育教学改革,具有鲜明的现代职业特点,将对高等职业教育和培训发展产生深远而持续的影响。关于"双核心"融合的职业能力培养的职教改革探讨才刚刚开始,其二维数理模型较为清晰地展示其理论构架,所构建的适应高职教育的职业能力综合评价体系还将完善。

　　一个以"双核心"融合的,科学、合理、有效的高职学生职业能力综合评价体系,将有利于促进高职院校的教育改革发展,有利于学生职业能力的整体提升。随着职业能力综合评价体系的不断完善,将推动高职人才培养事业不断迈上新台阶。

参考文献:

　　[1]李中玲.高职学生职业能测评的工具与方法[J].职教通讯,2010(11).

　　[2]费利克斯·劳耐尔,赵志群.吉利职业能力与职业能力测评:KOMET理论基础与方案[M].北京:清华大学出版社,2010.

　　[3]岑艺璇.20世纪90年代以来美国新职业主义教育改革的特点[J].外国教育研究,2015(5).

　　[4]岑艺璇.核心技能的本质特征及其培育——基于职业教育的视角[J].社会科学战线,2015(10).

　　[5]赵欣.以职业能力为核心的高职学生综合素质测评体系构建探索[J].当代职业教育,2011(8).

　　[6]任春梅,贺战兵.高职学生职业核心能力成长性测评标准研究[J].当代教育实践与教学研究,2015(12).

　　[7]孙丽.新职业主义的职业核心能力观研究[D].天津大学硕士学位论文,2011(5).

　　[8]叶茂樟.泉州经贸学院推进供给侧改革.网址:http://www.ifengnews.com/a/gd/2016-09-26/22543.html.

　　[9]叶茂樟.泉州经贸学院"三全"特色项目建设结硕果.网址:http://www.fjedu.gov.cn/html/jyyw/xx/2016-09-23/fa1a5843-9411-4ca2-a0e6-2f3f9cfa9e3b.html.

供给侧结构性改革下大学生
创新创业研究

熊　毅　杜朝运

摘　要：基于内生增长模型分析认为我国大学生创新创业能够推动经济在达到稳态均衡后高速率发展。通过对福建 75 所大学创新创业投入产出相关回归分析发现存在供需结构错配现象,表现为:大学创新创业脱离区域经济的发展;教师注重常规教学缺乏创新创业经验;学生创新创业的实际操作能力亟待提升。大学教师要身体力行创办企业,构建学科交叉与互融递进的创新创业培养体系。大学生必须立足创新提高创业质量,通过创业实现创新的商业价值。大学创新创业要从内部组织到开放协同转变,成为国家创造扩散知识的中心和高效供给的生态系统。

关键词：供给侧　结构性改革　大学生　创新创业

基金项目：泉州市优秀人才培养专项资助项目(15C03);2016 年度福建省中青年教师教育科研项目(职教创新创业研究专项);2016 年泉州市社科规划项目(2016E06)。

今年 3 月李克强总理在国务院常务会议上指出:"促进创新发展是推动供给侧结构性改革和大众创业、万众创新的关键之举。"供给侧结构性改革立足于调整供给结构和提高供给质量,确保供给的有效性。供给侧结构性改革包括劳动力、土地、资本和创新四大要素,大学生是社会最富创造力的群体,是创新创业的生力军,大学生创新创业能够从优化劳动力和激发微观主体创新创业两大途径有效推进供给侧结构性改革。

一、大学生创新创业推动经济高效稳定增长

（一）创新创业必要性的内生增长模型验证

改革开放早期，我国刚刚脱离物质匮乏的计划经济，资本边际效率很高且需求极大，到处都是投资机会，创业需要的是控制消费而将有限的产出分配到投资。2008 年爆发次贷危机以来，我国经济依赖四万亿投资刺激计划保持高速增长，然而 2012 年以来经济增速开始出现下降。四万亿刺激计划投资结构不合理，引发基础建设和房地产飞速发展，形成了以土木建筑类为核心的工业产业链，钢铁、水泥、玻璃等落后产能大量过剩，严重污染环境。多年来我国的经济运作过于急功近利，许多人热衷于在金融和资本市场投机炒作，而没有耐心经营实体经济。从长期看，高质量的供给必须优化人力资本，培育高层次劳动力，激发微观主体特别是大学生创新、创业、创造的潜能。笔者通过一个内生增长模型（Endogenous Growth Model）来验证。

同传统经济增长模型一样，EGM 也包含四大关键要素：物质资本 K、劳动力 L、技术参数 A、产出 Y。EGM 特别地将技术参数 A 解释为有用的知识，这种知识可以通过提高全要素生产率或者劳动力的效率起作用，而且知识和资本一样可以积累，却不会折旧（不会像实物一样有物理损耗过程）。EGM 还把社会分成了两个部门，生产要素 K、L 在两个部门之间分配，一个是物质生产部门，另一个则是负责生产知识的研发部门（Research & Development Sector）。后者就是知识积累的关键，可以看作是一个经济体中所有从事知识技术研发的微观个体的集合，比如大型企业的研发部门、研究机构、大学等。

假定有 a_K 比例的 K 和 a_L 比例的 L 投入到研发部门，则物质生产部门得到的 K 和 L 比例为 $1-a_K$ 和 $1-a_L$。给定 a_K、a_L，物质生产部门的产出函数为：

$$Y(t)=[(1-a_k)K(t)]^a[A(t)(1-a_L)L(t)]^{1-a} \tag{1}$$

满足传统的 Cobb-Douglas 函数，且为 1 次齐次。为简单起见，假定资本 K 没有折旧，新的资本来源于将一部分产出 Y 进行储蓄，且人口的增长率是外生给定的，则资本 K 的增长率的变化取决于技术的增长率和资本的增长率。当资本的积累达到一定限制，资本增长率将不再变化，资本总量以某一速率稳定增加，这时如果提高技术增长率，则生产能力提高，允许经济体以更高的增长率来

积累资本。

为了知道经济体的稳态,我们需要知道技术 A 的增长情况。研发部门的产出函数为:

$$A(t) = B[a_K k(t)]^{\beta} [a_L L(t)]^{\gamma} A(t)^{\nu}, B > 0, \beta \geqslant 0, \gamma \geqslant 0 \qquad (2)$$

一般在变量上加点表示该变量对时间 t 的求导,也就是该变量随着时间推移的变化情况。(2)式表明研发部门负责生产新的知识技术,新增量的多少由该部门分配到的资本 $a_K K(t)$、$a_L L(t)$ 以及已有知识技术的总量 $A(t)$ 决定,同时其研发成果有一个转化率 B,代表了该部门在现有资源下产出有用知识技术的能力。同样的,技术增长率的变化取决于技术的增长率和资本的增长率。当技术的积累达到一定限制,技术增长率不再变化,知识技术总量以某一速率稳定增加,这时如果资本的增长率提高,则可以投入更多的资本到研发部门,允许经济体以更高的增长率来积累知识技术。

(二)增加创新创业投入必将提高经济增速

EGM 模型是否具有稳态均衡,其结果取决于参数 β、γ、θ 的取值。这三者恰好分别代表了研发部门在生产新知识、新技术过程中,资本投入 $a_K K(t)$、劳动力投入 $a_L L(t)$、现有知识技术总量 A 的贡献力度。换而言之,如果能够提高研发部门产出新知识新技术的能力,将会对经济的长期稳定增长做出巨大的贡献,使得经济在达到稳态均衡后以一个很高的速率发展。

即使在 β、γ、θ 不能改变的条件下,通过改变 a_K、a_L 值,也可以使经济体受到一次良性冲击,短期内提高技术的增长率,进而提高经济增速。对比发达国家水平,发展中国家对研发部门的投入是远远不够的,意味着 a_K、a_L 都要比发达国家低很多。因此,如果能增加投入鼓励研发部门创新创业,则 a_K、a_L 就会显著性提高,使得知识技术在短期内有一个加速。

EGM 中还有一个涉及"研发效率"的参数 B,它表示在既定知识技术条件下,研发部门投入人力物力后,能够产生有用知识技术的转化能力。根据(2)式,虽然 B 的大小不能决定知识技术的增长率,但是却直接决定了技术增长率逼近均衡值的速度。对比发达国家科技水平,发展中国家还可以通过提高 B 来实现加速。供给侧结构性改革勾画了一个清晰的不可逆转的可以预期的路径,创新居于经济建设的核心位置,有了可预期的回报,大学生可以成为创众时代的中间力量,创造出高品质的产品,有效供给满足消费者的新需求,中国就能够赶超发达国家。

二、大学生创新创业的供需错配结构分析

(一)高校创新创业自成系统但脱离区域经济发展

美国商务部长骆家辉组织创新创业研究团队用两年时间访谈了131位大学校长,于2013年公布了研究报告《创新创业大学:聚焦高等教育创新与创业》,研究大力促进了大学的技术转移,该报告科学地把大学创新创业分为学生创新创业、教师创新创业、积极支持技术转化、促进校企合作、带动地区经济发展五大方面。[1]2015年5月我国国务院办公厅出台了《关于深化高校创新创业教育改革的实施意见》,紧随其后的6月国务院又下发了《国务院关于大力推进大众创业万众创新若干政策措施的意见》。2015年教育部75所直属大学首次发布了2014年大学就业质量年度报告,按照美国商务部的研究报告分类整理其中关于创新创业的内容,可以看出我国两个文件出台前的2014年大学创新创业的现状,几乎没有大学教师直接创新创业的表述,内容涉及带动地区经济发展的大学只有两所仅占2.6%,大部分大学停留在指导学生创新创业,主要是参加各类创业大赛。2016年2月福建省教育评估中心根据77所普通高校上报的2015年创新创业教育年度数据,首次公布了《福建省普通高等学校创新创业教育报告》。报告中上报创新创业投入数据的大学有75所,统计发现其中投入最多的大学1430万元,平均228.51万元,来自校外的经费仅占28.71%,说明校外投入较少,主要依靠大学自己投资,而且许多大学投入还很大。[2]

(二)教师注重常规教学而缺乏创新创业经验

目前大学的教育经费投入主要用于保障常规教学,教师主要任务也是完成常规教学,大多教师从学校到学校,虽熟悉理论,但没有参与过创新创业,十分缺乏实践经验。我们将《福建省普通高校创新创业教育报告》中创新创业投入与创新创业产出的5项核心指标进行相关回归分析:

表 1　福建 75 所大学创新创业投入产出相关系数矩阵

	经费总投入	学生创办企业数	师生专利数	成果专利转化数	创新创业竞赛获奖总数	创业率
	FD	NE	NP	TA	WN	ER
FD	1					
NE	0.3121**	1				
NP	0.635561**	0.332647**	1			
TA	0.563437**	0.316869**	0.729385**	1		
WN	0.333485**	0.2629**	0.593123**	0.250947**	1	
ER	−0.158691	0.02709	−0.060268	−0.050235	−0.116642	1

注：**表示在 1% 水平下显著，*表示在 5% 水平下显著。

相关性检验体现了变量 NE、NP、TA、WN 和 FD 都存在显著的相关性，因此有必要进一步进行回归分析。分别把 NE、NP、TA、WN 作为因变量，把 FD 作为唯一的自变量进行 OLS 回归分析：

表 2　福建 75 所大学创新创业 OLS 回归分析表

因变量	常数项	系数	R^2
NE	8.510493**	0.014046**	0.097407
NP	−9.397597	0.192778**	0.403938
TA	−0.641038	0.01255**	0.317461
WN	41.56665**	0.102667**	0.111212

注：**表示在 1% 水平下显著，*表示在 5% 水平下显著。

OLS 回归结果表明，虽然系数项都为正数，且能在 1% 水平下通过 T 检验，但 R^2 的值都不高（最高只有 0.403938，明显低于 0.75），说明单纯依靠 FD 并不能很好的解释 NE、NP、TA、WN，即增加经费能够对学生创办企业的数量、师生专利数、成果专利的转化数、创新创业竞赛获奖总数产生有利的影响，但影响的程度有限，究其原因是创新创业教育的成果显现需要一个较长的过程。目前创新创业的投入主要用于建设场地和购买设备等，而创新创业与区域经济发展结合不紧密，校企合作和产学研合作不深入，内涵建设仍然很薄弱。目前福建省上报创新创业数据的大学共 77 所，仅有 15 所大学成立了专门的创新创业学院，占福建大学总数的 19.48%,福建省 75 所大学创业教师中有创业经验的占比平均为 4.79%。

我国大学占据了相当多的科技资源,但多年以来大学创新成果转化面临国有资产管理体制的限制,教师积极性不高。大学科学研究缺少创新,重复研究和跟踪模仿的较多而自主创新的较少,我国在世界知识产权组织的 PCT 专利申请仅占总量的 0.96%,2015 年我国科技成果转化率不到 10%,远低于发达国家 40%的平均水平。2015 年福建大学成果专利转化整体水平很低,创新创业教育报告中提交数据的大学共 69 所,师生成果专利转化数最多 45 项,最少 0 项,平均 2.65 项,转化率为 0 的大学占比高达 73.19%。

(三)学生创新创业的实际操作能力亟待提升

我国大学生创新创业教育成果主要集中在创新创业大赛获奖,而实际操作能力较弱。《全球创业观察——中国青年创业报告》的调查显示:我国的青年创业者基于中高技术的创业项目不到 2%;《2015 年中国大学生就业报告》的调查也表明:94.6%的大学生创业从事的项目与他们大学学习的专业无关,主要集中在批发零售、餐饮服务、教育培训等低端行业。缺乏创新能力使得许多大学生不得不从事技术创新要求低的项目,这些项目容易启动、融资不多、操作简单、风险较低,不需要太高的管理和营销能力。福建创新创业教育报告中大学生专利申请、成果转化、创办企业都非常薄弱,提交创办企业数的大学共 63 所,平均 12.54 家;提交创业率的大学共 76 所,平均 1.65%,1%以下的高达 46.05%。

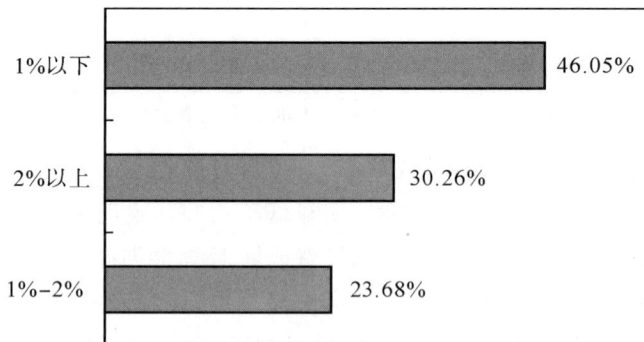

图 1　福建省大学创业率

三、构建高效供给的大学生创新创业生态系统

(一)建成与经济协同发展的大学创新创业生态系统

1.实现大学创新创业从内部组织到开放协同的转变

大学创新创业生态系统就是由大学生新创企业及其依存环境共同构成的良性互动、协同发展的动态平衡系统。大学创新创业不能故步自封在象牙塔中,必须与社会政治、经济、文化良性互动,与周边企业深度交融,着力构建与经济协同发展的创新创业生态系统。校企距离每增加10%,大学的技术溢出效益就会下降0.15%,美国的硅谷及北卡科技园都与著名大学交叉融合、相互依存,合作中企业节省了研发成本而大学提升了创新能力。国务院下发的《关于加快众创空间发展的意见》指出:鼓励大学利用优势专业建设众创空间,众创空间突出科技人员的核心地位,以实现成果转移转化为目的。创客(hacker/maker)英文意思是追求将创意变为现实的一个群体。美国的创客空间非常强调工程技术的思维,开源、协同和分享的理念深入每个创客的内心。而我国将创客空间定义为开放式、低成本、全要素、便利化的新型创业服务平台[3],不重视利用技术创新,过分强调商业模式运作,设备主要是桌椅板凳,最终沦为路演演讲比赛的礼堂。大学的众创空间必须包括三部分:一是工科设计交流制作室,配有实验、加工和制造的设备。二是商业协同开放工作室,布置要青春时尚,用于举办头脑风暴、投资路演、培训交流等活动。三是技术转化办公室,密切联系商业机构推介大学师生的发明创造,进行市场化运作产生商业价值,提供天使投资、风险投资、互联网金融服务。

2.大学成为国家创新创业系统中创造扩散知识的中心

基础研究的探索成果寻找到合适的商业应用往往难以预测且风险极大,是典型的非线性过程,知识的商业价值可能和研究人员最初的设想毫无关联,主要还是依靠创新创业生态系统外部环境的扩散耦合。研究表明1000人的机构一般没有专门从事基础研究的人员,单一学科的实验室必须超过300人才有力量进行学科交叉并探索前沿领域。[4]大学拥有齐全的学科资源,具备短期集合不同学科的人才开展合作的条件。美国的拜杜法案通过立法破除了大学授权许可的障碍,大学可以得到专利转化后的商业利益,极大地促进了大学科研成果的落地生产。美国大学的研究已经向产业部门开放,是国家创新创业生态系统中创造、

传承和扩散知识技术的中心,大学的基础研究已经成为国家创新的源泉。美国由政府投资在大学建设国家实验室,国家实验室既从事基础研究,也接受产业部门委托合作开发商业项目。美国大学承担国家实验室的日常运营管理,而政府则主导国家实验室专利技术的转移扩散。美国研究人员在实验室取得发明成果后,转交大学技术转移办公室申请专利;技术转移办公室首先视情况决定发明成果是否需要专利备案,并保护备案发明成果的知识产权,接着客观评价发明成果的商业潜质,对具备商业潜质的发明成果进行技术转让同时授权商业许可,最终发明成果转化为新商业产品。韩国科学技术院鼓励有技术创新理念的师生到技术创新中心(TIC)租用场所设备进行研发,研发成功后再进入技术商业孵化器(TBI)开发,开发成功后授权转让给企业生产产品,韩国科学技术院因此成为全球十大最具创新力唯一的非美国大学。

(二)通过教师引导形成高水平的创新创业结构

1.构建学科交叉与互融递进的创新创业培养体系

目前我国创新和创业是两张皮,创业教育在管理学、社会学、经济学、教育学中游离,简单地把人力管理、生产管控、市场营销、会计金融等课程相加,而创新主要集中在工科等自然科学领域,创新创业课程整合性差。现实中的创新创业不可能仅仅发生在单一学科内,创新创业教育必须沿着一个创新企业的生命周期交叉互融,把零散的知识技术整合为一个体系,让大学生对变幻莫测的创业过程形成系统的认识,使未来的科技创新者掌握商业知识,而商人又具备科学知识,促使创新创业实现水乳交融。大学必须打破学科界限,建设跨学科协同创新实验室,以科技成果转化和创新企业孵化为抓手,构建创新—创业—创新创业的三层立体式人才培养模式。美国普渡大学副校长迪巴·杜塔研究团队深度访谈了60位创新成功人士,包括斯坦福大学校长约翰·亨尼西和苹果公司总裁库克,研究报告在美国国家期刊(National Academies)发表,研究指出:许多大学创业教育注重创业而忽视创新,要将工科和商科交叉融合,让工程专业学生学习商业知识,把大学科研人员培养成商人。大学要改进工科类课程,教师讲解技术的同时要介绍技术诞生的背景和发明者事迹,特别是失败的创新过程。创新的关键是发现问题并找到解决方法,前苏联著名发明家 Altshuller 指出:"大量创新碰到的问题矛盾是相同的,创新的科学原理是客观存在的,同样的技术创新原理会被反复应用,提炼已有的创新原理形成系统化的理论可以指导以后的创新"。在创新创业学习中教师至关重要,大学教师要共同总结发现和解决问题的方法,编写成创新创业指导手册,指导大学生从有兴趣的领域入手,利用学科交叉方法发现问题,再依据指导手册精准地找到创新切入点。大学教师必须加强创新技术技能教学,注重过程探究、项目参与、案例讨论、情景启发等教学方法,要让大学生掌握先进的技术和工具用于创新创业。

2.大学教师要身体力行创办企业

国务院 2016 年 3 月 2 日颁布的《促进科技成果转化法》规定:"公办大学发明成果转让后收入全部留归单位,将用不低于 50% 的收益奖励发明负责人和技术骨干,允许科研人员 3 年内保留基本待遇及人事关系,带着项目或成果到企业创新创业"。美国多年以来积极鼓励大学教师创办企业,大学教师创业可以自由灵活的往返于校企之间。美国大学通过孵化高新技术企业促进了大学技术的高效外溢,创新创业各主体从简单的双边互动转变成为政府、企业、大学、银行等多边交流的网络,仅斯坦福大学的教师就成功创办了 2454 家企业,包括 Instagram、Linkedln、雅虎、谷歌、惠普、思科。斯坦福大学校园承载着丰富的创新创业文化内涵,师生们潜移默化地被创新计学院、创新实验室、创客空间所蕴含的思想所熏陶。创新创业经验离不开实际的体验,创新创业的次数、年限和管理心得体会都是创新创业经验的重要内容,大学教师走出了校园才能真正看清现实社会。斯坦福大学积极鼓励教师投身创业,有创业愿望的教授允许离岗请假两年自主创业,创业假期为斯坦福大学带来了明显的效益。截至 2012 年斯坦福大学的毕业生创办了近 4 万个效益良好的企业,其中许多还直接在斯坦福校园孵化。教授的引导是创新创业成功的关键,斯坦福大学有 25% 的专任教授经历过一次以上的创业,教授回到教学岗位后会将宝贵的经验传授给学生,包括首创、开源、协作、分享、团队等创新创业要领,深奥的创新创业方法变得有迹可循,教授能够指引大学生将创新创业梦想变成现实。

(三)建立大学生主导的高质量的创新创业生态系统

1.立足创新提高创业质量

创新创业是一个互融递进的复杂系统,创新统领创业的方向、水平及层次,时代需要的是创新型创业、高质量创业和高增长创业。创新指人们为了满足自身生活或社会发展的需要,遵循事物变化的客观规律,探索认知客观世界并对事物进行变革,推动社会发展更新的活动。创新是每个人都具有的能力,人的创新能力通常在 12 至 14 岁达到最高水平,我国循规蹈矩的传统教育容易摧残埋没学生的创新能力。大学生创新创业必须从社会发展动态中有效识别创新创业机会,创造出能够产生社会或经济效益的技术产品或管理模式。大学生创新创业必须具备创新创业主体、创新创业过程、创新创业成果、创新创业效益四个要素,大学生创新创业目的要明确,通过创新创业四要素的组合变革创造出新成果。调查研究显示:大学生创新时 95％至 99％的问题通过整理已有的科技信息就可以解决,系统挖掘现成的专利文献能够缩短创新周期的 60％并节约创新经费的40％。大学生创新创业要掌握必备的信息整理能力,立足前人的经验成果创新创业就能事半功倍。大学生创新首先是技术创新即发明新技术或者改善现有的技术;其次是管理创新即导入新要素变革企业的管理,高效产生企业效益。大学生创新可以从六方面入手:一是在前无古人成果的状态下靠自己首创;二是完全颠覆已有成果突破替代;三是交叉融合跨界到新领域;四是突破范围错位思考;五是局部突破创新;六是学习借鉴模仿创新。美国布法罗州立学院的大学生分四个过程来实现创新:首先是精准发现问题;接着抛开固定思维充分发挥想象;再接着尝试各种创新方法解决问题;最后是推广创新实现价值。

2.通过创业实现创新的商业价值

创新后面加上创业明确了创新的应用指向,创新技术必须走出实验室通过市场化应用产生商业价值。大学生创业需要仔细分析市场需求,从技术、材料、产品、流程等要素创新,解决市场的痛点并产生效益。高质量的大学生创业项目具有生存时间长、技术含量高、创业者收入高、有效服务社区、社会贡献高等特征。研究显示:学历高和学习成绩好的创业者创新创业的质量会随之提高,[5]这是因为他们可以具备更高的信息搜集整理能力、创业环境分析能力和创业机会识别能力。2010 届创业大学生毕业三年后接受麦可思调查时认为口头表达、学习态度、时间管理、沟通协调对于创业最重要。学习期间积极参加活动且人际关系好的大学生创业时能够构建较大规模的关系网络。大学生要根据学校环境、专业特长和擅长的领域选择创业项目,创业项目最好有资源积累,项目要围绕创新或创意设计,如转化导师的科研成果、完成团队创新创意项目、继承发展家族事业等,项目要可控且涉及环节较少。影响大学生创业成功的自身和外在因素有:人脉资源、从业经验、创业经历、管理能力、努力程度、优惠政策、经济环境、风俗文化等。大学生在某一领域从业的时间越长,人脉资源就会越丰富,就能掌握该领域的核心技术和信息,容易捕捉到创业机会,持之以恒地经营就会创业成功,因此先在拟创业领域学习或就业,积累行业经验后再投身创业是一种明智的选择。

参考文献：

[1]郭娇.质量年报新要求——创新创业[J].麦克思研究,2015(10):19.

[2]福建省教育评估研究中心.福建省普通高校创新创业教育报告(2016)[R].福建:福建省教育评估研究中心,2016.

[3]杨绪辉,沈书生.创客空间的内涵特征、教育价值与构建路径[J].教育研究,2016(3):29.

[4]王志强,卓泽林,姜亚洲.大学在美国国家创新系统中主体地位的制度演进[J].教育研究,2015(8):141.

[5]钟卫东,张伟.创业者受教育程度与在校表现对创业绩效的影响[J].教育研究,2014(6):61.

基于图书馆元素的大学生信息素养培养方案研究

刘巧婷

摘　要：信息时代对大学生的信息素养水平提出了较高要求，其信息能力高低影响到今后学生自我价值与社会价值的实现。本文从高职高专院校的信息素养现状出发，结合目前泉州经贸学院图书馆信息素养培养方式，提出了今后我国高职高专院校以图书馆为依托的大学生信息素养的培养方案。

关键词：信息素养　　大学生　　图书馆

数字技术、互联网技术及移动通讯等通信技术迅猛发展，信息传播速度加快。信息时代，我们不得不思考：什么是信息？在信息时代，我们应该具备什么样的信息素养？信息素养作为一种信息检索、信息获取的技能，是大学生进行信息识别、信息判断和文字提炼的基础，并与创新能力一同成为信息时代大学生综合素质的主要标准之一。大学生作为信息社会中的主力军，不仅要具有较好的信息素养，同时要拥有快速获取信息、处理信息、利用信息的能力。高校信息素养培养的成功与否关系到今后学生自我创新能力的提升及自主学习能力的培养。

图书馆作为大学生信息素养教育的阵地，以传统的"文献信息检索课"为突破口，进行系列信息素养教育的拓展与创新，取得了很大进展。随着高校图书馆信息素养教育的不断深入，信息素养教育不但被提升为大学生创新素质教育的重要组成部分，而且逐渐融入众多高校的教育体系中。全国越来越多的高职高专院校图书馆开设了信息素养培养方面的教育课程，有的对嵌入式信息素养教学模式进行了深入的探索和实践。在这一过程中，我院图书馆结合学院办学特色及专业定位,着力探索并逐渐形成了类型丰富、层次多样和多方位的学生信息素养培养提升体系。

一、我国高职高专院校信息素养教育的现状

(一)学生信息素养能力薄弱,利用图书馆意愿不强

虽然我国高职高专院校学生生活在数字化环境中,但相较于本科院校学生,由于他们的文化基础普遍比较薄弱,对信息的需求更多的是停留在浅层次的直接获取,甚至不太了解如何去获取和搜集所需的信息。许多高职高专院校学生上网的目的更多的是进行网络聊天、消遣娱乐、浏览信息等,而真正利用互联网数字资源,特别是数字图书馆资源进行信息搜索,获取、辅助专业知识学习的较少。

其次,作为高校的信息资源中心,图书馆的信息资源非常丰富,随着信息技术和图书馆建设的不断发展,高校馆藏资源也由单一的纸质资源向多载体形式的信息发展,逐步形成了相对完整且具有本馆特色的馆藏体系。但是高职高专院校的许多学生对图书馆的印象还停留在中学时期,以为图书馆只提供纸质图书借阅的单一服务,因而只是到馆自习或者进行纸质图书的借还,甚至有些学生在校期间都没到过图书馆。许多高职高专院校学生还不清楚高校图书馆拥有丰富的电子资源,更别说如何利用图书馆网站上的各种电子资源。

(二)图书馆师资力量薄弱,重授课轻引导

一方面,文献信息检索任课老师多为图书馆工作人员,除了要从事图书馆本职工作外,还承担授课任务,难以集中精力从事教学活动。另一方面,文献信息检索任课教师多为图书馆学、信息管理、情报学等非师范类专业的毕业生,由于没有接受过教育学、心理学、教学法等方面知识的系统学习,普遍缺乏必备的教育学理念,对教学方法等技能的运用不熟悉,多为摸着石头过河,在授课过程中"教"重于"引导"。可见,只有进一步增强文献信息检索方面的师资力量和教学水平,充分发挥专业教师的引导作用,才能有效提升高职高专院校学生的信息利用能力和各方面信息素养。

(三)图书馆缺乏与其他部门的沟通与协作

图书馆作为高校的信息资源中心,由于拥有大量的馆藏资源而具有不可替

代的信息优势和信息潜力,但是图书馆并不是高校唯一的信息源,也不是完全独立于学校其他部门的信息储藏地,而需要与学校其他部门的信息共享联通,才能充分发挥图书馆的信息优势和应有作用。因此,信息素养教育作为高职高专院校教育的一部分,需要图书馆与学校各部门的通力协作和积极配合。但就目前情况来看,各高职高专院校图书馆很少与学校其他部门开展合作,没有在日常的生活、学习、教学和科研活动中发挥出有效合力,来共同促进学生的信息素养培养。

二、目前大学生信息素养教育培养方式

从国内外信息素养相关理论的发展来看,美国大学与研究图书馆协会(Association of College & Research Libraries,ACRL)在 2000 年发布的《高等教育信息素养能力标准》,为许多国家的高等院校信息素养教育和评价提供了指南。该标准规定学生需要具备决定所需信息、获取信息、评估信息、利用信息以及合理合法使用信息的五大能力[1]。因此,高校图书馆需要不断调整其职能,以期使大学生能够获得终身学习的能力。目前,高校图书馆信息素养教育培养的方式主要有以下几种:

(一)新生入馆教育

新生入馆教育是一种在高校中广泛使用也是最早使用的信息素养教育培养方式。由于大一新生刚进入大学校园,许多学生对图书馆的认识还停留在中学图书馆的印象上,对高校图书馆的环境设施和服务功能还不了解。因此,对新生进行入馆教育,有利于他们更快地熟悉图书馆、利用图书馆。在新生入学教育阶段,我院图书馆都会派专门图书馆馆员对新生进行入馆教育,让新生对图书馆的空间布局、规章制度、馆藏分布、资源结构等有一个大致了解。通过新生入馆教育,使学生初步了解图书馆有什么、怎么用,初步培养他们的信息素养意识。做好新生的入馆教育工作既是做好读者服务工作的开端,也是开展学生信息素养教育的先导和培养学生利用馆藏信息资源的前提[2]。

(二)开设"网络信息检索与利用"课程

1992 年国家教委颁发的《文献检索课教学基本要求》明确指出,开设文献检索课的目的就是要培养学生掌握情报源的能力、检索情报的能力和获取利用情报的能力。正是在国家相关教育政策的支持下,文献检索课程开始得到众多高校的重视和推广,并逐渐成为高校培养学生信息素养的主要方式之一。早期的文献信息检索课程偏向于纸质文献的检索、中文工具书的检索与利用。但是,随着网络的普及,信息量激增,如何在浩瀚的信息海洋中快速查找、处理、利用信息,成为互联网时代大学生信息素养高低的衡量标准之一。我院图书馆开设"网络信息检索与利用"选修课,以"理论+实践"的学习模式让学生边听边上机操作,其培训内容更易被学生接受,上课效果也更显著。

(三)不定期举办讲座和培训

全国各高校图书馆普遍开设讲座与培训作为培养学生信息素养的一种方式,通过有针对性地开展一些与专业相关的讲座或课题调研,并与相关院系配合实施;或从校外聘请相关专业的资深教授、高级人员来校讲学,与学生交流指导,这些都是目前许多高校培养大学生信息素养经常采用的方式。入学一个阶段后,新生开始对电子资源产生了兴趣,我院图书馆就可以不失时机地有组织、有计划地进行电子资源使用方面的培训,除了介绍我院图书馆目前在试用和已购的各类数据库外,还重点介绍数据库的检索方法与技巧。同时突破传统,与经管系合作,聘请校外金融业从业人员为我院学生讲学,提高我院学生如何利用图书馆电子资源进行金融证券知识学习与研究的能力。

三、创新大学生信息素养培养方案设计

高校信息素养培养的对象是大学生,图书馆作为信息素养培养的主要实施者,应根据大学生各个教育阶段的不同特点,将其划分为不同的信息需求群体,有针对性地开展信息素养教育,才能有效提高其信息素养。要实现以上目标,我国高职高专院校图书馆的信息素养培养方案须考虑以下几个方面:

(一)提高图书馆馆员的信息素养

作为信息素养培养的施教者,图书馆馆员只有具备相应的信息素养和施教水平,才能满足学生信息素养学习的需求。目前高职高专院校的信息素养教育还处于发展初期,图书馆馆员的专业结构不尽合理,素质参差不齐,不利于培养学生信息素养,并且信息资源的更新速度快,也对图书馆馆员的自我学习能力提出了较高要求,馆员们只有不断学习、挖掘信息,不断提高自己的业务能力,才有

能力满足学生的信息需求。因此,高职高专院校要注重图书馆馆员在信息素养方面的继续教育,通过建立合理的培训和鼓励机制,促进馆员相关专业知识的更新和信息素养水平的提高。

(二)创新信息素养培养方案

目前,国内许多本科院校把信息素养教育与学生的专业课相结合,实行"嵌入式信息素养教育模式",这种培养模式不仅有利于学生专业课的学习,也有利于培养和提高学生的信息素养水平。鉴于当前我国高职高专院校的办学特点和教育方式,高职高专院校学生的文化学习能力较弱且学习较被动,嵌入式信息素养教育模式在高职高专院校图书馆中较难实施。因此,在信息素养培养过程中更多是利用现代信息技术,例如将新生入馆教育、电子资源利用讲座等内容制作成视频、MOOC等。为了更好地激发学生的学习兴趣,可将授课内容以生动、活泼、有趣的方式体现,并将视频、MOOC等放置在图书馆网站上供学生方便观看与学习,还可以开设在线互动平台,如利用 QQ、微信、微博等。此外,还可开展信息检索大赛,将知识性与趣味性相结合,通过寓教于乐的比赛形式来激发学生的学习兴趣,培养他们的信息意识。

(三)拓展信息素养培养内容

信息素养是一种综合能力,涉及各方面知识,是一种特殊的、涵盖面很宽的能力[3]。总的来说,学生信息素养培养的核心是信息能力,培养的主要内容有信息意识、信息知识、信息道德与法律、信息技能、终身学习能力等,这些内容共同构成了信息素养培养体系。信息意识在信息素养中起先导作用,信息知识是基础,信息道德与法律是发展保障,信息技能是途径,而终身学习则是学生信息素养教育的最终目标[4]。我国高职高专院校图书馆在学生信息素养培养过程中往往只注重信息能力的培养,而忽略了信息道德与法律等方面的学习,在今后的信息素养培养过程中,除了进一步培养学生获取信息的意识,还应教会他们从实践中查找信息并能较为自如地分辨信息真伪。

(四)建立相应激励机制

开展信息素养教育必然会增加图书馆馆员的工作量,这就需要有相应的激励机制来鼓励,如设置专门的教师开展信息素养教育或者是计算工作量时增加其系数。在高职院校图书馆工作人员较为紧缺的情况下,图书馆可以先培养专职教师的信息素养能力,把他们纳入信息素养教育的施教者队伍,扩大师资队伍,同时把专职教师的培训工作也计入他们的工作量中。

四、结语

培养和提高当代大学生的信息素养既是我国教育体制改革的需要,也是信息社会和数字时代发展的要求。信息素养教育是高校图书馆非常重要的服务内容之一,在今后的常规培训中,高职高专院校图书馆在培养学生的信息素养时应突破传统教育的条条框框,注重多媒体技术的应用,开发在线学习、读者引导等;在特色讲座与培训上,应深入挖掘学生需求,服务内容及形式多样化。

参考文献:

[1]Information literacy competency standards for higher education[EB / OL].[2012-05-28].http://www.ala.org/acrl/sites/ala.Org.acrl/files/content/ standards/standards.pdf.

[2]廖丽艳.高校图书馆新生入馆教育现状分析与对策[J].晋图学刊,2009 (4):39-41.

[3]彭立伟.美国信息素养标准的全新修订及启示[J].图书馆论坛,2015(6): 109-116.

[4]庄善洁等.泛在知识环境下的大学生信息素养教育[M].北京:知识产权出版社,2012.

[5]陈萍.高职高专院校学生信息素养教育之探讨——以上海工商外国语职业学院图书馆为例[J].图书馆理论与实践,2016(8):16-19.

人才培养模式改革下图书馆
转型升级研究

高坤育

摘　要：随着泉州经贸职业技术学院"三素质双核心"高职人才培养模式改革的推进,特别是移动互联网教学平台,提供巨量的嵌入式在线教学资源服务,使得图书馆以文献信息资源为基础的服务方式基本成熟,图书馆必须进行转型升级才能有存在的空间和地位。调整图书馆空间、资源、人才布局,拓展信息、设备、技术服务功能,延伸信息服务战线,提升服务层次,成为新形势下图书馆变革的必然选择。图书馆通过自身变革,成为与学校办学水平相适应的高校图书馆,才能在学校信息化与教学改革中,起到服务改革、促进改革的作用。

关键词：移动"互联网＋"　职业核心能力　图书馆　服务功能拓展

随着文献资料越来越数字化,数字资源变成了文献信息载体形态主体。国际图书馆联合会预测,到 2017 年全世界将超过 50％的书刊文献是数字化格式,这将标志着图书馆进入以数字资源为主要载体的数字时代。大英图书馆的研究报告表明,到 2020 年大约 80％英国出版的期刊将是纯数字的,这代表了出版业新的趋势。不单是期刊,图书、学位论文、研究报告、会议文献、专利文献也会逐渐趋向于数字化。传统图书馆的馆藏优势正在丧失。图书馆将转向各类数字资源的采集、组织、揭示、利用和长期保存,以及利用这些资源的学科平台建设,建立基于数字资源的服务。目前,移动互联网教学平台开发商推出的产品,已经具有很强的嵌入式智能化的巨量教学文献信息服务功能,图书馆的文献信息服务功能很大程度上被取代。那么在这种情况下图书馆能做什么？这对于图书馆来讲是新的挑战和机遇。对高校图书馆的评价也开始发生了改变,主要评价图书馆到底做了什么,而不是看对图书馆的投入有多大。过去强调馆藏量、期刊种类、经费投入、到馆读者人数、参考咨询和读者培训次数,这些指标现在看来都是投入指标,而不是输出指标,他们并不能反映图书馆的输出水平。当图书馆的人力物力投入达到一定量时,图书馆对学生入学率、毕业率的影响,对学生学习力的影响,对教师科研生产率贡献(如教师科研立项和资助)的影响,对教师教学支撑程度的影响,这些是图书馆在学校影响力和重要程度的新指标。

一、校园信息化、移动"互联网＋"课程教学模式和 "三素质双核心"人才培养模式改革 取得的显著实效,改变图书馆服务功能定位, 反逼图书馆进行改革

2012 年,泉州经贸职业技术学院引进超星泛雅网络教学平台,2015 年升级为移动互联网络教学平台。2014 年开始"三素质双核心"高职人才培养模式改革,即"思政、科学人文、身心'三素质'协调发展,专业核心技能与职业核心能力'双核并重'培养高职人才培养模式"。构建"互联网＋校园"优质学习平台,即构建网络学习平台,营造"自主、互动、交融"学习环境,实施"全人员参与、全过程渗透、全领域覆盖"的"三全"培养学生职业核心能力,提升人才培养质量,促进人才可持续发展。"三素质双核心"教学改革取得明显实效,学院学生综合能力大幅提高,多次荣获全国职业技能大赛奖项。2016 年上半年引进 PRC 校园信息管理平台,实现全校全面信息化管理(见图 1)。"互联网＋校园"全面信息化管理,特别是超星移动互联网教学平台,提供巨量的在线教学资源服务,师生轻点手机终端,各种富媒体资料随时随地得到阅读,完全改变了校园信息环境,颠覆传统的高职图书馆文献信息服务方式,师生的日常教学活动在移动互联平台上可以得到高效完成,对图书馆教学资源依赖瞬间消减。图书馆以资源为基础的服务基本终结,图书馆面临挑战,必须转型升级才能有存在的空间和地位。调整图书馆空间、资源、人才布局,拓展信息、设备、技术服务功能,延伸信息服务战线,提升信息服务层次,成为新形势下图书馆变革的必然选择。

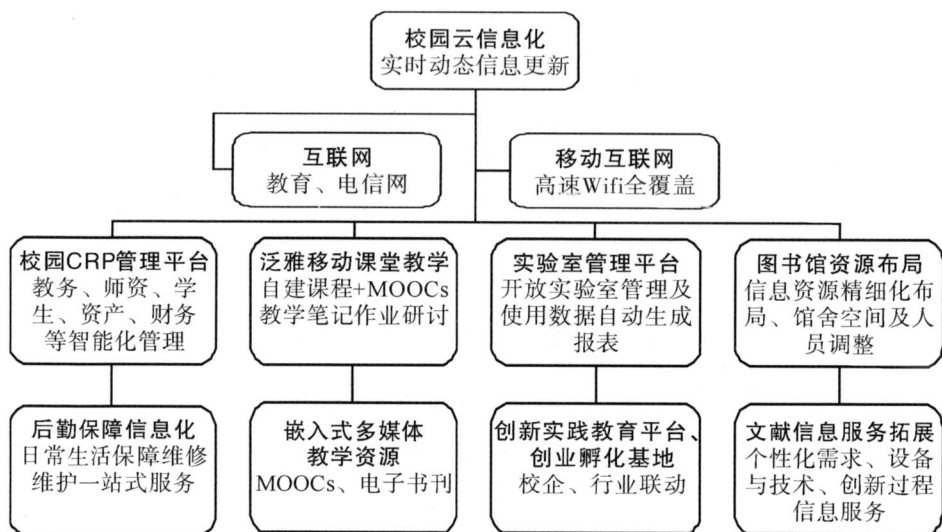

图1　2012年以来泉州经贸职业技术学院校园信息化建设示意图

（一）移动互联网＋课程教学模式，及其嵌入式教学资源服务，MOOC、SPOC、微课程、翻转课堂及移动互联网＋课堂教学模式的改变，引发学生学习模式的改变，要求图书馆推出个性化、智能化服务

超星泛雅移动互联网课堂教学平台具有自主互动交融课堂教学、移动式教务管理、全媒体资源嵌入式服务和移动学习交流空间四大功能（见图2），实现教材媒体化、学生学习自主化、教师管理自动化、资源服务全球化、教学任务合作化、学习环境虚拟化。这彻底改变了教学环境，营造全新的课堂教学"生态"。互联网课堂教学平台上教师制作的MOOC、SPOC课件，为学生提供人性化课堂教学。MOOC、SPOC课件以知识点为课程单元、满分前进模式、游戏化激励、学

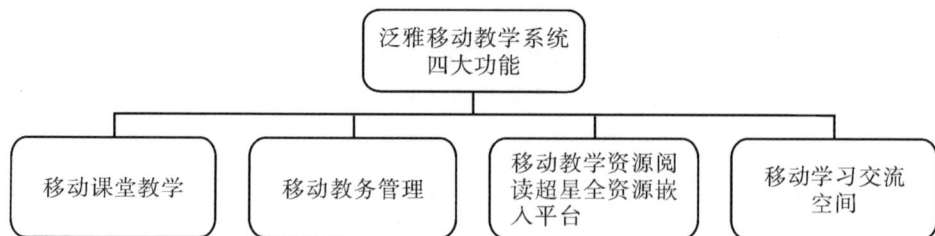

图2　超星泛雅移动课堂教学平台系统功能示意图

习效果和进度监控和干预、课后小测检验学习效果[1]，极大地激发学生学习热情。超星泛雅移动互联网课堂教学平台改变了教学模式，翻转课堂以老师为中心变成以学生为中心，教学过程互动互评，师生同学快乐学习、合作学习。网络教学平台随时随地使用，老师备课与学生学习、笔记、研讨、作业、考试，在移动互联网平台里顺畅快捷高效完成，教学管理一站式完成，这大大提高学习实效。在超星泛雅移动互联网平台上，教学信息需求轻易得到满足，这一学习方式的变化，对图书馆以信息资源为基础的服务方式带来冲击，要求图书馆开发出新服务基点，推出更精细化更高效的信息服务。

（二）"三素质双核心"培养模式，学习内容、方式和要求发生了改变，对图书馆服务提出新的需求

"三素质双核心"培养模式，即"思政、科学人文、身心'三素质'协调发展，专业核心技能与职业核心能力'双核并重'高职人才培养模式"（见图3）。"三素质

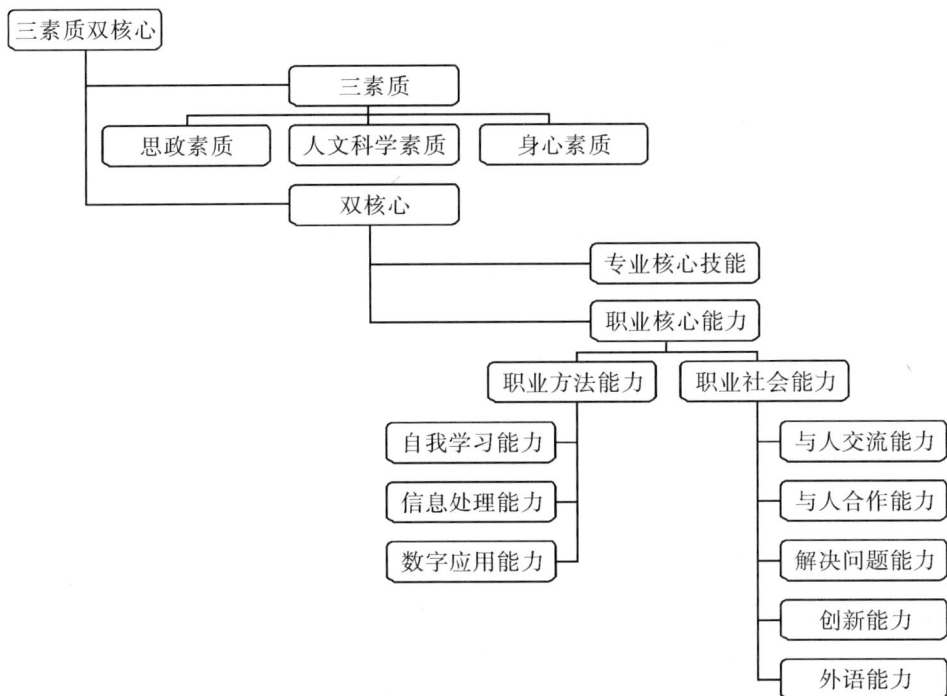

图3 "三素质双核心"内涵示意图

双核心"培养模式注重人文科学综合素质与可迁移职业核心能力教育培养。"三素质双核心"培养模式推进教学环境移动化,教学内容富媒体化,促使教师不再局限讲台,而可以走进学生中间,带动学生群体互动,开展以学生为中心的翻转课堂教学。这对师生来说都是一种全新的体验,极大调动学生热情和能动性。这些改变要求图书馆提供优质个性服务和创新创意设备、技术服务。

二、图书馆调整布局,提升服务层次,满足师生读者新的个性化需求

2012年以来,图书馆为配合学院教学信息化改革,进行了研究规划,优化图书馆环境,确立建设高雅舒适便捷高效的现代化高职图书馆目标。在美化整治整体环境的基础上,先后进行了馆藏布局调整、馆舍布局调整和工作人员调整,强化图书馆移动互联网数字服务环境,并设置备考室等个性化改革,以吸引读者。准备引入新技术与新设备,优化服务空间,提升服务层次等(见图4)。

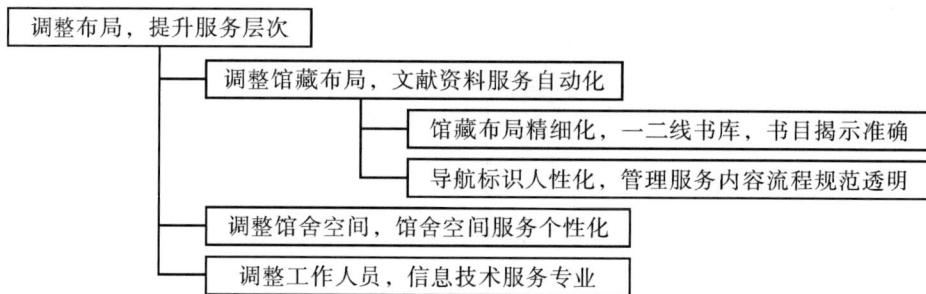

图4　图书馆服务调整布局示意图

(一)馆藏资源配置调整,文献资料服务自动化

常规文献资料实现精细化管理。2014年,对所有馆藏进行清理,做到账、物、馆藏位置与OPAC检索结果的统一;根据图书使用价值,调整设置一线书库为流通书库,二线书库为密集提存书库,完善导航标识,提高书库的使用效率和图书的利用价值;2014年建设特色数据库,注重搜集反映本地、本院特色的资料,图书馆馆藏从文献资料向数据资源、软件、非正式出版物转变;2014年引进包含章节目录和内容提要的OPAC,实现实体馆藏与虚拟馆藏的无缝访问。

(二)馆舍空间个性化配置调整,馆舍空间服务个性化

根据毕业生"双证书"制度,即毕业证书和职业资格证书,读者考证需求量大的实际情况,2014 年图书馆设置备考室。读者考证期间可以在图书馆备考室申请固定座位。备考室按备考科目不同划分不同备考区域,配备相关备考资料,方便读者学习交流。接下来图书馆准备改造几个大开间阅览室,通过增设活动板可以自由组合成不同规格的学习交流研讨、会议、演示、展示空间,并提供相关的资料、设施设备,为读者提供个性化空间,为读者开展创新创意策划提供方便。

(三)工作人员配置调整,信息技术服务专业化

图书馆工作人员是图书馆开展服务的主体,图书馆的改革,无论是图书馆服务布局的调整,还是图书馆信息服务的拓展延伸,都离不开图书馆工作人员的支撑。为了保证图书馆改革顺利完成,图书馆工作人员参与到学校"三全"改革中,参加了学校举办的"三素质双核心"团队培训,并参与学校相关课题研究,提高图书馆工作人员适应学校信息化教学改革的能力。并通过优化组合,让部分图书馆专业人员从日常简单重复性工作中解放出来,转型提升为能够承担开展嵌入式知识服务的专业技术人才[2]。

三、拓展功能、延伸服务,构建移动"互联网+"高职图书馆服务新常态

(一)图书馆拓展移动端资源服务,开展移动用户应用宣传

图书馆开通移动端的超星云舟和移动图书馆服务,引入微信交流平台,让图书馆的读者从固定用户转型到移动用户。图书馆融合进学校移动信息环境,开展移动用户阅读推广等读者活动,建立读者交流移动平台[3]。两年来,图书馆网络与移动网络使用数量显著上升。

(二)图书馆改变服务方式,馆员主动走进用户,融入一线,嵌入过程

用户在哪里,图书馆服务跟到哪里。现图书馆读者到馆数量减少,一方面是我们的信息技术发展,信息环境和网路环境越来越好,而电子资源也越来越丰富,那么我们的用户就不用到图书馆获取资源。另一方面是"坐等读者上门"的

传统方式,已经适应不了形势发展的需要,图书馆需要"融入一线,嵌入过程,用户在哪里,馆员就应当在哪里",现在很多用户获取信息的地点是在他的实验室、办公室,那么需要馆员走出去,走到他们身边提供个性化服务。图书馆通过融入他们的科研工作,提供信息支撑,这是图书馆需要实现的一个功能。图书馆服务模式要从信息中介到嵌入式合作伙伴的转变,图书馆员到院系、到读者身边的数量,这是一个新的衡量指标。初景利教授提出,图书馆要争取做好八个方面的嵌入服务:目标嵌入、功能嵌入、流程嵌入、系统嵌入、时空嵌入、能力嵌入、情感嵌入和协同嵌入[4]。在《图书馆嵌入式学科服务的理论与方法》这本书中,我们把嵌入式学科服务分为十个方面:参考咨询服务、专题信息服务、信息素质教育服务、教学支撑服务、知识发现情报分析服务、知识产权信息服务、知识资产管理服务、数字学术服务、科学数据服务和学科知识服务工具的利用。这些理论值得我们图书馆在实际工作中借鉴。

(三)图书馆服务内容从文献信息服务到数字知识服务转变

什么是数字知识服务? 就是基于专业知识、工具和智能的数字知识资源采集、组织、挖掘、分析、融汇、发现,目的是有效支撑科研过程和科技决策过程[5]。为什么我们现在可以提供数字知识服务呢? 那是因为我们现在很多资源是数字化,而且有很多工具支持我们的服务过程。体现在原来强调文献借阅,现在需要知识组织、信息系统建设;原来提供参考咨询,现在需要提供知识咨询;原来强调检索、传递,现在需要提供更多情报分析和知识发现;原来注重信息素质教育,现在注重科研与创新能力培养;原来的服务可能是一本书、一篇文章,今后图书馆提供的服务需要深入到知识内容当中。这些变化是我们需要去适应和强化的。2014年以来,图书馆开展检索培训、论文代检代载、论文相似度检测与学术不端检测等全程服务,受到师生欢迎。可见只有图书馆提供了深入精细的服务,才能赢得读者的欢迎和喜爱。

(四)图书馆服务手段从人工到借助工具技术服务转变

当今信息量增长速度如此之快,无论知识水平多高,当你面对用户的时候,都需要借助工具去解决。所以我们的服务不仅要有理念,更要有工具,开发工具与购买工具相结合,充分地利用工具的各种功能,加强工具的适用性研究与试验。很多文献情报专业机构已经开发了很多工具来支撑我们服务,例如导航、检索,收录影音分析、查新、文献管理等等,需要我们很好地收集和利用。另一方面,先进技术服务,如 3D 打印技术、虚拟数字环境 VR、AR、MR 不断被引入图书馆,使得图书馆成为读者认识、体验、应用新技术的场所,使得图书馆成为读者进行新技术交流和创新创意的空间。

(五)建立用户数据库,图书馆从信息服务向数据管理服务、科研数据的生命周期管理服务转变

读者用户关注的是信息生长点、技术生长点、创新生长点。图书馆要帮助读者激发出智慧的火花,需要通过用户数据管理分析,信息服务前置,想用户之所想,急用户之所急,为用户提供优质高值服务;另一方面,通过重要读者用户分析,关注重要读者的研究热点,搜集整理建设机构数据库,对重点科研数据的生命周期提供管理服务,对个性化需求进行预测挖掘,以高效信息服务赢得读者的青睐。

总之,高职院校担负着培养高素质技术技能型人才的重任,学校信息化快速发展,移动互联网教学平台异军突起,先进教学模式改革成为新常态,高职院校图书馆、图书馆员面临人才培养新理念和新技术的冲击,产生包括图书馆读者流失、服务层次低、地位下降等不适应的问题,要求图书馆重构资源与服务的关系。图书馆应从以文献资料为中心转变为以用户为中心、从以被动服务为中心转变为以主动服务为中心、从简单粗放型转变为深入精细型、从用户走进图书馆转变为图书馆走进用户、从人力密集型转变为智力密集型,办与学校办学水平相适应的高校图书馆,才能在学校信息化与教学改革中,起到服务改革、促进改革的作用。

参考文献:

[1]邓要然.从 MOOC 到 SPOC:高校图书馆的角色与机遇[J].高校图书馆工作,2015(6):18-20.

[2]李青.基于教学改革的高职院校图书馆嵌入式服务研究[J].图书馆界,2014(6):37-41.

[3]陈平华.基于 3G 终端的高职院校图书馆移动信息服务研究[J].农业图书情报学刊,2015(1):179-181.

[4]初景利.图书馆从资源能力到服务能力的转型变革讲座[Z].广州中山大学图书馆整理,http://www.aiweibang.com/yuedu/72747198.html,2015-12-30.

[5]徐国良.微媒体语境下高职图书馆特色资源共享的困境与路径[J].哈尔滨职业技术学院学报,2015(1):4-6.

"三素质双核心"人才培养过程中
云舟使用的探讨

王丽兰

摘　要：云舟是供读者使用和交流数字资源的平台，为图书馆更好的管理线上读者和提供读者所需电子资源提供服务保障。本文就在我院"三素质双核心"人才培养工作中针对使用云舟出现的问题进行分析，并提出相应的解决方案。

关键字：云舟　"三素质双核心"　探讨

2014 年以来，泉州经贸职业技术学院进行了"三素质双核心"人才培养模式的改革，"三素质双核心"是指思政、科学人文、身心三素质协调发展，专业核心技能与职业核心能力"双核"并重。图书馆作为学院教学科研信息中心、校园文化主阵地，始终致力于提高对教师和学生的服务质量，辅助学院进行"三素质双核心"人才培养工作。

图书馆为辅助学院"三素质双核心"人才培养进行了多方面的工作，其中提高读者阅读兴趣和阅读能力、提供读者阅读所需资源是图书馆工作的一大重心。随着信息时代的到来，电子阅读逐渐取代纸质阅读，作为高校图书馆，必须进行信息化建设以适应读者阅读方式的改变。对于虚拟化的读者人群，图书馆面对的首要问题是如何进行管理和服务。超星公司的云舟便是针对此问题研发出来的产品。云舟主要功能是为图书馆工作人员提供管理和服务电子阅读的读者的平台，为读者提供属于自己的知识空间，让读者可以根据自己的需求爱好订阅专题，创新创作，记录自己的阅读感受，和他人交流阅读感受。笔者将结合我院图书馆实际工作，针对云舟在"三素质双核心"人才培养过程中的使用进行探讨。

一、使用云舟带来的好处

1.虚拟读者的可管理性

电子阅读因其阅读方式的便捷性和阅读内容的海量性获得大量的读者。图书馆不再仅仅是为读者提供书籍报刊,了解读者阅读所需并向其提供所需电子资源是非常有必要的。德润图书馆每年都为读者提供了大量的电子资源。经统计,截止到 2016 年 6 月 28 日,图书馆拥有的电子资源折合共 59.5947 万册。图书馆以往将电子资源提供给读者的方式是通过将电子资源放在图书馆网站上,读者自主选择所需的电子资源。这种方式存在的问题是图书馆和读者没有进行交流,图书馆只能单向地向读者提供电子资源而无渠道获得信息的反馈,因此出现读者需求难获取、读者体验难得知、读者只能自己了解电子资源等情况。这些情况使得图书馆无法及时跟进教育教学进度,无法及时更新电子资源,更新的电子资源使用率低,严重影响了"三素质双核心"人才培养效果。而云舟为此问题的解决提供了渠道,云舟提供交互平台连接了图书馆和读者。读者可以通过该平台直接和图书馆进行互动交流,将电子资源使用过程中存在的疑问、对于其他电子资源的需求等问题直接和图书馆工作人员进行沟通;图书馆通过该平台将无形的读者有形化进而管理读者,对新的电子资源进行及时宣传,了解读者所需资源和所需服务进而改进自身的服务,为培养"三素质双核心"人才提供了重要支持。

2.读者电子资源的自我管理性

读者阅读的电子资源内容丰富,读者需要对所拥有的电子资源进行分类,使得其拥有的电子资源有序而方便管理和使用。云舟为读者提供了这样的功能。云舟里的每一资源都被划分到某一个专题中,读者可以自主添加关注专题来获取专题中的资源并将所添加的专题添加到自主创建的文件夹中,通过将专题存入文件夹的方式进行整理。如此可以让读者相当于拥有一个自主创建的书库。在管理书库过程中,读者也能及时发现自己所需要的知识,积极寻找优质电子资源来丰富自己的书库,这也加强了读者自我学习能力的训练。

3.读者网上阅读的交互性

阅读是一个汲取信息的过程,个人的阅读可以让人培养自主思考的能力,而群体的讨论能够给读者带来思想上的碰撞,两者结合可以让读者拥有更多阅读收获。例如目前大众使用的微信等交流工具的流行,很大一部分原因是它可以让使用者自主编写并发布文章或将喜欢的好文与好友分享讨论。由此可以看出交流互动确实是读者在阅读过程中所需要的。在云舟里,读者可以和自己的书友进行自由讨论、发表自己对于某书的感想、将感想分享给其他读者。此交流平台不仅可以让读者更好的寻求某术书,也能让读者在此过程中结识更多志同道合的朋友。对于学院学生来说,上述的"朋友"包括了学院教师和学生。学生与教师可以通过云舟实时交互,在教育教学过程中进行沟通,这无疑可以提高教育教学质量。网上的交互性能帮助读者提高沟通能力、让读者开阔眼界、汲取知识、完善自我,这些都是培养"三素质双核心"人才所需要的。

云舟的使用虽对"三素质双核心"人才的培养起到重要的辅助作用,但在使用过程中面临了一些问题。

二、使用云舟面临的问题

1.推广难度大

云舟作为一个新产品,为读者所不知。大部分读者目前都有自己在使用的阅读软件,如豆瓣阅读、奇悠阅读、掌上图书、掌上书院、smartviewer、Qreader等。如何让读者将已在使用的阅读软件替换成云舟便是首要问题。因此必须重视云舟的推广。如何让云舟为本校师生所接受?通过举办什么推广活动能够用最短的时间让受众的范围达到最大、活动的效果达到最好?这些都是图书馆要面临解决的问题。

2.读者阅读积极性低

现今大部分读者阅读主要是通过手机微信、百度新闻、新浪微博等平台。这些平台的阅读主要是以内容简短(主要以文章的形式)、阅读快速为特点的浅阅读。读者越来越难平心静气去看一本经典好书。而对于云舟服务的对象高职院校学生,客观来说绝大多数没有阅读的习惯,在平常就比较少接触课外书本,阅读的积极性低。对此如何能够让读者认识到阅读的重要性,提高读者阅读自主性和积极性是重中之重的问题。

3.图书馆的云舟服务问题

读者使用云舟过程中必定会产生新的问题和需求。如何提高管理读者的能力和提供更好的服务满足读者的需求成为图书馆面临的一大问题。解决此问题需要从两方面进行着手,一是前台人员服务能力。前台服务人员消息推送和问题解答要及时、提供信息要准确。二是后台技术支持能力。技术人员及时发现读者使用过程中的需求与问题,将存在的问题进行技术解决。那么如何提高前台服务人员的服务水平和后台人员的技术能力便是图书馆需要面对的问题。

三、如何解决云舟使用过程中带来的问题

1.加强云舟推广必须创新推广方式

推广云舟的方式很多,较为普遍的方式是通过分发宣传广告来让读者了解云舟。但是宣传广告发到学生手里,学生一般不会去过多关注。因此这种方式不仅效率过低而且也没有很好的起到引导的效果。图书馆必须化被动为主动,由图书馆老师领导,依托学院读者协会,以创新的推广方式吸引读者参与。比如一场以奖金为奖励方式,以有关读者云舟体验为内容的有奖作文活动。通过以奖金的方式能够吸引大量读者参与活动;读者有目的性的挖掘云舟功能获得使用感受能让读者更好地了解云舟,读者的体验感受也能让图书馆工作人员了解读者有关于云舟的建议和需求。唯有创新才能吸引读者眼球,让云舟真正为读者所接受。

2.提高读者阅读积极性,重视阅读

要提高读者的阅读积极性,首要问题是让读者重视阅读,了解阅读的重要性。以往图书馆采取的方式是通过举办学生活动来让大家爱上阅读,比如书展、讲座等。事实证明这些活动的效果并不是很好,参加活动的学生往往本身就喜欢阅读,而不爱阅读的学生仍是没有参与其中。对此,图书馆可以鼓励学院教师通过使用云舟参与其中。通过鼓励教师在云舟中创建自己的专题,并在专题中为学生提供阅读参考书目,将该专题推荐给学生,师生通过该平台进行交流。这种方式的好处是能通过老师的引导让云舟的使用学生人数达到最多,学生能了解阅读的重要性,并通过老师的推荐书目进行高效的、有针对性的阅读。同时,此方式也能让师生更好地进行互动,让教师更好地了解学生在教学过程中所需。

3.提高工作人员服务能力

工作人员的服务能力在很大程度上影响读者是否全面了解云舟并继续使用下去。服务能力包括前台读者服务和后台技术支持两个方面。作为前台服务,必须对读者进行良好的管理,在第一时间回答读者所问,解决读者在使用过程中的问题。图书馆要完善前台服务,就必须要让工作人员对云舟有全面的了解。因此图书馆必须一方面对工作人员进行云舟使用培训,另一方面鼓励图书馆工作人员亲身体验云舟;作为后台服务,必须主动了解读者所需要的服务并将云舟

功能进行扩展,若需要的服务系统目前不存在,还需要联系云舟有关技术人员将信息进行反馈以寻求解决办法。只有提高前后台服务人员的服务能力才能提高读者的使用感受,让云舟更好地为读者使用。

为让云舟更好地服务读者,使读者全方位、深层次地了解和使用云舟,图书馆必须从推广和服务两方面入手,重视创新推广方式、增强服务水平。云舟是高职院校图书馆信息化的重要部分,使用云舟的最终目的是提高读者阅读积极性和阅读能力,这无疑契合了学院"三素质双核心"的人才培养目标,帮助学院更好地进行人才培养。

参考文献:

[1]冯佳.公共文化服务标准中的公共图书馆[J].中国图书馆学报,2016(3):91-103.

[2]吴丹,梁少博,冉爱华.大学生用户移动搜索策略研究[J].中国图书馆学报,2016(3):55-74.

[3]陈璁.图书馆观念的现代性和后现代性之争及其思考[J].图书馆学研究,2016(11):2-6.

[4]叶阿娜.高校图书馆读者服务创新与实践——以泉州师范学院俊秀图书馆为例[J].福建图书馆理论与实践,2016(1):46-49.